北京无论怎样发展变化,故宫永远处在中心位置。

端门广场上陈列的"武成永固大将军炮"。康熙年间比利时传教士南怀仁奉命为清廷铸造火炮,武成永固大将军炮便是其中最优秀的炮式之一。此炮于康熙二十八年(1689)铸造完成,是一尊铜炮,重3吨,炮长310厘米,口径12.5厘米,用药5斤,生铁炮子10斤。炮身全部铜绿,纹饰精美,底部左右有满汉铭文。

　　在紫禁城所有宫殿建筑中，午门是最不容易拍摄的一组建筑，不仅因为它体量宏大，结构也复杂。

天威尽显的太和殿前大朝气象

太和殿金銮宝座下，就是所谓"龙穴"，据说天地阴阳二气曾汇聚于此。

康熙帝大婚时，将坤宁宫东暖阁作为洞房，四周悬灯结彩，金色的双喜字贴在门上，与立着的大红地金色"囍"字木影壁相呼应，取"开门见喜"之意。

天坛祈年殿,建在三层汉白玉叠砌的圆形祈谷坛上。每年正月上旬辛日,皇帝率王公大臣来此行祈谷礼,以盼丰年。遇到天旱,则来此祈雨。

清帝祭天朝服,佩挂青金石朝珠。与其他祭祀场合穿戴相比,这种讲究别有意味。

明太祖朱元璋下葬何处,后世众说纷纭。南京有关方面运用磁测技术,认定其下葬处应在明孝陵背后独龙阜玩珠峰下数十米处。

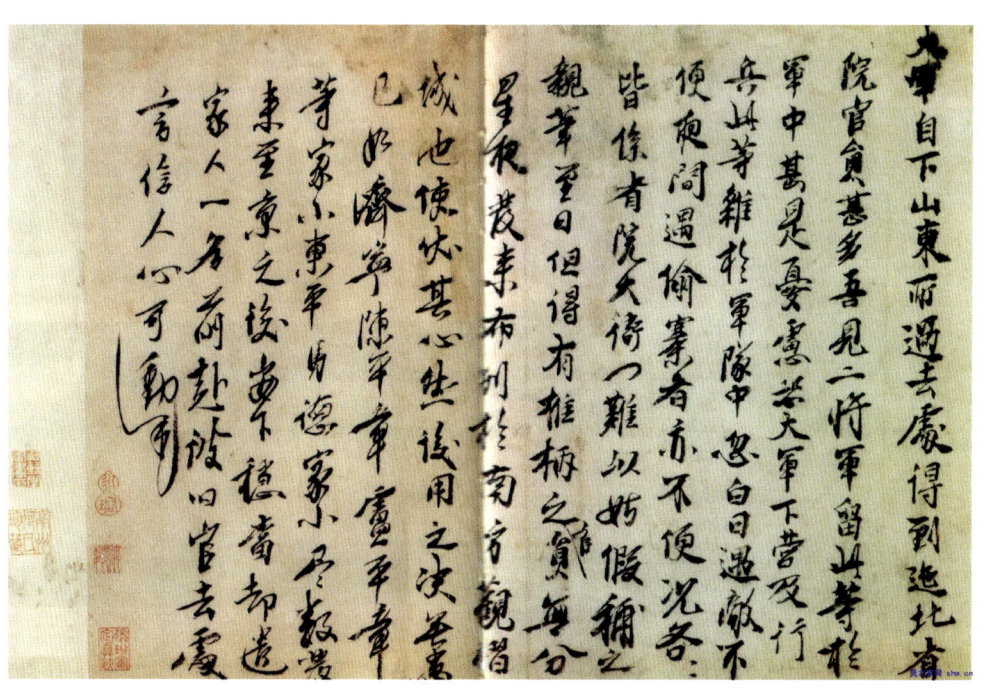

朱元璋这位自幼家贫的开国皇帝,非常重视文化,不但极爱学习,悟性也高。这是他手书的《大军帖》,笔力之遒劲,胜过许多大儒。

《永乐大典》编撰于明永乐年间，是由内阁首辅解缙总编的一部集大成的旷世丛书，初名《文献大成》，是中国百科全书式的文献集。全书22937卷（目录占60卷），11095册，约3.7亿字，汇集了古今图书七八千种，显示了中国古代科学文化的光辉成就。

明武宗朱厚照好玩成性，紫禁城的高墙早挡不住他了。他不甘宫内枯燥的生活方式，经常偷偷离开大内，住进豹房日夜淫乐。豹房原址，据说在皇城西苑太液池西南岸临近西华门的地方，即今天北海公园西面。图为当年负责在豹房值更的侍卫佩带的铜牌。

明万历朝通宝

长白山天池云雾缭绕，佛库伦仙女沐浴吞仙果感而受孕的神话传说，把清初的历史上溯到满洲的母系氏族时代。

大清嗣天子宝，清廷御玺"二十五宝"之一。该宝玺文，意在昭告天下：我们爱新觉罗家族虽从关外赶来，却是蒙上天眷佑，继承华夏正统。

努尔哈赤所遗佩剑

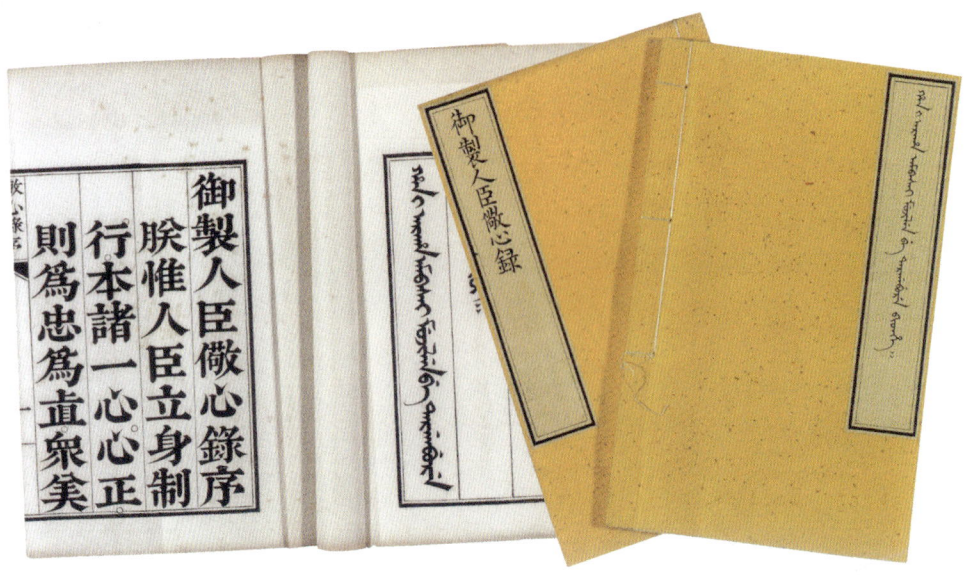

顺治帝亲政后，面对朝中满臣跋扈专权、汉臣倾轧党争、满汉官员之间争斗激烈等问题，认为根源就在于人臣心术不正，故颁布《御制人臣儆心录》，予以训诫。

清康熙十二年（1673）正月，康熙帝就是身穿这身盔甲，大阅八旗军阵于南苑，显示其准备平定吴三桂叛乱、打击分裂巩固统一的决心。

孝庄皇太后（1613—1688），顺治帝母亲，康熙帝祖母。她非常疼爱自己的孙儿，玄烨从小就受到她认真严格的教育和培养，为日后统治国家打下良好基础。玄烨登极后，她更是尽心竭力地辅助孙子，让他在实践中增长治国安邦的才干。

从康熙朝的奏折来看，奏折内容主要是各地粮价、雨水、收成、民间舆论、官员的清廉与贪腐。可见，康熙帝最关心的是百姓的生活，以及官员是否贪污。当然，各地稳定与否，他也十分注意。康熙帝在奏折上用朱笔批示，大多是写"知道了"三字，有时也有详细指示。

康熙帝临幸胤禛在避暑山庄居住的文园万壑松风，皇孙弘历随侍左右，康熙帝特意传见弘历的生母钮钴禄氏，连称她是有福之人。后世甚至有人认为，胤禛之所以得到皇位，也是因为康熙帝爱屋及乌，出于对皇孙弘历的喜爱，为弘历的将来铺平道路。

长城,反映了中国古代中原农耕文明同草原游牧文化之间的对立和冲突。历代封建王朝所谓大一统局面,长期受制于长城之设。这一千古未变的"内中国而外夷狄"(李世民语)的政治格局,最终为清朝所打破。康熙帝决策废长城,从此长城南北不再有内外之别,不再有华夷之辨。

康熙帝为继承祖先引弓策马、骑射尚武的满洲传统,在今河北围场县境内设立皇家禁苑——木兰围场。围场建成后,他曾四十八次来此行围,每次历时二十天左右,是为"秋狝大典"。

雍正帝给人的印象,一向是性格多疑,为人狠辣。但在故宫所藏的众多有关他的行乐图中,却可看到一个自信坦然、颇具情趣、有时还带点幽默感的君主形象。

雍正帝爱搞文字狱,常以此联语自许。

雍正帝继位的合法性,不仅是困扰后世的谜团,在他当政期间,流言就始终未断。这方"为君难"印玺,反映他在强化皇权与维持亲情之间的矛盾心理。

雍正帝选择军机处官员的标准是,"惟用亲信,不问出身"。他还给军机处书写了一块题为"一团和气"的匾额,希望他所信任的臣子们和衷共济,团结一致。此为军机处值房内景,所书"喜报红旌"四字,是希望总能听到捷报的意思。

乾清宫内悬挂的"正大光明"匾额,清世祖顺治帝御笔,意思是心怀坦白,言行正派。雍正朝以后,这里被作为放置秘密建储匣之处。当雍正帝去世时,因有密诏,弘历毫无争议地登上皇位,实现了清代以来第一次皇权的平稳过渡。这种抛开嫡庶长幼的人事安排,实际上是君主个人意志的彻底体现。

乾隆帝弘历,作为清朝盛世期的最高统治者,闲暇之余广学博览,他大概也是整个中国历史上最为儒雅的帝王。

乾隆帝弘历从"有益国治"出发,对喇嘛教尤为礼遇,因为这牵涉蒙古、西藏等全民信佛的边远地区与中央王朝的关系,对巩固边疆、统一国家有特殊意义。图为乾隆帝身着佛装像。

乾隆帝首次南巡异常兴奋,舟中饮酒失态,皇后富察氏激切进谏,弘历加以诟詈,皇后羞愤投水死。

故宫博物院十大镇宫之宝之一的金瓯永固杯,为故宫宫廷文物的代表作之一。据清廷《内务府活计档》记载,乾隆帝对此杯的制作十分重视,不但调用内库黄金、珍珠、宝石等珍贵材料,而且要求精工细作,曾多次修改,直到他满意为止。因此,该杯一直被历代清帝视为祖传之宝。

乾隆帝御用弓箭

御筆 聰聽祖考之彝訓　道光乙酉長至月下澣

道光帝御书《聪听祖考之彝训》，表达了他誓不违背乃祖乾隆帝和乃父嘉庆帝遗训的决心。但他似乎并不懂得自己的历史使命，一味守成三十年，结果使大清国走上衰亡之路。

日常生活中的道光帝，不嗜酒色，兴趣唯在诗文。这幅《情殷鉴古图》轴，写实性很强，道光帝静坐于奇石之上，手握古书，目视前方，若有所思，是他于万几余暇时所追求的士大夫生活情趣的剪影。

道光帝陵寝——慕陵。道光帝死得突然，也死得正常，而且死得幸运。他在位三十年，虽遭逢第一次鸦片战争的折磨，仍稳坐其金銮宝殿，特别是当他还不知道洪秀全已拥众数万在广西蓄势待发之际，便撒手西归，谁曰不幸？

此图表现英舰"复仇女神号"发炮击毁大清水师船。在描绘第一次鸦片战争的许多西洋海战画中，都有该舰的踪影。此图现存英国海事博物馆。

满洲正黄旗（左）正白旗（右）盔甲，皆面绸里布，上衣长73厘米，下裳长78厘米，头盔为牛皮质，故宫博物院藏。八旗兵后来是没出息了，可在清初入关平天下及清前期东征西讨时的那支大清劲旅，确曾所向披靡，锐不可当。

咸丰四年二月十四日

谕皇后嫔贵人常在等从前谕旨二年十二月所降明白饬谕遵行寻常所带再谕青缎头梳时只准戴花边二支花边者即应惩办手上所带镯子不准用响镯鞋上底只准一寸厚底之鞋年节穿朝服蟒袍时亦寸五分者即应惩办若有戴两支花边者即应惩办亦只准用一寸厚底之鞋以上新定之条限五日内一律换齐前降之旨及新定之条如有不遵者

皇后则加倍罚银或口分自嫔以下则降位分一等妃女子妈妈里有不遵者从重治罪特谕

咸丰帝本人奢靡无度，却有感后妃服饰过于华丽，不合满洲规矩，特对其佩饰穿戴做出具体规定，违者予以处罚。

　　第二次鸦片战争中，咸丰帝逃到热河避暑山庄，在明知自己身患肺结核这种当时的不治之症的情况下，终日以醉酒妇人自戕，经常喝得酩酊大醉，喝醉酒又哭又闹，靠虐待下人来发泄胸中苦痛，酒醒后又后悔万分，不断厚加赏赐来弥补，让人感觉他不打算再回北京了，也不打算再活下去了。故而百十年来，一直有个无法求证的说法在流传——咸丰帝的死是自杀。这话，身为爱新觉罗皇族后裔的启功先生也说过。不是没这可能，人在无颜面对祖宗的极度痛苦和绝望之际，用放纵欲望透支身体来加速自己的死亡，历史上不乏先例。

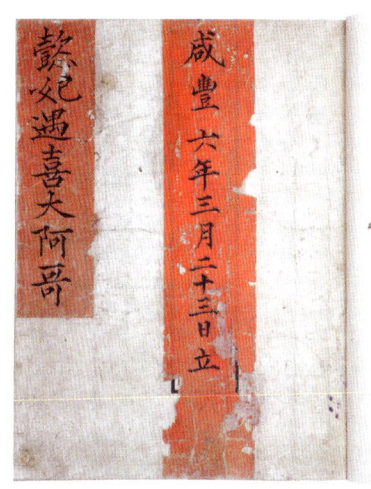 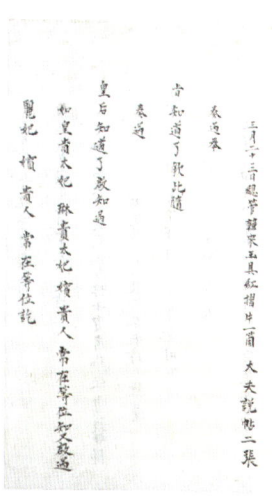

　　咸丰二年（1852），依清代祖制选秀女，叶赫那拉氏（慈禧）以兰贵人身份进入清宫，并得到咸丰帝宠幸，咸丰四年晋封为懿嫔。咸丰六年，她生下皇子载淳，其地位随之上升。这是她生产载淳的遇喜档，款署"咸丰六年三月二十三日立"。

咸丰帝死前宣布，以新君载淳名义发布的每道谕旨，结尾必须加盖此玺，方可生效。由于载淳年幼，此玺由其生母慈禧掌管，载淳遂成为她弄权的工具。

1862年，六岁的同治帝载淳登极后，在此黄色幔帐前落座。他当然只是个摆设，清廷的皇位与皇权，从此永告分离。大臣奏事过程中，只能听到帘后传出两宫皇太后的声音，看不见她们的尊容，这就是所谓"垂帘听政"。

清代萨满在乾清宫跳神祭祀时，要穿着特制的神衣，以通达神灵。

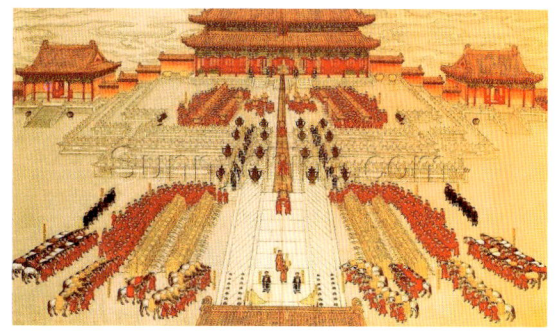

光绪帝大婚图，清宫廷画师绘。

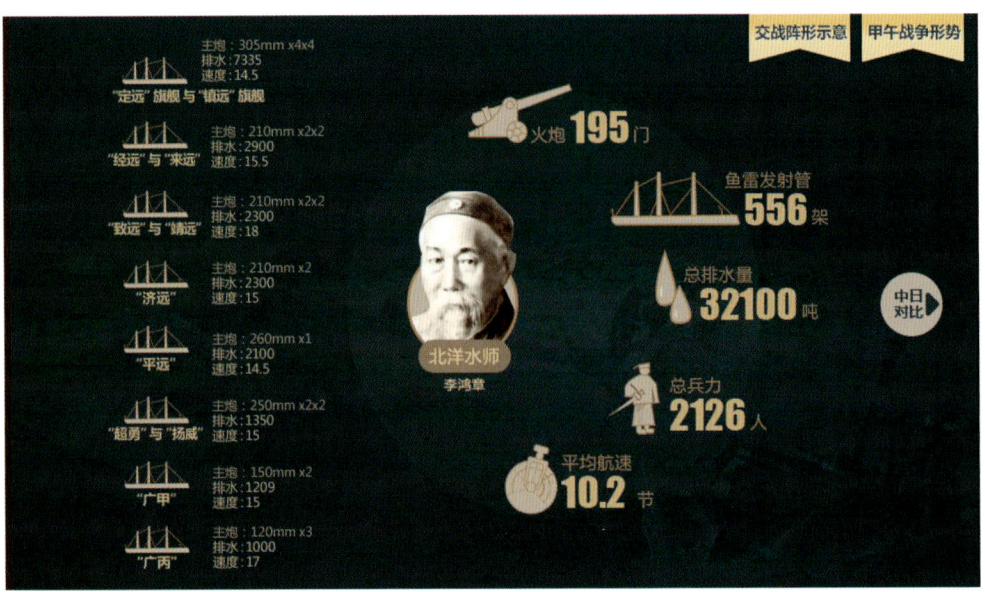

中日甲午战前北洋水师阵容。甲午战争导致以中国为中心的东亚传统世界秩序崩溃，代之而起的是新兴的日本成为该地区的霸主，这是一场在东亚的历史上具有划时代意义的战争。

早在中日甲午战后，光绪帝深感国势日衰，山河破碎，不甘做亡国之君，遂起意维新变法。在其师翁同龢等人推荐下，与维新派人士广泛接触，并阅读了大量有关维新的书籍。

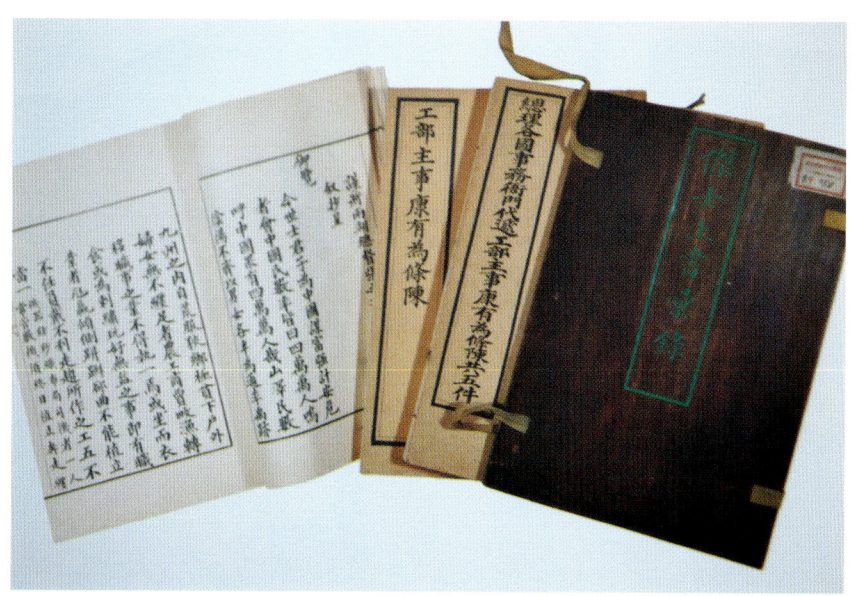

康有为向光绪帝呈送的《日本变政考》及《俄罗斯大彼得变政记》。书中，康有为以日本明治维新和俄国彼得大帝政治改革为例，主张改君主专制为君主立宪，在不动摇清朝统治的前提下，变法图强。

清末四名太监，右起为张海亭（长春宫太监）、刘兴桥（养心殿御前太监，七品补服）、王凤池（养心殿东夹道二带班，六品补服）、杨子真（御前太监）。

清朝虽已灭亡,逊帝溥仪仍能在紫禁城内册立皇后,让人体味到荒唐岁月的多味瞬间。这是中国最后一位皇后婉容大婚时身着朝服像。

紫禁城落日余晖,亦显风情万种。

走进大内
细说明清皇权帝制

张晓生 著

学苑出版社

图书在版编目（CIP）数据

走进大内：细说明清皇权帝制／张晓生著．— 北京：学苑出版社，2016.7

ISBN 978-7-5077-5052-2

Ⅰ．①走… Ⅱ．①张… Ⅲ．①政治制度－研究－中国－明清时代 Ⅳ．① D691.2

中国版本图书馆 CIP 数据核字（2016）第 167464 号

出 版 人：孟　白
责任编辑：潘占伟
装帧设计：徐道会
出版发行：学苑出版社
社　　址：北京市丰台区南方庄 2 号院 1 号楼
邮政编码：100079
网　　址：www.book001.com
电子信箱：xueyuanpress@163.com
联系电话：010-67601101（销售部）　67603091（总编室）
印 刷 厂：北京信彩瑞禾印刷厂
开本尺寸：787×1092　1/16
印　　张：28.5
字　　数：446 千字
印　　数：3000 册
版　　次：2016 年 7 月第 1 版
印　　次：2016 年 7 月第 1 次印刷
定　　价：68.00 元

目 录

写在卷首 /1

帝宫鸟瞰
——见皇房壮知天子尊 /1

九五之尊
——朕即国家天威巨测 /25

乾纲独断
——天下事重躬自断制 /45

大位传承
——有嫡立嫡无嫡立长 /75

祭天祀祖
——奉天承运祖宗家法 /97

君王起居
——穷奢极侈恣性纵欲 /115

皇子教育
——因其材力各俾造就 /135

六宫粉黛
——富贵已极终无意趣 /157

太监制度
——贱似虫蚁皇家心腹 /177

共和风云
——中华帝制寿终正寝 /193

附录一 明代皇帝大事掠影（1368—1644）/213
附录二 清代皇帝大事掠影（1644—1911）/313

写在卷首

人生确如白驹过隙，转瞬到了晚年。就在20年前，一个偶然的机会，风尘中幸遇知己，将我引进故宫西华门内武英殿行走，开始接触文物，而且多是要出国列展的顶级文物。我这人野路子出身，几乎没受过任何完整的系统教育，尤其是文史教育，以致从30年前拿起笔来舞文弄墨的那天起，就是跟跟跄跄全无法度，难谐尽耳唯擅孤吹，被莫言谑称"双目炯炯，匪气十足"，好像什么也不在乎。其实，怎么能什么也不在乎？只在乎想在乎的东西。譬如，对于所见到的文物，就会情不自禁地心存敬意。它们无论来自祖宗遗传，还是地下出土，都是历史上确实存在还能见到的东西。这对于想研究历史的人，该是何等重要！历史又是什么？历史是秦皇锐思汉帝穷神，也是骊山之尘茂陵之草。记得在跟某些朋友聊天时，说过这样的话——当您走进遍布于神州各地的历史博物馆，切莫小觑那一件件火为精灵土为胎的陶瓷，那一尊尊古锈斑斓的青铜器，那一片片灿若云霞的丝绸，那一柄柄百炼锋成的利刃，它们所展示的，不正是可以使您直接感触到的我们这个文明古国的心灵历史吗？时代精神的火花，在这里凝冻、积淀下来，传留和感染着人们的思想、情感、观念、意绪，经常使人一唱三叹，流连不已，比看多少文献都可靠。而在故宫协助工作的五六年间，每日有事没事，徜徉在充满历史回响的偌大的紫禁城内，抬头不见低头见，所见全是有意味的存在，那就很容易心由境造。曾有感写下副对子——"太息乾坤星移物换，歌吟岁月雨纵风横"，作为告别那里时的赠言。说到在故宫最大的收获，还是对早已被高度抽象化了的中国皇权帝制这个概念，究竟本该是什么形态，似乎有所领悟。所以，我才认为要想了解点什么，现场感挺重要。有两句老话，书到用时方恨少，绝知此事须躬行。其实，心中书不可少，案头书不必多，人要是比较聪明，读书处处有个我在，临时看书也来得及，但对什么若无亲身感受，满脑子都是本本主义和耳食之言，形不成属于自己的学问，终归遗憾。我确曾很羡慕在故宫上班的人，珍惜在这里工作的机会，将对这里环境及器物的印象记录下来，免得日后忘却。点滴积累，集腋成裘。这么说来，早就该写这本书了，何以等到现在？没别的原因，当年禁不住诱惑，干别的去了。如今回过头来，再想重操旧业，笔头都有些发涩。然而，我相信下过的工夫不会白费，近来翻检有关笔记，发现只要认真梳理一下，也许还能整理出一本有用的读物。至于它有没有用，我说了不算，读者说了算。最后，解释一下书名中的"大内"二字。"大内"，在这里语义双关，既是紫禁城昔日的别称，又是指它所负载的博大精深的历史文化内涵。

张晓生

2015 年 9 月 16 日

帝宫鸟瞰
——见皇房壮知天子尊

　　紫禁城——这座广袤恢宏、嵯峨壮观的古建筑群,我国明清两代24位帝王君临天下的统治中心,巍然屹立在北京城中央,迄今已有590多个年头。

　　夕阳几度,国祚数移。昔日的皇家禁脔,如今的故宫博物院,作为中国首屈一指的人文旅游胜地,每天都会有大量中外游客前来参观。门票收入固然可观,可已实在不堪重负。上世纪90年代,笔者有幸在西华门内武英殿行走了五六年,每天上下班穿行于东西华门,或者从神武门外乘车。记得那时候,无论春温秋肃,夏雨冬雪,走在路上,常与游客擦肩而过,总会见到一双双似在探询的目光,一副副若有所思的模样,于是就想,诸位心里琢磨些什么?

　　不觇皇房壮,安知天子尊?说到紫禁城这地方,只要置身其中,本来就足以让你目眩神迷、叹为观止了。中国历史在最近的几百年间,经历了如此剧烈的变幻,

北京无论怎样发展变化,故宫永远处在中心位置。

据新华网2014年数据，故宫日平均游客已达12万人，那一年算下来，就是4000万人次了。

帝制时代的皇宫，更容易被蒙在费解和误读的迷雾中。

如果现在站的地方，是毛主席纪念堂。你可曾想到，就在距今一百年前，这里还是进入大清皇城的南门——大清门之所在。那时的王公大臣早朝，每日凌晨从皇城南面进入紫禁城，必须走这个门。

有人要问：无论清代，还是明代，紫禁城的正门都是午门，为何从午门到大清门之间的距离，会长达1300米，中途还建有天安门和端门，这样重重设门，用意何在？

但凡对中国历史文化有点常识，就不难想到，这肯定是故意做出的安排，肯定是一种有意味的形式。简言之，正是为了显示紫禁城乃是封建帝王的皇家大内，所以刻意要在你还没进入紫禁城之前，先就营造出一派肃穆深邃的气氛，以便为紫禁城的正式亮相，布置个意境化的序幕。你看，当年从大清门步入紫禁城前部区域，先要走过一段漫长的御街，御街两旁是连檐通脊的千步廊，朝廷各部衙门尽在这里，人们在被如此设定好的线路中行进，走着走着，有谁还敢轻忽怠慢，有谁还会胡思乱想，只能是屏息敛容，亦步亦趋，两眼直往天安门遥望了。而当临近天安门外金

宫内盛水防火用的铜缸,也会引来这么多游客伫足。此缸原本鎏金,1900年被八国联军用刺刀刮走。

大清门旧照,清末西方摄影师摄。

水桥时，顿时呈现出一个宽阔的广场，又给人以豁然开朗之感。再看红色城台的背景前，五座石桥上的汉白玉栏板气势如虹，与金水河两岸栏杆纵横交织，远远望去，那里仿佛缭绕着一片白云，承托着宏伟壮丽、气魄非凡的天安门城楼，宛若神圣庄严的仙境。这就是当年步入大清门后，必然会感受到的第一个高潮。

旧时，天安门南面至中华门（明时称大明门，清时称大清门，民国时称中华门）以北为一个T型广场，向南两侧有连檐通脊的廊房百余间，名曰千步廊，为朝廷衙署之所在。（民国年间拍摄）

神武门，紫禁城北门，初名玄武门，取古代"四神"中的玄武，代表北方，后因避康熙帝玄烨名讳，改名神武门。城台开有三门，帝后走中间正门，嫔妃、官吏、侍卫、太监及工匠等，均由两侧门出入。清代选秀女，将嫔妃迎入宫中，均走此门。1924年，逊帝溥仪被驱逐出宫时，即由此门离去。

东华门是紫禁城东门，与西华门遥相对应，门外设有下马碑石，门内有南北流向之金水河，上架石桥一座。东华门以西是文华殿，迤南为銮仪卫大库。过去，东华门有"鬼门"之称，宫内出殡走这个门。如今这里也人迹罕至，游客不能从此门进故宫。

西华门是紫禁城西门，与东华门遥相对应，门外设有下马碑石。西华门与东华门形制基本相同，门楼用于存放阅兵所用仪仗及锭钉盔甲。西面檐下匾额，原为满、蒙、汉三种文字，后减为满、汉两种，辛亥革命后只余铜质汉字。

走进大内
细说明清皇权帝制

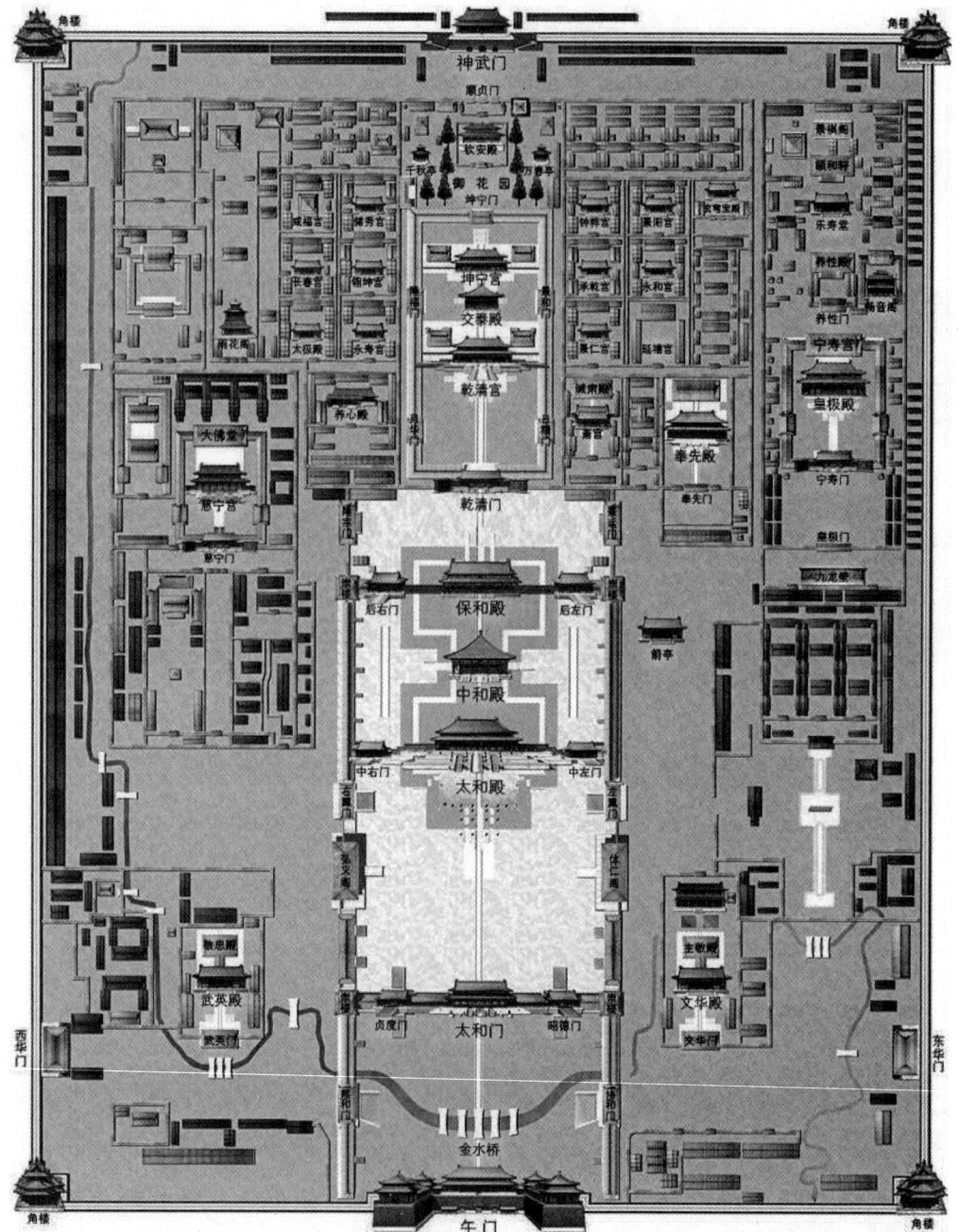

紫禁城平面示意图

再往里行，进入了一个收敛气势的方形空间——端门的前庭。与天安门形制略似的端门，紧随天安门之后，高大庄重，组成封闭沉静的庭院，并通过端门和午门之间 350 米长的御街、两旁工整一致的朝房，营造出压抑而平淡的气氛，更烘托出即将亮相的巍然矗立的午门。说到午门，有人会联想到"推出午门斩首"之类的话、看戏或听书时形成的印象。这里顺便澄清一下，午门可不是干这种事情的地方。但午门的建筑风格，确可使人眼前一亮，无论体量轮廓，还是方位转圜，完美地体现出古文献中阙与观的规制。紫禁城的营造者，出于对中国皇权文化的深刻理解，特别在这里运用了一组五凤楼的建筑组群，错落有致地显现空间对比的强烈变化，形成了愈发让人肃然悚然的第二个高潮。

进入午门后，骤然出现一个广阔豁亮的宏大庭院，院中横贯内金水河，五座石桥铺展在金水河之上，宽达庭院的三分之一，洁白如玉，豪放醒目。隔河仰望太和门，白色须弥座承托的七间殿宇式朝门，庄严壮丽。于是乎，天威尽显，大哉如斯，从而为紫禁城宫殿的中心——太和殿的展现，做好了最后的铺垫。

在紫禁城所有宫殿建筑中，午门是最不容易拍摄的一组建筑，不仅因为它体量宏大，结构也复杂。

天安门，明清两代紫禁城的正门，始建于明永乐十五年（1417），初名"承天门"，寓"承天启运，受命于天"之意，清顺治八年（1651）更名为天安门，以昭示天下：皇帝是在替天行使权力，理应万世至尊，长治久安。

午门身后内金水桥掠影

这一优秀设计，体现了艺术上犹如音乐般抑扬顿挫的韵律，有收，有放，经此三大高潮，渐入至高的境界。

确实，说到建筑之美，不仅在于其形象、轮廓、色彩和装饰意味，更重要的是如何安排好比例关系。在紫禁城所有宫殿中，太和殿无疑是最著名的，因为太和殿是皇帝治国理政的场所，是皇权和法统的象征，理所当然地成为紫禁城规划、设计和营造的重中之重。这一核心地位，决定了太和殿庭院不同于其他宫殿庭院疏朗开阔的广场气氛，而是呈现出一种至高无上的大朝气象。而这种只可意会难以言传的气象，竟然不用别的东西来支撑，只靠太和殿庭院两厢文楼和武楼建筑样式的陪衬，即可获得。其设计上的奥妙，也许就在于数学因素渗透在建筑之中，形成了优美的权衡比例。

天威尽显的太和殿前大朝气象

紫禁城外朝三大殿，从右起依序为太和殿、中和殿、保和殿。它们的基座，俯视仿佛是个"土"字。

太和殿是典型的阳中之阳，怎么看它，怎么像是阳中之阳。因为，太和殿乃是皇帝治国理政的正衙，皇权和法统的象征，理所当然地成为紫禁城规划、设计和营造的重中之重。

走 进 大 内
细说明清皇权帝制

大哉如斯的太和门广场

风雪弥漫中的太和殿广场

太和门外的铜狮,似乎总在仰天长吼。它所象征的磅礴气势,正与康雍乾盛世的大清国运相吻合。道光朝后,举国上下朝来寒雨晚来风,风雨如磐闇故园,它还蹲在这里,就像是纸老虎了。

中和殿始建于明永乐十八年(1420),称"华盖殿",嘉靖时遭遇火灾,重修后改称"中极殿",现藻井天花构件上,仍遗有明代"中极殿"墨迹。清顺治元年(1644),清皇室入主紫禁城,次年改中极殿为"中和殿",殿名取自《礼记·中庸》"中也者,天下之本也,和也者,天下之道也"。中和殿匾额"允执厥中"四字,为乾隆帝御笔,典出《书·大禹谟》"人心惟危,道心惟微,惟精惟一,允执厥中"。

保和殿,典出"志不外驰,恬神守志",意谓神志专一,保持宇内和谐,才能福寿安乐,天下太平。保和殿匾额"皇建有极"四字,为乾隆帝御笔,典出箕子《洪范》"皇建其有极"。该殿在明清两代用途不同。明朝大典前,皇帝常在此更衣,册立皇后、皇太子时,皇帝在此受贺。清代在此举行殿试。殿试是封建科举制度最高一级考试,由皇帝亲自命题。

而且,在设计太和殿时,不仅重视三层台基和周围环境的烘托,还考虑到与远在三里之外的大清门的距离,及与紫禁城背后景山的尺度关系。众所周知,任何一件艺术作品,都有着奇妙的数字秘密,那就是尽量把最重要的部分放在整个作品的0.618部位上,这样做效果可能最好,称之为"黄金分割率"。如此去想,就不难理解,紫禁城的设计者为何把大清门(明代叫大明门)放在离紫禁城如此遥远的地方,为此甚至不惜拆迁当年京城南面的城墙。过去,我们只知道这是为了延长紫禁城的序幕,所谓佳境必须渐入才好,但其具体尺度应该多少,这个问题要靠数学比例来解决。你看,从大清门到景山的总长度是5里,而从大清门到太和殿的庭院中心是3.09里,两者的比值为0.618,正与黄金分割率相同。这就足以说明,我们的先人在建筑设计中运用数学规律,已然是何等的娴熟和睿智。

这里,回答一下紫禁城的名称由何而来。

我国古代星象学家,把天上的星宿分为五大星区,叫作五宫,即东宫、西宫、南宫、北宫、中宫,中宫又称紫微宫,那里被认为是天帝的居所。封建皇帝既然自称天子——老天爷的儿子,他们在人间的居所,就想和天帝的居所相对应。于是,天上紫微宫,地上紫禁城,皇帝就这样通过天人感应和天人合一,把自己的宫殿作为皇权的象征物化出来,达到崇宫室而威四海的目的。

岂止如此,紫禁城被建在当时北京城的中心(即使到今天,它还在正中心),也被认为是天经地义的。在建筑布局和宫殿命名上,更采取了一整套象征手法,使得紫禁城里处处无闲笔,所见皆为有意味的形式。如乾清宫和坤宁宫,象征天地清宁;乾清宫东面的日精门和西面的月华门,象征日月精华;东西六宫,象征十二地支;东西六宫后的数组建筑,象征众星。正如太和殿是在象征皇权如昊天高不可测一样,这些象征日月星辰的对称的建筑群,拱卫着象征乾天坤地的乾清、坤宁二宫,又一次显示受命于天的皇帝的尊严。

再来看中国古代的阴阳五行学说,如何被运用到紫禁城的设计营造中来。紫禁城的总体布局,为外朝、内廷两大部分,外朝为阳,内廷为阴,二者既互相对应,又相互依存。外朝建筑布局疏朗,气势雄伟,体现阳刚之美;内廷建筑布局严谨,内檐装修纤巧精致,富有生活气息。由于两大部分的占地面积相似,为了突出外朝阳刚气魄,在紫禁城前的中轴

文华殿位于外朝协和门以东,与武英殿东西遥对,一度作为"太子视事之所",五行说认为东方属木,色为青,表示生长,故这里宫殿的屋顶覆绿色琉璃瓦。

线上,布置了大清门、天安门、端门及御街两侧的门庑,在太和门左右,配置两条外朝的辅助轴线——文华殿和武英殿,作为太和殿的左辅右弼。从数目的阴阳来说,奇数为阳。因此外朝的建筑格局,无论纵向或横向,均用奇数三,纵向为太和、中和、保和三殿,横向为武英、太和、文华三殿。内廷位于紫禁城后半部,为阴,故其布局多用偶数。最典型的,就是东西六宫,以及乾东、乾西五所的设置了。

武英殿位于外朝熙和门以西,与位于外朝之东的文华殿相对应,一文一武。李自成在此称帝,多尔衮在此摄政,乾隆帝在此修书,这里也是笔者行走过五六年的地方。

阴阳学说对事物的总体分析,是基于阴阳两面,但若再细加分析,还有阳中之阳、阳中之阴、阴中之阳和阴中之阴四种情况。就紫禁城宫殿建筑而言,午门、太和殿为阳中之阳,乾清宫和坤宁宫的前殿为阴中之阳,它们既与阳中之阳有共通之处,二者又不尽相同。乾清宫的屋顶用重檐庑殿式,殿前、御路、丹墀上陈设日晷、嘉量等,与太和殿基本相同,这是阳中之阳与阴中之阳的共同点。可是,乾清宫前半部台基为须弥座和白色勾栏,北面却是青砖台基,台基上不用勾栏,而用琉璃灯笼砖,这又是为什么?一座大殿的前后,用两种不同的装饰,正是阴中之阳在乾清、坤宁两宫中的艺术处理。之所以这样做,可能由于乾清、坤宁两宫毕竟是皇帝和皇后居住的寝宫,既要同样严谨端庄,又不能过分森严,以免影响到寝宫应有的生活气氛。

中国古人在观察自然时,还得出一个朴素的唯物观念,即认为木、火、土、金、水是构成宇宙万物的基本元素,后来又发展了这种认识,从这五种物质的不同特性出发,抽象归纳出世间所有事物的分类方法,推演出事物间的相互联系及其变化，形成了与阴阳说相辅的五行说。五行说中的五大类内容，涵盖很广。如方位中，东西南北中为五方；色彩中，青黄赤白黑为五色；气候中，风寒暑湿燥为五气；感情中，喜怒思爱恐为五志；味道中，酸甜苦辣咸为五味。此外，还有五音、五谷、五脏等。上述五行观念，在紫禁城宫殿营建中，也有所反映。

紫禁城内廷后三宫，依序为乾清宫、交泰殿、坤宁宫。意思是：乾天坤地，天清地宁，天地交合，康泰美满。

乾清宫为阴中之阳，后三宫之首，位于乾清门内，是明清两代皇帝在紫禁城中处理日常政务的地方。明朝的十四个皇帝和清朝的顺治、康熙帝，都以乾清宫为寝宫。"乾"是"天"的意思，"清"是"清澈"的意思。

皇帝寝宫名乾清宫，皇后寝宫名坤宁宫。坤宁宫，也是皇帝举办大婚的洞房，以及宫内萨满教祭神的场所。该宫命名，与乾清宫共同出自《道德经》，所谓"天得一以清，地得一以宁"。在中国古代，皇后的地位跟天下男性中最尊贵者皇帝相对，是天下女性中最尊贵者，皇帝既然是天，皇后就是地，皇帝征象为乾，皇后征象则为坤。

交泰殿位于乾清宫和坤宁宫之间，殿名取自《易经》。殿内存放二十五宝。二十五宝是皇帝行使权力的印章，用时须请示皇帝，经许可后方可使用。每方宝玺，各有不同的用途，如"皇帝之宝"用于颁发诏书及录取进士时公布皇榜，"制法之宝"和"命德之宝"用于谕旨臣僚和奖励官吏，"制驭六师之宝"用于军事。

按照五行的观念，既然方位中的东方属木，为青色，其生化过程为"生"，可以用来比喻青年人的成长，所以，就把太子读书的地方设在东华门内，即紫禁城东边的文华殿，并将屋顶做成绿色琉璃瓦，明显不同于其他宫殿上铺设的黄色琉璃瓦，以符合五行中木的方位为东、

东西六宫是妃嫔居住的地方。

生化过程为生、色彩为青的属性，很适应东宫太子在这里读书成长的需要。

与紫禁城同时建成的社稷坛，体现五行中的五色最为显著，不仅在坛顶做出表现方位的五色土，而且坛的四周护墙也按五行中的颜色，做出各种釉色的琉璃瓦，东方为青蓝色，南方为赤色，西方为白色，北方为黑色，中央为黄色，反映了古代五行中方位和色彩的对应。

五行说中，又有相生相克的说法，认为它们之间存在着相互生化和相互制约的关系。生，含有滋生、助长的意义，即水生木，木生火，火生土，土生金，金生水。由于土象征中央，紫禁城宫殿规划特别考虑"火生土"的规律，除屋顶大面积用黄琉璃瓦之外，还把所有墙壁外面油饰成赤色，以符合火在五行中生土为赤，火为土之母，促使中央的土得以循环生化。而在相克规律中，则是木克土、土克水、水克火、火克金、金克木。由于木克土，紫禁城外朝建筑中很少用绿色油饰，也不种树木，以防木的色彩克及象征皇权的土的颜色，那就不吉利，也不好看。

由于五行中只有相生没有相克也不行，不能维持整体平衡，紫禁城的营造者真是煞费苦心，把紫禁城最北端的御花园和景山，确定为以木为主。因为北方为水，水生木，所以在乾清、坤宁两宫以北，布置象征阴中之阴的以木为主的御园御山，就符合水生木，与前朝的火生土相反相成。至于紫禁城绝大部分区域，特别是前朝中轴线上，之所以没有树木的原因，一方面是从大朝使用角度出发，认为不需要有树，有树影响观瞻，还可能藏匿刺客，另一方面按五行说中的布置要求，设计者也怕犯了木克土的忌讳，不敢栽树。据说明代晚期，曾在午门外采来松枝搭起凉棚，以免等候上朝的百官总站在风露之下。这番好意，到清初就又废除了。今天，在午门外御路两旁看到不少洋槐，那是民国年间紫禁城改作故宫博物院后，才栽种的。

紫禁城宫殿在做总体规划时，对周围环境的选择和布局，也颇费心思。紫禁城北面，距神武门约300米处是景山，景山与紫禁城总体布局的关系，极为密切。这首先是由于，明初永乐年间的北京城，是在元大都的基础上建造起来的。从历史上看，不少开国皇帝，为皇家宫殿及陵墓建筑选址时，都会在风水上大做文章，以图达到让已经灭亡的那个王朝永世不得翻身，而本朝江山永固的愿望。因此，明初永乐皇帝把都城建在他据以发迹的北京，又用挖掘紫禁城护城河的泥土堆成景山，称万岁山，将其正好置于元朝曾建的宫殿之上，借以"压胜前朝"，自有其心理需要。

另外，古代帝王宫殿的传统格局，大多把坐北向南、依山面水视为理想的环境。景山虽然不是一座自然生成的山，但经过精心堆砌营造，五峰巅连，林木葱郁，置于紫禁城之后，不仅起到装点风景的作用，而且增加了宫殿建筑的稳定感和安全感。它与紫禁城内也是人工开掘的内外两条金水河，遥相呼应，就使得紫禁城宫殿更明显地处于坐北向南、依山面水的环境之中。实际效果，也确实如此。当你站在景山峰顶俯瞰紫禁城，只见殿宇嵯峨，琉璃瓦顶熠熠闪光，极目环视四周，可一览北京全城。而从紫禁城内北望景山，满目苍翠中，

御花园，就是典型的阴中之阴了，这里遍植奇花异木，极呈阴柔之美，会让人感受到什么是道法自然，什么叫诗情画意。

紫禁城后面的御山——景山，当属阳中之阴。这里固然林木满坡，郁郁葱葱，但瞧它那雄伟的气势，作用则是在"压胜前朝"，靠阴中之阴是压不住的。

从景山俯瞰故宫，紫禁城尽收眼底。

帝宫鸟瞰——见皇房壮知天子尊

紫禁城角楼美轮美奂,每当望见,令人心醉。

该图隐约可见北京中轴线。这条原本全长16华里的中轴线,现在已向南北延伸不知多少倍了。

山峰上五座造型各异的亭子，清晰地映现在蓝天白云之下，成为紫禁城宫殿的一座巨大的山景屏风，衬托得紫禁城愈发肃穆恢宏。

毫无疑问，紫禁城宫殿设计的指导思想，主要是体现皇帝的至尊地位，一切都围绕这个主题做文章。但也可能正因为如此，对如何确保宗法礼制和帝王权威不受侵犯，未免考虑得过多，而对它的实用功能，则考虑不够。紫禁城沿纵深发展，形成了一条以主要宫殿为基点的南北向的中轴线，在中轴线两旁布置左右对称的次要宫殿。这条中轴线，不仅贯穿紫禁城，而且向南北延伸，南经京城正门正阳门，至外城正门永定门，北经景山中峰、皇城北门地安门，直到钟鼓楼，全长16华里。这样步步深入的格局，只会进一步突出紫禁城宫殿的显赫地位。

在概略地介绍过紫禁城的大致格局后，除此之外，到紫禁城来，还该看什么。古人云，买椟还珠可胜慨。意思是，如果买家只是买了个首饰盒，却把盒子里的珍珠还给了卖家，那就太遗憾了。

在参观紫禁城时，希望你能感受到，紫禁城是我们的先人智慧和血汗的结晶，诉说着中华民族曾经有着怎样世所罕见的创造能力。紫禁城固然是封建皇帝为了统治国家给自己营造的安乐窝，但它的营造思想、营造过程、营造成就，又终究是我国古代劳动人民贡献出来的，体现了中国当时的文明程度和生产力发展的水平。经过几百年的风雨沧桑，皇帝们早不知到哪里去了，紫禁城却成为先人留给子孙后代的宝贵遗产，是整个中华民族的自豪和骄傲。

紫禁城是中国古代文明的伟大载体。众所周知，中国以拥有光辉灿烂的古代文化科学成就闻名于世，除四大发明外，我国古代天文、历算、建筑、文学、艺术、美学、政治、经济、哲学等文明发展，都曾领先于世界。紫禁城始建于明初，前代科学文化诸方面成就，在它这里都不同程度地得到体现。前面讲到，按照阴阳五行学说，紫禁城采用了古代宫殿前朝后寝、黄瓦红墙的传统做法，用以体现皇宫作为中央王朝所在地和皇帝居所的尊贵地位，而如此浩瀚的琉璃的海洋，只有在陶瓷的故乡中国，才能看到。前面也讲过，按照古代天文学对天象的划分和对星宿的认识，紫禁城在地面复制了一个紫微宫，三大殿代表紫微宫的三垣，后三宫和东西六宫代表紫微宫的十五颗星，天上紫微宫，地上紫禁城，二者遥相感应，以表现皇帝贵为天子、奉天承运、治理万民的崇高身份。陈列在太和殿、乾清宫等主座宫殿前的嘉量，今天也许不那么令人瞩目，但它却是以黄钟为基础，以声共振原理为依据，独步世界的中国古代计量科学的实物，其精密程度，可与两千多年后上个世纪才确定的世界公用计量体系媲美。至于紫禁城各宫殿数不胜数的匾额楹联，内容几乎涉及三坟五典、经史子集等我国古代各种经典。紫禁城是美的宝库，美的典范，它那大气磅礴、宏伟壮丽的美的旋律、美的气魄，只有在经历了悠久文明和漫长大一统帝国的中国的土地上，才能产生。

紫禁城是中国古代宫殿建筑的典范。中华先民由穴居野处到建造房屋，经历了漫长的历史发展过程。中华民族生存的自然环境和长期形

清乾隆初年，有人得到一个王莽篡汉时的"新莽嘉量"，献给乾隆帝。乾隆帝认为此乃天意，应当在宫中安设，于是，以"新莽嘉量"为依据，参考唐太宗时期方形"嘉量"样式，于乾隆九年（1744），仿制出两个方形和两个圆形"嘉量"。乾隆帝把其中两圆一方三个"嘉量"，分别置放在北京紫禁城午门、太和殿、乾清宫殿前，将余下的那个方形"嘉量"，派人送到盛京，陈设在沈阳故宫崇政殿前。

成的社会环境，又造就了中国建筑完整的木构架系统，以及丰富的材料结构、群体组合、讲求建筑形象及建筑装饰、建筑布局严整而灵活、建筑与园林相结合等特点。紫禁城无疑全面而且成功地体现了这些优良传统，以清醒的世俗理性精神和强烈的政治伦理色彩，以及与此相适应的审美情致，作为我国民族性格、民族意识和灿烂历史的象征，完成其伟大的土木式外化。中国古代建筑，尤其重视宫殿建筑，被奉为古代文化经典的《周礼》，对都城和宫殿建设有着具体规划，在后来的历史发展中，这些内容大多被继承和完善下来。紫禁城集中反映了《周礼》以来的宫殿建筑传统，体现出实用与礼制的结合，复古与创新的结合。必须指出，明清紫禁城与元大内有直接沿袭关系，元大内又是沿袭了宋代汴京宫殿的规制，而宋代则是继承了汉唐两代的做法。因此，明清紫禁城与前代宫殿建筑一脉相承，又积中国古代宫殿建筑之大成。

紫禁城是中国古代文化艺术的宝库。历代封建皇帝，利用自己手中至高无上的权力，制作和搜罗了大量珍贵艺术品，在紫禁城里为我们留下了两百多万件古代文物。这些传世国宝，包括书法、绘画、青铜、陶瓷、玉器、丝绣、珐琅、竹

走进大内
细说明清皇权帝制

故宫博物院十大镇宫之宝之一的乾隆款金瓯永固杯,为故宫宫廷文物的代表作之一。据清廷《内务府活计档》记载,乾隆帝对此杯的制作十分重视,不但调用内库黄金、珍珠、宝石等珍贵材料,而且要求精工细作,曾多次修改,直到他满意为止。因此,该杯一直被历代清帝视为祖传之宝。

故宫博物院十大镇宫之宝之一的酗亚方尊,为故宫青铜器的代表作之一。青铜器的产生,是古代中国从野蛮时代走向文明时代的重要标志之一。

故宫博物院十大镇宫之宝之一的郎窑红釉穿带直口瓶。郎窑红釉是由清代康熙时期江西巡抚郎廷极督理景德镇窑务时所创烧,故名郎窑红。因釉色浓艳,如初凝的牛血,故又称"牛血红"。烧造过程中,对烧成的气氛、温度等技术指标要求很高,烧制一件成功的产品非常困难,所以,郎窑红釉瓷器在当时就很名贵,民谚有"若要穷,烧郎红"的说法。

故宫博物院十大镇宫之宝之一的《清明上河图》,为故宫书画代表作品。该画为张择端所作,以精致的工笔,描绘了北宋末叶徽宗时代首都汴京的社会和民生。全图分为3个段落,在5米多长的画卷里,共绘出550多个各色人物。

张居正为时在冲龄的小皇帝朱翊钧编写的《帝鉴图说》，希望他以史为鉴，学会励精图治，将来做个圣君。该书上部《圣哲芳规》，编辑上自尧舜下至唐宋共23个古代帝王"善为可法者"事迹共81则；下部《狂愚覆辙》，摘录三代以下共20个帝王"恶可为戒者"劣行共36则。《周易》称九为阳爻，六为阴爻，上下两部书在选取事例时，分别以九九八十一或六六三十六为数，用以区分善恶，暗合《易经》，可谓用心良苦。

张居正推行"万历新政"，使原已濒危的大明王朝得以延续。他是个成功的改革家，却也免不了身败名裂。

木牙雕、家具、乐器、天文仪器等诸多种类。它们是古代艺术品的精华部分，是世界艺术宝库中的明珠。由于特殊的历史条件，它们同紫禁城宫殿形成一种密不可分的联系，共同构成紫禁城文化完整的体系。

紫禁城是明清两代500余年历史的见证。紫禁城自明永乐十八年（1420）建成，至清宣统三年（1911）溥仪逊位，经历了明清两代491年的沧桑岁月，共有24位帝王在这里御极，实施对全国的统治。在这座明清两代的中心舞台上，不知演出过多少幕历史的悲喜剧——郑和下西洋、土木之变、南宫复辟、明武宗荒淫、魏忠贤乱政、张居正改革、李自成进京、崇祯帝自缢、清统治者入主中原、康乾盛世、鸦片战争以来的种种屈辱、慈禧垂帘听政、戊戌变法、清帝逊位……500余年间封建王朝的兴替、中华民族的荣辱、世界潮流的冲击，亦在这里一一展示。紫禁城是浓缩这一切的地方。

也许了解了这些，你到紫禁城来游览，才不虚此行。

1644年3月,李自成突破居庸关天险,出现在北京城下,紫禁城朝不虑夕。

明思宗殉国处的旧碑古树,以及碑后的衣冠冢,见证明末崇祯帝朱由检面对当时内忧外患交相煎迫的危殆局面,万念俱灰,自己也只能做出"朕不能守社稷,然能死社稷"的无奈选择。

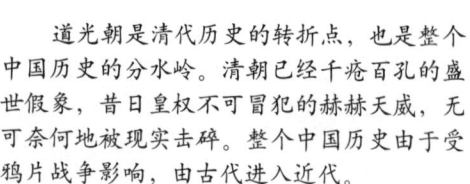

道光朝是清代历史的转折点,也是整个中国历史的分水岭。清朝已经千疮百孔的盛世假象,昔日皇权不可冒犯的赫赫天威,无可奈何地被现实击碎。整个中国历史由于受鸦片战争影响,由古代进入近代。

1900年，八国联军入侵北京，夺占紫禁城达一年之久。图为联军头目德国人瓦德西（中央站立者）在中南海与各国将校合影。

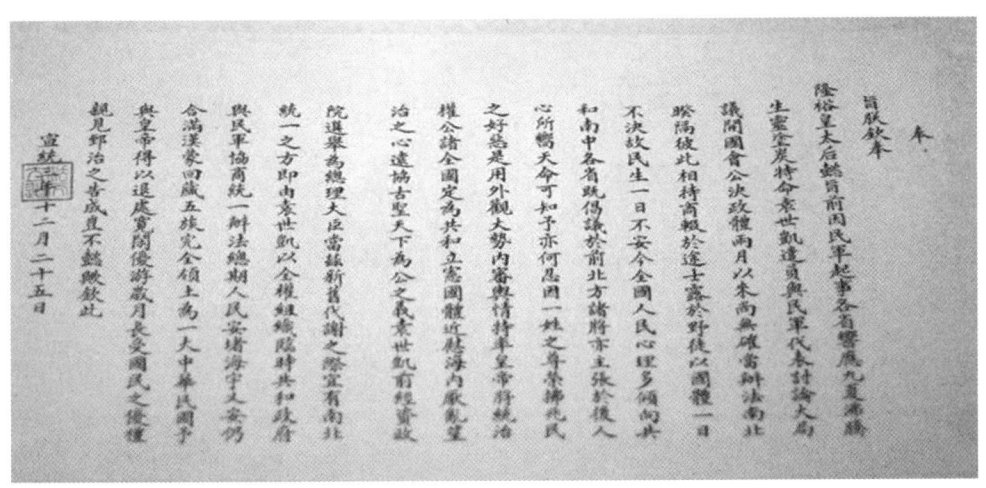

清宣统帝逊位诏书

1924年11月5日上午9时，冯玉祥国民军开进紫禁城，命令清逊帝溥仪三小时内离宫，否则对任何后果概不负责。

紫禁城落日余晖，亦显风情万种。

九五之尊
——朕即国家天威巨测

中国文化有些谜团，也许永远难以破译。譬如说"九五之尊"吧，九和五这两个数凑在一起，怎么就会成为至高无上的帝王之位的象征了呢？难道仅凭古老的《周易》中有"九五，飞龙在天，利见大人"这么句莫名其妙的话，就足以让后来几千年的中国历史都受到启发，无论谁当上皇帝，他就理所当然地该被称作"九五之尊"了？

不过，若体现在建筑艺术上，在中国古代数字中最大阳数九，和上有七、九下有一、三的中间阳数五，要是组合在一起，确可产生某种特殊效果。什么原因不知道，反正就是这么回事。那就难怪紫禁城内凡是比较重要的宫殿，如太和殿、乾清宫、午门正楼，以及专为乾隆做太上皇营建的皇极殿，还有皇帝用以颁诏的天安门，全是开间为九、进深为五的九五格局。也许真得只有这样安排，这些宫殿建筑才会显得如此宏伟，如此壮丽，如此神圣。不信的话，换个比例试试看？不越看越别扭，就不错了。

没有九五意识，就没有这样崇宫室而威四海的中华气派。

太和殿内到底有多少条龙,若没人确切地告诉你,谁也数不清。

龙——这个从远古洪荒时代居然延续保存到今日,具有如此强大的生命力量,吸引人们去崇拜去幻想的奇异形象,始终是那样变化莫测,神气万千,莫非正是造物赋予中华民族的一个永垂不替的共同观念形态的标识?此图是定陵祾恩殿御路石雕。

　　作为封建皇帝金銮宝殿的太和殿,上面究竟有多少条龙?常听到有人这样问。据不完全统计,大约有13844条。这是故宫研究室前主任徐启宪先生告诉我的,时在1996年。之所以这么多龙,当然不是因为它多么好看,比这好看的图案有的是,乃是由于太和殿是皇帝举行登基、万寿、大婚等重要礼仪活动的场所,渲染帝王至尊至贵,就成为这里内外装修必须注重的原则。这就可以解释,为什么太和殿里,从屋面装饰到内外檐彩画,乃至藻井天花,上上下下,到处都是品制最高的五爪龙纹。

　　龙,本是世界上没有的生物。它实际上是以蛇图腾为主的远古华夏氏族,不断战胜融合其他图腾氏族,逐渐演变而来的一个图腾符号,最终成为整个中华民族的精神标识。但自从中国进入帝制社会以后,这种变幻莫测、似乎具有神奇魅力的龙的形象,就长期被封建皇帝独占,被视为皇权化身,任何人不得僭用。大概从元代开始,作为皇权至高无上而又无所不在的体现,皇帝的衣服叫"龙袍",

床铺叫"龙床",皇帝高兴时叫"龙心大悦",生气时叫"龙颜大怒",身体不舒服叫"龙体违和",皇帝即位前居住的地方叫"潜龙邸",皇帝的儿孙叫"龙子龙孙",等等。

皇帝不但自封为"真龙天子",更有甚者。看到太和殿前左右两侧陈列的嘉量和日晷了么?据说那是两汉之际王莽篡政时的遗物,乾隆初年为清廷所得,被视为"天授神物"。这两件古物,不仅隐含着"天圆地方"的传统观念,而且还是宇宙时空的象征。在乾隆帝看来,当向东南、西南方向充溢的阴阳二气汇聚于太和殿内金銮宝座下的"龙穴"时,坐在宝座上的他,无疑也就成了天地阴阳二气的化身。他坐在这宝座上,仿佛与远古传说中的伏羲女娲分执规矩、高擎日月一样,驾驭着宇宙时空,支配着天地万物,那他还不该是一位当之无愧的统治者么?

封建时代,皇帝的意识就是天意,皇帝的言语就是法律,皇帝的身份神圣不可侵犯。他可以自称"朕"(对太上皇、皇太后例外),下属臣民,则呼他为皇上、陛下、圣上、万岁。人们在书写文字时,遇到与皇上名字相同的字,必须用别的字去避讳替代,即使因此弄得文句难以卒读,也无可如何。明黄是皇帝专用的颜色,任何人不得使用,如有侵

太和殿金銮宝座下,就是所谓"龙穴",据说天地阴阳二气曾汇聚于此。

日晷是古代利用日影测时刻的一种计时仪器。以太和殿前这座日晷晷针阴影的前端为准,我们可以准确地读出拍照时间为下午6时零3分。清帝将其视为宇宙时空的象征。

犯，那就是僭越，就是大逆不道。此外，皇帝享有颁发诏旨、封赏赐予、大赦天下、校阅军队、接受朝贺、颁定律例、追夺籍没，以及蠲免钱粮税银等特权。总之，全国生杀予夺的一切权力，均属于皇帝，皇帝是最高权力的体现。

爱新觉罗·溥杰先生，回忆儿时进宫陪伴早已被赶下台的逊帝哥哥溥仪游玩，兄弟俩正玩得高兴，溥仪偶然发现溥杰内衣的颜色似乎是黄的，就沉下脸来，呵斥他为什么敢穿黄，又怎么配穿黄。溥杰吓得浑身发抖，马上意识到眼前这个人并不是哥哥，而是皇帝，尽管是个已逊位的皇

万历帝皇冠，1958年定陵地宫出土。

清康熙十二年（1673）正月，玄烨就是身穿这身盔甲，大阅八旗军阵于南苑，显示其准备平定吴三桂叛乱、打击分裂巩固统一的决心。

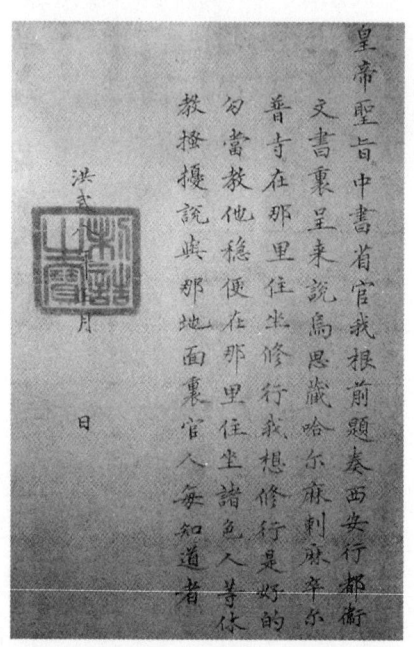

封建时代，皇帝的意志就是天意，皇帝的言语就是法律，皇帝的谕旨神圣不可侵犯。明太祖朱元璋自己当过和尚，所以才会说出"我想，修行是好的勾当"这样莫名其妙而又非常亲切的话来。

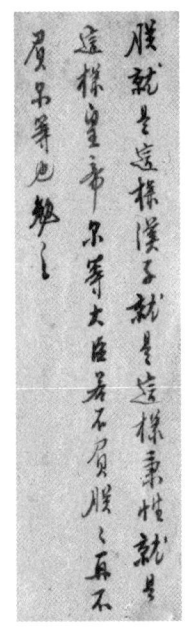

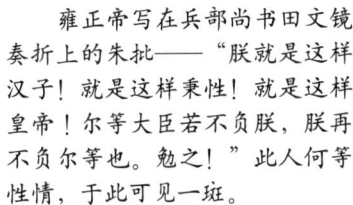
雍正帝写在兵部尚书田文镜奏折上的朱批——"朕就是这样汉子！就是这样秉性！就是这样皇帝！尔等大臣若不负朕，朕再不负尔等也。勉之！"此人何等性情，于此可见一斑。

乾隆皇帝龙袍（吉服）

帝。黄色和王权的对应关系，并非古已有之，直到元代才确定下来。明代将黄色的禁忌进一步扩大，官民一律禁用黄色。在明清两朝，黄色完全成了皇权的象征。

关于皇帝穿什么衣服，据有关典籍记载，从尧舜禹时的舜帝开始，皇帝冕服就用十二章纹样为饰。以后，历代皇帝承传古礼，几千年来始终未变。若问哪十二章？即日、月、星、山、龙、华虫、宗彝、水藻、火、粉米、黼、黻。十二章纹样的象征意义是：日月星光照大地，山能兴云雨，龙能灵变，华虫寓意华丽多彩，宗彝表示不忘祖先，水藻象征文采，火象征兴旺，粉米能够养人，黼象征权力，黻象征群臣离合及善恶相背。这十二章成了皇族的标志，只有皇帝才能穿十二章的冕服。不过，十二章中龙纹所占的地位，越到后来越大，其他十一种纹样，只放在适当位置作为点缀。人们往往以为皇帝天天穿"龙袍"，其实皇帝平常穿的礼服叫"衮服"。到清朝，皇帝在庆典活动中穿的衣服，才叫龙袍，重大庆典穿朝袍。

皇帝用膳，也有独到讲究。清朝宫廷礼仪规定，如果没有特别旨意，任何人不

《钦定宫中现行则例》刻本,这是清代宫廷规章制度的汇编,颁行于乾隆七年(1742),嘉庆时期有所增补。

慈禧陵前这块赫然醒目的石雕,就故意把龙凤关系弄颠倒了。

清宫廷画家王翚绘制的《康熙南巡图卷·卤簿图》中的清廷卤簿仪仗场面。

能与皇帝同桌进膳,皇子、后妃也不例外。每逢元旦、万寿节、除夕,宫中举行宴会,无论是餐桌位置,还是酒菜品类,都有严格等级区分。倘若有人膳食与皇帝相同,超出了标准,就是不合礼制。清宫某次筵宴,后妃宴席上的食品似乎与雍正帝相同,雍正帝就下谕说:"中宫所用,如何与朕相同?不但体统不合,亦非樽节爱惜之道。"这是认为,有分别才合礼制,别人吃了跟他一样的东西,不仅不合礼制,还是浪费。

皇后在后妃中的地位,算是最尊贵的了——母仪天下嘛。然而在皇帝面前,她也不过是个附庸而已,绝不能与皇帝同起同坐,向皇帝要自称"臣妾"。又比如龙凤纹样,是皇家独有的装饰,龙代表皇帝,凤代表皇后,但龙凤图案在一起时,只能是龙在上凤在下,不能颠倒。唯有慈禧太后是个例外,她当政后,改为凤在上,龙在下,这是扰乱了尊卑与名份,因而被称为野心家。

看过清代画家王翚绘制的《康熙南巡图》么?这幅极为珍贵的纪实性绘画长卷,全面记录了康熙帝第二次南巡中庞大的卤簿仪仗场面。卤簿仪仗,是中国封建王朝用以体现皇帝尊贵地位而建立起来的礼仪制度。据《钦定大清会典》规定,凡皇帝登极、亲政、大婚、万寿和冬至、元旦等重大节日,都要在宫中太和殿举行朝贺，宗室王公和文武百官都要入宫，向皇帝行三跪九叩朝拜礼。朝会之日，銮仪卫要在太和殿到天安门外的御道两旁，陈设无数卤簿仪仗和宫中乐器，气氛肃穆，用来彰显一国之君有着怎样至高无上的威严。

至于皇宫的警卫情况，如果到故宫游览，路经东西华门，留意观察周围设施，就会发现在门外左右两侧，各设有高约四米、宽约一米的石碑，上书"至此下马"四个篆体字。清代文武官员上朝时，到达下马碑前，文官下轿，武官下马，然后毕恭毕敬地步行入宫。只有承蒙皇帝特许可乘轿或骑马进入紫禁城者除外。

清光绪末年，慈禧太后曾特准盛宣怀在紫禁城内骑马。

紫禁城是明初永乐年间建造的，明朝在紫禁城内发生的事，人们好像不怎么熟悉。明代其实是封建皇权空前的朝代，群臣上朝时，必须连连山呼万岁，再山呼万万岁，已成定例。连跟从皇帝行进在丹墀上，也必须将脸永远朝向北面，因为面南是皇帝的特权。所以，明代的大臣们退朝时，只好总是倒着身子走路了。皇帝是如此威严，故而在君臣隔阂愈发严重的明代中叶以后，许多大臣听说皇帝要召见自己了，便有手足无措之感，来到皇帝跟前，不是只会磕头喊万岁，就是什么话也说不出来。最典型的例子，是明神宗召见阁臣时，有位叫吴崇仁的臣子，在殿上吓得僵卧在地，大小便失禁，把他抬回家中，仍然像个木偶，几天后才恢复常态。

明代政治的一大特点，就是盛行特务政治和文字狱，这是由开国皇帝朱元璋定下的规矩。朱元璋出身卑贱，早年当过和尚，参加过红巾军起义，一旦登上皇帝宝座，曾经卑贱的出身，成为他最不允许别人触及的隐痛，也成为他大搞唯我独尊的原动力。他曾经很想为自己找一个有头有脸的好祖宗，以显示自己有好出身。找来找去，终于想到那位也姓朱的南宋理学大师朱熹，便叫人考证朱熹是他的祖先。但由于朱熹是江西婺源人，朱元璋是安徽凤阳人，实在沾不上边，只好拉倒。他于是又通过大搞文字狱，用暴力遮掩自己的出身。以至于在明代，凡是与光、秃、僧一类与和尚有关的文字，一律被禁用。朱元璋是红巾军出身，在统治阶级的意

明成祖永乐帝朱棣画像。此人完全继承其父朱元璋大权独揽、小权不放那一套,使明代成为封建皇权空前高涨的朝代。

识形态中,红巾军是逆贼与强盗,所以明代不但"贼"字不许用,与"贼"音相近的"则"字,也在忌讳之列,为此制造出一些冤狱。

朱元璋和他的儿孙们杀起人来,相当残忍,范围也非常广,杀人往往以家族为单位,一旦谁被列为打击对象,就难逃诛灭九族的厄运。在这种情形下,京城内外被恐怖气氛笼罩,大小官吏整天提心吊胆,人人自危。据说当年上朝的时候,只要看到朱元璋把玉带揿在肚皮之下——这是他下决心杀人的征兆,当天准有官员被杀,满朝文武个个吓得面无人色,浑身发抖。如果看到朱元璋的玉带是挂在胸前,便知道皇帝今天情绪不错,大概不会杀人。按照明朝的制度,京官每天都得早朝,天不亮就要起床梳洗穿戴。因此,在一举杀死五万余人的"胡蓝党案"期间,许多京官早朝之前就和家人诀别,嘱咐后事,以防不测。要是能活着回来,则阖家欢聚,以示庆贺,算是又多活了一天。

明朝皇帝在唯我独尊心态的驱使下,绝不容许自己的权威受到丝毫损害,已到让人不可思议的程度。明江西巡按御史陈祚,仅仅因为上疏劝明宣宗休闲时,是否让儒臣讲解一下《大学衍义》(这部书对理政有好处),就被明宣宗下诏逮捕入狱,在锦衣卫关了五年。明明是出自臣下一片赤诚之心的读书建议,竟引起皇帝如此盛怒,祸根就在于陈祚的建议,无意中触犯了皇帝极其自负的心理。在明宣宗看来,帝王乃天下共主,应当无所不懂,岂容臣下怀疑自己的学问。

说来好笑,就连游戏玩耍,明代帝王也要摆出至尊的架子,非赢不可,否则便发脾气。明武宗曾与巡抚都御史伍符玩藏阄的游戏,伍符偶然获胜,武宗就不高兴,找个碴儿羞辱了伍符一番,才作罢。

比较而言,别看清朝皇帝是少数民族出身,若论通情达理,总体教养程度,似乎比明朝皇帝要好,也就是没那么霸道。但是,清朝皇帝自有清朝皇帝的特点,为维护皇权不受侵犯,他们很爱从政治角度着眼,宫廷礼仪也显得更为繁缛。

明洪武年间，首先倒霉的是中国最后一位丞相胡惟庸，不仅他本人被杀，牵连致死者达三万余人。

接着遭殃的是凉国公兼太子太傅蓝玉，被剥皮示众，究其党羽，牵连致死者一万五千余人。

明代开国元勋汤和，朱元璋的造反引路人，官拜信国公，能够善始善终，原因有四：一是他为人确实谨慎；二是他要求自解兵权；三是他揭发李善长立功；四是他死得较早。

明代开国元勋徐达像。清代史学家赵翼说朱元璋"雄猜好杀，本其天性"，朱元璋坚持以猛治国，将开国功臣基本上屠戮殆尽，无非是用这种方式警告臣下，要大家确保对朱家绝对忠诚，使大明江山传祚无尽。大将军徐达，就因为在朱元璋面前"恭谨如不能言"，即恭敬谨慎得好像不会说话了，所以没有被杀，还备受嘉奖。

　　清朝皇帝若想惩治谁了，给他安上个"僭拟至尊"或"僭侈逾制"的帽子，要比他犯了什么罪都严重。"僭拟至尊"，就是也摆出皇帝的样子；"僭侈逾制"，就是奢侈得超过了皇帝本人。

走进大内
细说明清皇权帝制

爱新觉罗·福临冲龄践祚,由偏居关外的一隅之主,一跃而为君临华夏的最高统治者,服饰也不一样了。

还在关外时,沈阳故宫大政殿内的宝座,就已由清太宗一人面南而坐,取代了曾经四大贝勒同时共坐的局面,表明其政治体制完成从共议制向集权制的过渡,皇权已控制在皇帝一人手中。

雍正帝为澄清政敌散布的流言,于雍正七年(1729)九月下诏,将有关审讯江南曾静造谣反清案件的谕旨、口供、悔过书、笔录编辑成书,书名《大义觉迷录》,刊印发行。十月,雍正帝做出对曾静一案的处理,结果出人意料,曾静免罪释放,并宣布"朕之子孙,将来亦不得以其诋毁朕躬,而追究诛戮之"。弘历没听这套虚伪的说辞,一即位就杀掉了曾静。

清太祖努尔哈赤第十四子多尔衮，于顺治元年（1644）统兵入关，开国定基。当时，因顺治帝年幼，由其代决军国大事。据说，他批奏本章可不奉上命，概称诏旨，连皇帝的印玺也贮其王府，以便随时钤用。

多尔衮死后满身罪名，百余年无人论及此事。直至乾隆四十三年（1778）正月，才颁诏立碑，为多尔衮平反昭雪，肯定他在清朝开国时"成一统之业，厥功最著"的重大历史功绩。

曾为清入主中原做出重大贡献的多尔衮，由于特殊的历史原因，生前权势如日中天。顺治帝封他为"叔父摄政王"、"皇父摄政王"，死后又追授他为"诚敬义皇帝"，恩宠无以复加。其实，顺治帝完全是出于无奈，才违心地这样做的。后来，一旦时机成熟，立刻翻脸不认人，多尔衮尸骨未寒，就宣布他有弥天大罪。其中一条，正是多尔衮曾在仪仗、侍从、府第诸方面，都"僭拟至尊"。

乾隆后期的宠臣和珅，倚仗乾隆帝对他的信任，把控朝政达二十年之久。乾隆帝刚死，嘉庆帝为巩固自己帝位，一点都不顾及父皇脸面，下旨逮捕和珅入狱，宣布他有二十条罪状，其中许多条属于"僭侈逾制"。如第十三条，私造楠木房屋，且有间房子的隔断仿照宁寿宫样式；第十四条，和珅给自己修的坟墓设有享殿隧道，附近居民称之为"和陵"；第十五条，所藏珍珠手串，比宫中多了数倍，有颗珠子比皇帝御冠上的还大。以上罪状，是否全部属实，无从查证，可见"僭侈逾制"罪具有多么严重的后果。

清朝与明朝让宦官兴风作浪不同，视太监为虫蚁般最低贱的人，皇帝很注意

清嘉庆四年（1799）正月初三，太上皇乾隆帝病逝，嘉庆帝开始真正行使皇帝权力，他首先诛除了父皇在世时的宠臣和珅。

和珅书法不错。

此为和珅墓。他到底贪污了多少钱？当年，坊间有"和珅倒，嘉庆饱"的说法。

他们对自己的态度，时时加以纠正。请看，雍正元年六月二十二日上谕："近来新进太监，俱不知规矩。朕曾见伊等扫地时，挟持笤帚，竟从宝座前昂然直走，全无敬畏之意。尔等传与乾清宫等处首领太监等，嗣后凡有宝座之处，行走经过，必存一番恭敬之心，急趋数步，方合礼节。若仍不改，尔等即严切教训。"雍正九年八月十九日上谕："近来，尔太监等私下相聚，未尝不图欢笑，及见主上时，便似拘束太苦，全无和颜悦色。若以此为恭敬，甚属错谬。尔等严传，以后若是不改，定将有心如此者处分几人，令众人齐知改悔。"乾隆九年十二月二十九日上谕："适见养心殿太监刘玉竟在栏杆上坐，甚无规矩……着将刘玉交与总管重责四十板。并传谕太监等，嗣后不得覆蹈前辙，或于台阶石砌间暂坐，则可。"从上述皇帝们的谕旨，可见清代太监的日子很不好过，经常处于尴尬境地，慢了不是，快了不是，坐着不是，立着不是，欢笑了不是，拘束了也不是。

中国乃礼仪之邦，早在周代，就已制定了相当完备的王室礼仪制度。清代是最后一个封建专制集权中央王朝，为独尊皇权制定的礼仪，也越来越细密。这里，随便举几件小事，便可略知一二。

清代太监的日子很不好过,经常处于尴尬境地,慢了不是,快了不是,坐着不是,立着不是,嬉闹了不是,拘束了也不是。

慈禧这位中国封建王朝最后的一个独裁者,尤为注重宫中繁缛礼仪,以保持她的尊严。凡是她坐过的椅子,就成了"御座",以后任何人不许再坐。除了光绪帝可以管她叫"亲爸爸"之外,无论何人与她说话,都必须称她"老祖宗"、"老佛爷",自称"奴才"。给她梳头,不能掉一根头发,否则会引起她的雷霆之怒,轻则训斥,重则杖责。听说就连李鸿章这样的元老重臣,为了去给慈禧拜寿,也得先在自己家里用棉花裹住膝盖,每日跪拜多次,练习朝见礼仪。

据《清稗类钞》记载,清代内廷演戏,遇到戏中有要跪拜的情节时,比如秦香莲来喊冤,该向包青天跪拜了,也不能去拜包相爷,而要拜正看戏的皇上。按说演戏就是演戏,看戏就是看戏,戏中动作由剧情规定,人家扮演秦香莲的是在按剧情向扮演包公的跪拜,看戏的好好看戏就是了。但不行,因为看戏者是皇帝,因此戏中角色跪拜,也得跪向现实中的至尊。这事说来荒唐,就在雍正年间,还真有戏子没记住规矩,被拖出去杖杀的事。

尽管清朝宫廷礼仪极严,无奈因其本身太过繁缛,实施起来就难免出差错。光绪年间,有位大臣在笔记中写道,光绪帝受群臣朝贺,数百颗脑袋在他面前上上下下,总不能整齐划一,那情形相当滑稽,光绪帝看着忍俊不禁。此外,朝贺时

慈禧皇太后晚年照,摄于她七旬大寿之后。

清末名伶谭鑫培、杨小楼,进宫为慈禧演唱京剧《阳平关》。

清末名伶王凤卿、杨小楼,进宫为慈禧演唱京剧《莲花湖》,想必也曾如履薄冰。

清末名伶余玉琴、朱素云,进宫为慈禧演唱京剧《虹霓关》。

丹陛两旁乐声大作，如同点燃无数爆竹，司礼官呼叫的"跪"、"叩首"、"起"之类的指令，淹没在一片嘈杂声中，几乎什么都听不清。类似这些礼仪，究竟有什么实际意义，大概谁也不知道。

自古以来，皇帝都骄傲得不着边际，自以为中国是天下的中心，自己是万国的主宰。历史上，中国确曾有过威震宇内的时期，如初盛唐国势强盛，唐太宗被称为"天可汗"。清代康熙、乾隆时期，国势也还可以。但问题是，这样强大的时代和显赫的帝王，历史上毕竟不多，可又没有一个当皇帝的在位时，不想抖一抖"万国之主"的威风。这反映在他们接见外宾时，更是要让异邦使者体验一下泱泱大国的礼仪，感受一下中国皇帝的天威。最可笑的，是嘉庆帝以后国势日渐衰落，清廷还想显示大清国的威仪，在接见外国使臣时，非要人家这样那样，闹出许多纠纷。

嘉庆二十一年（1816）七月，英王派使节访华，嘉庆帝以"天朝大国"自居，视英国为化外蛮夷，要求英使按大清礼节，向自己行三跪九叩礼。英使不干，嘉庆帝气愤无比，立即驱逐英使回国，并告诫他们："嗣后毋庸遣使远来，徒烦跋涉。但能倾心效顺，不必岁时来朝，始称向化也。"咸丰九年（1859），美国公使来京交换中美《天津条约》文本，尽管美国公使一再声明此行目的，并非求见皇帝，只需见直隶总督就行，清廷却坚持让美国公使求见皇帝，并破例开恩，说"一跪三叩足矣"。美国公使当然不肯依从，说："你们在外国君主面前也叩头么？"那位负责洽谈此事的清朝官员，大概从未想过有朝一日会前

为了宣扬清朝威德，乾隆帝命宫廷画师创作了多幅反映周边藩属国及西方诸国使臣，在清朝举国欢庆的日子里，争先恐后地向清廷朝觐的绘画。画中场面，既有事实依据，也有画师的想象。

马戛尔尼一行,是到达中国的第一个英国外交使团,图为乾隆帝接见他们时的情形。

清廷接待官员劝说美使遵行大清礼仪。

往"夷国"、"蛮邦"访问,于是很干脆地回答"不独预备叩头",且在必要时"焚香礼拜,事之若神,亦所甘心",弄得美国公使啼笑皆非,将国书交给清廷接待大臣,同直隶总督草草换约了事。到了同治年间,日、俄、美、英、法及荷兰六国公使,曾集体觐见过同治帝,均以向他鞠躬五次的形式,表示礼貌。光绪二十六年(1900),八国联军占领北京后,炮轰皇城,劫掠大内,清廷再也无力顾及什么脸面,唯列强之命是从。光绪帝接见外国人的礼仪方式,也与西方渐趋一致,并以条约的形式确定下来。

1842年8月29日,清廷谈判代表耆英、伊里布和英国驻华公使璞鼎查,在英舰"皋华丽"号上,签订中国近代史上第一个不平等条约——《中英南京条约》。这个条约改变了中国历史进程,导致社会转型的发生,在带给清廷和中国屈辱的同时,也开始惊醒沉睡千年的中华民族。

第一次鸦片战争失败后,悲愤中的道光帝,把外国的坚船利炮视之为邪,将振兴大清的希望,寄托在这柄剑身镌有"道光乙巳祛邪珍武虎"字样的御用铁剑上。

第二次鸦片战争后,咸丰帝颁布《只可委屈将就换约以期保全大局》上谕,对列强彻底泯灭了抗拒之心。

走进大内
细说明清皇权帝制

慈禧太后在颐和园乐寿堂,与外国公使夫人合影。

1900年,八国联军攻掠北京时被焚毁的大清门及周边废墟,更远处是天安门。

"庚子事变"后,慈禧太后和光绪帝于逃亡途中,在河北宣化鸡鸣驿下罪己诏,声称将"量中华之物力,结与国之欢心"。这与其说向国人谢罪,莫如说在向列强献媚。

1901年7月25日,清廷与列强签订中国近代史上赔款数目最为庞大、主权丧失最为严重的《辛丑条约》。条约规定:1.中国赔偿列强9.8亿两白银;2.划定北京东交民巷为使馆界,允许各国驻兵保护,不准中国人在界内居住;3.清廷保证严禁人民参加反帝运动;4.拆毁天津大沽口到北京沿线设防的炮台,允许列强派兵驻扎北京到山海关铁路沿线要地。该条约的签订,标志着清廷完全成为西方统治中国的工具。

西方列强可不认为中国皇帝有何"天威"可言，在他们绘制的19世纪末各国君主画像中，前排坐者左起第二人为光绪帝。

慈禧和光绪帝逃亡在外一年多之后，总算又可以回銮京师了，但大清皇室残存的那点尊严，也从此扫地殆尽。

乾纲独断
——天下事重躬自断制

中国的皇帝,凭借体制的规定,个人权力极大,无论什么事情,大都由他一人说了算。正因为如此,我们才把中国封建社会的政治特征,概括为专制与独裁。

明洪武三十一年(1398)闰五月,厮杀拼斗了一生的朱元璋,终于走完他71年的人生,离开了喧嚣的尘世。无论你喜欢不喜欢朱元璋,你都得承认,他和汉高祖刘邦可是中国历史上仅有的两位平民出身的皇帝。朱元璋尽管文化水平不高,对社会和人生却有着极强的洞察力,是位相当能干的帝王。且不说他怎

明太祖朱元璋画像

样会打仗,就看他在位期间为强化皇权,防止各种可能发生的颠覆事件,巩固这靠他白手起家打下的江山,也让子孙后代坐稳天下,是多么淋漓尽致地施展出他的全部才智谋略,不择手段地维护皇帝的地位和权力,把皇权强化到无以复加的程度。在他的临终遗嘱中,有这样几句话:"朕膺天命三十有一年,忧危积心,日勤不息。"什么意思?这正是他一生劳神费力、除了自己谁都不敢相信的自白。

卧榻之侧，岂容他人酣睡，特别是对皇帝而言。大家知道，丞相是封建社会仅次于皇帝的实权人物，从秦始皇设立丞相一职算起，丞相便在封建社会中发挥着重要作用。尽管相权与皇权时有冲突，但直到朱元璋之前，历代帝王都对丞相还算客气。可朱元璋做皇帝后，不知为何，会对丞相产生那么大的反感，他毫不犹豫地挥起手中的利剑，制造出惨绝人寰的"胡蓝大狱"，给中国的丞相制度永久性地画上了句号。

再看洪武时期朱元璋采取的其他措施，哪一件不是以强化皇权、巩固独裁为目的？元代行中书省的地方行政管理体制，曾赋予地方政府很大权力，而这对皇权所造成的危害，是朱元璋亲眼目睹的。于是，明初在进行中央官制改革之前，首先着手对地方行政机构进行调整。他将行中书省的所有权力收归朝廷，省一级地方行政的职权，也明显缩减。与此同时，朱元璋对地方的监控则大为加强，让御史和巡按长年累月地在全国巡察，以确保各项旨意都能得到及时有效地执行。军队是朱元璋起家的本钱，为了牢牢掌握军队，他创造性地发明了卫所制度和军户制度，使国家既能维持一支庞大的军队，又不必为之付出高额的军费开支，更重要的是防止高级将领有什么打算，可谓一举三得。

清康熙帝每次南巡，都要在南京祭奠明代开国皇帝朱元璋及马皇后的陵墓明孝陵。第二次南巡至此，御书"治隆唐宋"四字，勒碑立于明堂之内，藉以笼络江南士民，缓和满汉之间民族对立情绪。其实，就康熙帝特有的施政理念和性格作风来看，他未必真的认同朱元璋的所作所为。

明太祖朱元璋下葬何处，后世众说纷纭。南京有关方面运用磁测技术，认定其下葬处应在明孝陵背后独龙阜玩珠峰下数十米处。

史家认为，前面那幅满脸仁慈之相的朱元璋画像，乃是明廷公诸于世的他的帝王标准像，朱元璋真实相貌异于常人，可能与秦始皇一样，五官失调，不合比例，呈"五岳朝天式"，即额部、鼻子、下巴及两颧突出肥大。

他的儿子朱棣，大权独揽，小权不放，把父亲的事业推到新的高度。众所周知，朱棣以弑杀侄儿建文帝而得国，这一点和唐、宋时代的两太宗颇相类似，而他本人也常以唐太宗自诩。纵观中国历史，这样的现象耐人寻味：凡是得国不正的君主，往往在其统治期间，要以雄才大略力求表现，结果反成一代天骄。人们不难发现，他们之所以如此不敢懈怠，比较勤政，基本动因之一，就是要借不朽的事功，争取自己的历史定位，以洗刷早年的谋篡之名。所以，若说朱棣通西洋，征漠北，平安南，建北京，修大典……那气魄之大，并不在唐、宋两太宗之下。但若论及永乐政治，则根本无法与贞观之治媲美，贞观之治那种内治之美，永乐无论如何难望其项背。况且，后世在看待朱棣的文治武功时，往往不能不注意到以专制和独裁为特色的永乐政治黑幕，对有明一代的恶劣影响。

当年，朱元璋以重刑绳臣下，动辄剥人皮抽人筋，毕竟还有钱唐、韩宜可、茹太素、李仕鲁、叶伯臣、郑士利、王朴等一批直言敢谏之士，前仆后继，以身殉职。到了永乐时期，经过朱棣更为野蛮的杀戮，梗直不屈的大臣如凤毛麟角，已极其罕见。相反，朝中阿谀奉迎的风气滋长起来。这种情况，正是永乐年间封建皇权

明成祖朱棣画像

明成祖朱棣第五次亲征蒙古期间，病逝于多伦榆木川。

长陵棱恩殿

登峰造极、君臣主奴关系牢固确立的反映。

别看朱元璋和朱棣父子如此残酷,洪武、永乐之后,明代的帝王不知是遗传上有问题,抑或其他缘故,无论政治魄力,还是人格操守,都远不如太祖和成祖。但有一点,朱家祖孙却一脉相承,那就是大都与文官集团搞不到一起,或者以屠刀相向,或者闭门相拒,有的皇帝干脆独往独来,仿佛高居九重天上的孤独客。

明神宗万历十年(1582)六月丙午,大学士张居正去世,明神宗为此停止视朝,在京师九坛设祭,命四品以上的京官都去为张居正守灵,赠其谥号为"文忠"。大臣们提到张居正时,也总是开口闭口"先太师"如何,极其尊崇,可见此人生前的巨大影响。然而,这些表面上的热闹,很快被长期憋闷在神宗胸中的不平之气冲破。原来,张居正在世时,上有太后支持,旁有太监冯保做内应,趁神宗年幼,在皇帝面前摆老资格,早就使当朝天子不自在,觉得丞相制度虽已废除,张居正这个大学士,比丞相还可恶。

有一次,神宗在宫廷讲筵中读《论语》,不慎将"色勃如也"的"勃"读成"悖",

明神宗朝服像。他后来竟然二十四年不上朝,被评为中国历史上最不负皇帝责任的皇帝。

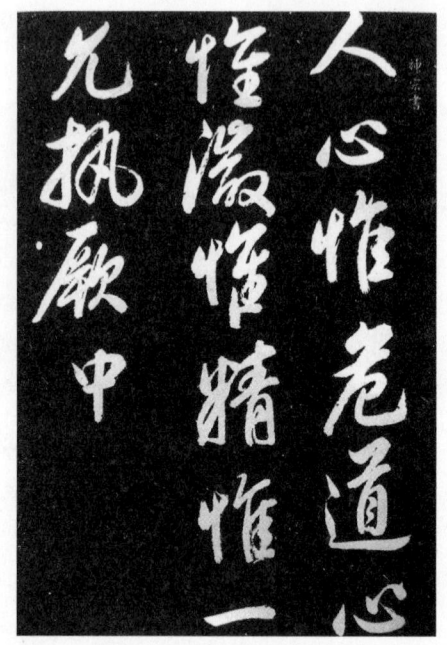

明神宗书法

张居正在旁厉声喝道"当读作'勃'",把神宗吓了一跳,侍讲的大臣也面面相觑。所以,张居正一死,神宗的满腔愤懑就迸发了出来,只是开始碍于他余威尚在,不便贸然发作,等到半年后时机差不多了,立即下诏追夺张居正的封谥,将他重用的文官武将全部罢免。张居正家产也被籍没,子孙皆遭厄运,可见神宗对张居正的痛恨之深。

朱元璋当年废除丞相制度,正是为了防止君权受相权威胁,那为何在谈到张居正身后荣辱时,还要提及君权与类似于相权的内阁之间的矛盾呢?这是因为,朱元璋废掉丞相后,发现皇帝自己再能干,也无法将天下事一一摆平。因此,明成祖朱棣登基后,为解决不设丞相给朝廷施政带来的混乱,在午门内东南角建文渊阁,各种军政大事,皆交由该阁拟办,由几位大学士具体负责,这便是明朝内阁制度的由来。但内阁大学士们,虽然朝夕跟随在皇帝身边,实际上不过是皇帝的秘书班子。可话又说回来,如今的人都知道,当秘书的一旦干长了,会有怎样的政治能量。故明中叶后,朱元璋下狠心废掉的丞相制度阴魂不散,以内阁的名目再现。

张居正故居

明正德十六年（1521），中国历史上有名的荒唐皇帝明武宗朱厚照病死，死后无子，也没留下关于继承人的遗言，给大家出了个难题。不过，他临终却说了句靠谱的话——"天下事重，与阁臣审处之"。正是这话，让大学士们有事情做了。他们经过商议，奏请皇太后迎立明武宗堂弟朱厚熜为新皇帝——嘉靖皇帝。大学士们哪曾想到，他们迎来的这位新君，很快就会与他们唱对台戏。朱厚熜当上皇帝后，别的事情还没有做，首先要为他的生父兴献王上太上皇尊号。阁臣们认为，这可不合礼仪，一致反对。嘉靖帝恼羞成怒，一下子抓了包括大学士在内的100多名朝官，杖毙其中17人，以示儆戒。嘉靖帝从此感到大学士实在讨厌，愈发滋生出一种"舍我其谁"的独尊心态，认为阁臣只需秉承圣意执行就是了，自己要保持"威柄在御"。

嘉靖朝大学士遭到打击的原因，显然就在于皇帝认为自己不应该受任何约束，一旦受到点约束，心理上就接受不了，乃至有屈辱之感。这也即为何到了嘉靖朝后期，深谙为臣之道的老奸巨猾的严嵩，把他那届内阁变成"无责任内阁"，完全是皇帝的附属物，既无决策权，更不敢制约皇权，大学士们只是在享受俸禄，却不去承担任何责任。他们知道，与其可能同皇权发生冲突，不如一切服从皇权，这样对个人有好处。

明神宗把张居正打翻在地，却没能成为第二个嘉靖帝。他在位的万历年间，大学士们虽

明嘉靖帝本与皇位无缘，幸亏其堂兄朱厚照早死，他才当上皇帝，而且在位45年，是明朝实际统治时间最长的君主。他个性极强，认定的事情大多难以改易，若有敢于进言劝谏者，轻则削职为民或枷禁狱中，重则当廷杖死。

明嘉靖朝首辅大学士严嵩,为中国历史上著名权臣,但他除了字写得好,没别的本事,只会曲意媚上,贪污受贿,排除异己,激化了当时的社会矛盾。

然软弱,但在一件事上,说什么也不肯相让。那就是,当神宗要废长立幼,让郑贵妃生的儿子朱常洵当太子时,平时一贯谨言慎行的大学士们,纷纷激昂地表示祖宗家法不可违,否则就集体辞职。神宗为此很伤脑筋,不知处罚了多少大臣,执意按自己的想法办,但仍有人不断进谏,搞得他十分狼狈。据说,他曾将持反对意见的王锡爵召来,说过一番辛酸的话:"朕身为皇帝,耻为臣下挟制,如今你又有此奏章,若自认错,置朕于何地?"也许就为了这件事,神宗从此不再上朝,对所上奏章也置之不理,时间长达24年之久,算是对群臣的报复。

确实,有些皇帝若发现自己虽位居九五之尊,并不能事事自专,就会产生孤家寡人之感,心灰意冷,索性当甩手掌柜的,啥也不干,只顾玩乐去了。明末天启帝朱由校,不但极爱养猫,还喜欢木匠活儿。据说,他的木活手艺不错,做过不少漆器及砚床、梳

明熹宗朱由校亲手制作的核桃雕,你看好不好?

北京碧云寺,相传被魏忠贤看中,认为是块风水宝地,欲在此为自己修坟,结果遭到众人弹劾。但因为天启帝从小被魏忠贤带大,跟魏忠贤最亲近,魏忠贤干什么都行,谁要是反对魏忠贤,就是在找死。

乾纲独断——天下事重躬自断制

明熹宗朱由校朝服像。这位天启帝生性古怪，根本不理朝政，喜欢当木匠，整天光着膀子在乾清宫里学鲁班，大臣们都说他手艺不错。

匣之类精巧别致的器具，自鸣得意，谁看了都说好。有时候，他正光着膀子在乾清宫内醉心于木工活计，太监拿来急件呈奏，他竟头也不抬，说句"知道了，你们办去"。这可给大太监魏忠贤提供了机会，权倾天下，外面人称"九千九百岁"。

在明王朝覆亡的过程中，崇祯帝朱由检死得很惨。其实，此人多少有点朱元璋和朱棣的遗风，是个极为自信的人。这种自信，一方面导致了事必躬亲的施政作风，据说他总是鸡未叫就起床，夜已深还不睡，批阅奏章处理政务，另一方面则是对臣下极不信任。这突出表现在，明代200余年间，总共有内阁大学士164人，崇祯朝不过17年，就先后任命过50位大学士。这样走马灯似地换人，当然是有些阁臣不堪重任，同时也是崇祯帝生性多疑、信任不专所致。

崇祯帝之多疑，最典型的例子，就是冤杀袁崇焕。明天启六年（1626），袁崇焕在宁远之役中重创后金，努尔哈赤此役后因伤毙命，袁崇焕一时被视为国家干城。崇祯二年（1629），后金再度攻明，皇太极事先散布谣言，说袁崇焕是他的内应，崇祯帝便以通敌罪逮捕袁崇焕，不由分说，处以磔刑。当时就有人指出，这样简单的反间计，应该很容易识破，但遇到崇祯帝这样的多疑之主，结果就可想而知了。

直至清乾隆年间修订《清太宗文皇帝实录》，补述了皇太极计杀袁崇焕内幕，才使袁崇焕被杀这一奇冤大白天下。此为道光年间，湖南巡抚吴荣光为袁公祠堂题写的墓碑。

崇祯帝也并非没有信任的人。崇祯十年（1637），朱由检任命宣大总兵杨嗣昌为兵部尚书，对他颇有相见恨晚之憾。其实，这个杨嗣昌除了会说大话，什么也不会办。崇祯帝非但不责怪他，反而为他开脱，或处罚别的官员作替罪羊。这种莫名其妙的信任和爱护，与他的多疑猜忌一样，都是典型的独裁君主的性格特征。

后来，在李自成起义军的猛烈攻击下，崇祯帝哀叹"无人为朕分忧"，死到临头，还在指责别人。他不知道自己之所以孤立无助，是由于明代朝臣没人想为国

明崇祯帝未及修陵而亡,死后草草埋葬。清顺治十六年(1659)三月,顺治帝为朱由检立思陵御制祭文碑,肯定崇祯帝乃孜孜求治之主,只因用人不当而殉身,不能视为失德亡国之君。同年十一月,顺治帝出猎至昌平,过崇祯帝陵时凄然泪下,加其谥号为庄烈愍皇帝,下旨工部修葺陵园。这就不仅仅是为笼络人心了,应视作真情流露。

明崇祯帝自缢图,17世纪法国人绘。可见当时,连万里之外的法国人也知道这件事了,而且给画成这模样。

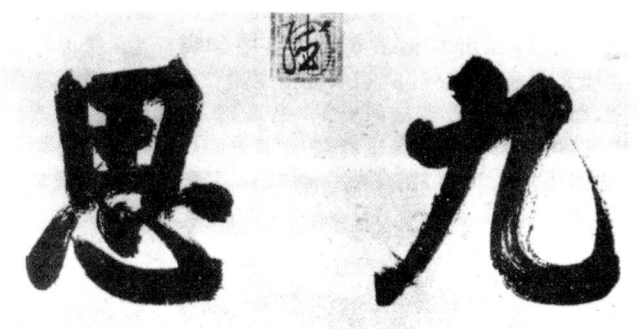

明末崇祯帝手书"九思",语出《论语·季氏》:"君子有九思,视思明,听思聪,色思温,貌思恭,言思忠,事思敬,疑思问,忿思难,见得思义。"朱由检好像什么都明白,可惜生不逢时,祖宗造孽要报应在他身上,他本人也有些知行不一,行动上做不到他所能认识到的东西。

事操心，到崇祯朝碰上他这么个刻薄之主，更不敢操心。李自成打进紫禁城后，发现大明朝原来是个空荡荡的朝廷，百官们谁也找不见了，唯有亲信太监王承恩，与崇祯帝对缢在景山歪脖子树上。据说，李自成见后心生恻隐，不禁慨叹"君非甚闇，臣尽行私"，觉得崇祯帝本人还不错。

　　清朝认真总结明朝的教训，从一开始，就严密防范可能动摇、侵犯和篡夺皇帝权力的种种弊端。而且，清朝前期和中期的几个皇帝，都比较精明干练，勤于政务。康熙帝说："今天下大小事务，皆朕一人亲理，无可旁贷。若将要务分任于人，则断不可行。所以无论巨细，朕必躬自断制。"雍正帝更是事必躬亲，精力过人，堪称中国历史上最为勤政的帝王。有人议论管得太琐碎具体，他破口大骂："无知小人，辄议朕为烦苛琐细……此皆朋党之锢习未去，畏人君之英察，而欲蒙蔽耳目，以自

清太宗皇太极不囿于满洲固有模式，而是"参汉酌金"，成功地把女真族制度与汉族制度嫁接到一起，为后继者入关后尽快顺应对汉族占绝大多数的全国的统治，奠定了行政基础。

康熙朝初年，辅政大臣鳌拜骄横跋扈，结党营私，欺君专擅。十六岁的玄烨网罗心腹，详细筹划，趁鳌拜上朝之际，将其擒拿，终身监禁。

便其好恶之私。"为了防止被大臣蒙蔽,他还设立特务机构,亲自掌握,"凡间阎细故,无不上达"。乾隆帝说:"本朝家法,自皇祖皇考以来,一切用人听言大权,从无旁落,即左右亲信大臣,亦未能有荣辱人、能生死人者。""朕亲阅本章,折中酌定,特降谕旨,皆非大臣所能参予。"这三个皇帝,统治中国近一个半世纪,他们的个人能力和性格,又足以独揽大权不致旁落,把专制主义中央集权的政体推向极致。

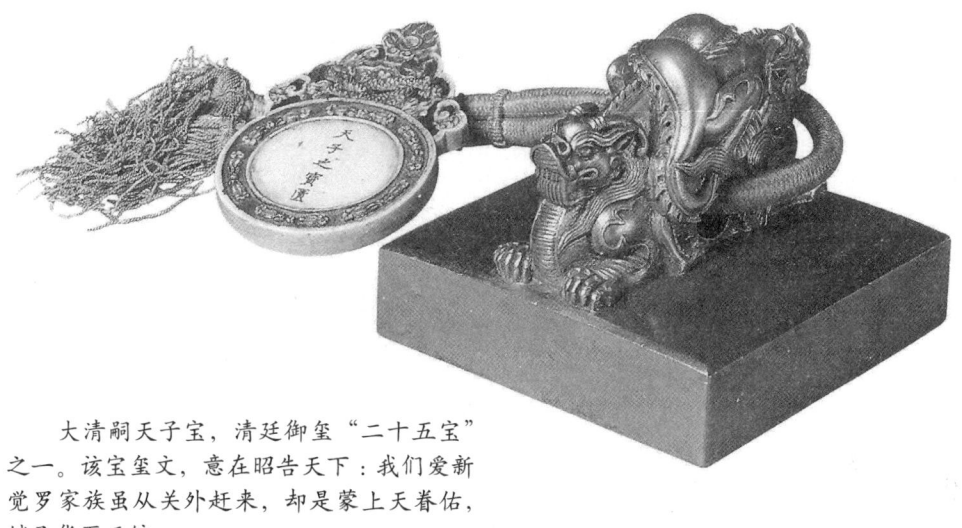

大清嗣天子宝,清廷御玺"二十五宝"之一。该宝玺文,意在昭告天下:我们爱新觉罗家族虽从关外赶来,却是蒙上天眷佑,继承华夏正统。

勤政亲贤殿,即养心殿西暖阁,是清帝私密召见大臣的地方。墙上悬挂的那副对联——"惟以一人治天下,岂为天下奉一人",为雍正帝亲题。意思是:做皇帝的要亲历亲为来治理天下,而不是仅被天下人所奉养。上联表露了他对集权的渴望。

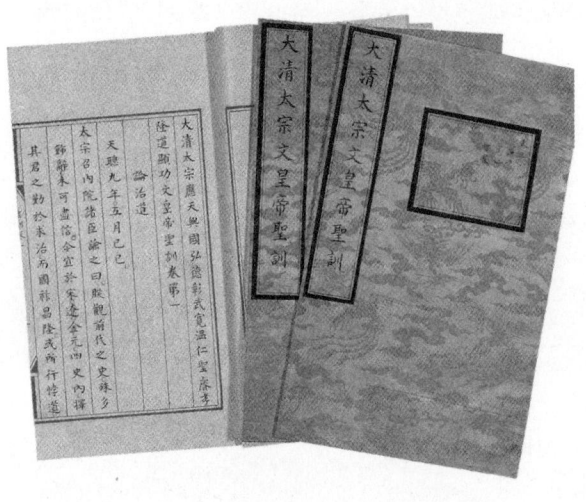

《清太宗文皇帝圣训》，皇太极生前训谕结集，共六卷。书中反映皇太极致力于八旗制度的建构与完善，接受汉族先进文化的熏陶，使满族的社会发展出现了突飞猛进的势头，为入主中原做好准备。

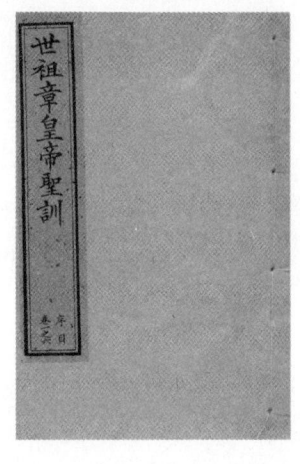

《清世祖章皇帝圣训》，为顺治帝治国理政思想的总结，涉及敬天、治道、圣孝、节俭、论臣、求言、兴文、安民等内容，康熙二十六年（1687）辑录成书，共六卷。

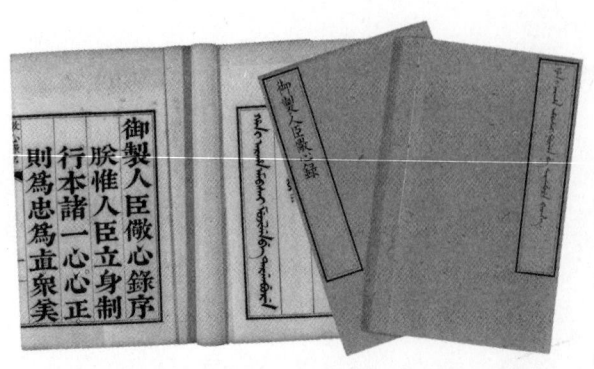

顺治帝亲政后，面对朝中满臣跋扈专权、汉臣倾轧党争、满汉官员之间争斗激烈等问题，认为根源就在于人臣心术不正，故颁布《御制人臣儆心录》，予以训诫。

乾纲独断——天下事重躬自断制

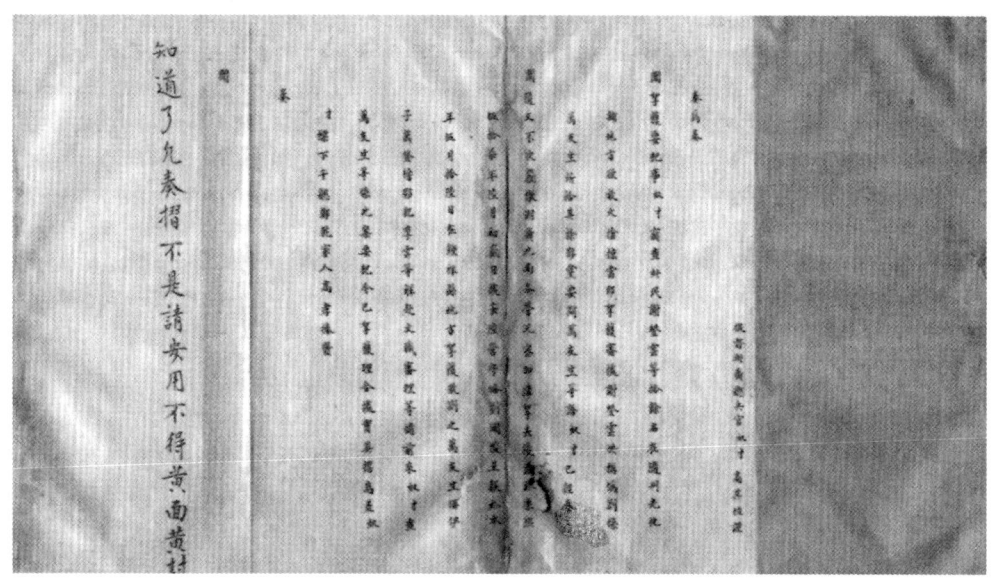

因此折内容并非向皇帝请安，却使用黄面黄封，遭到雍正帝纠正。

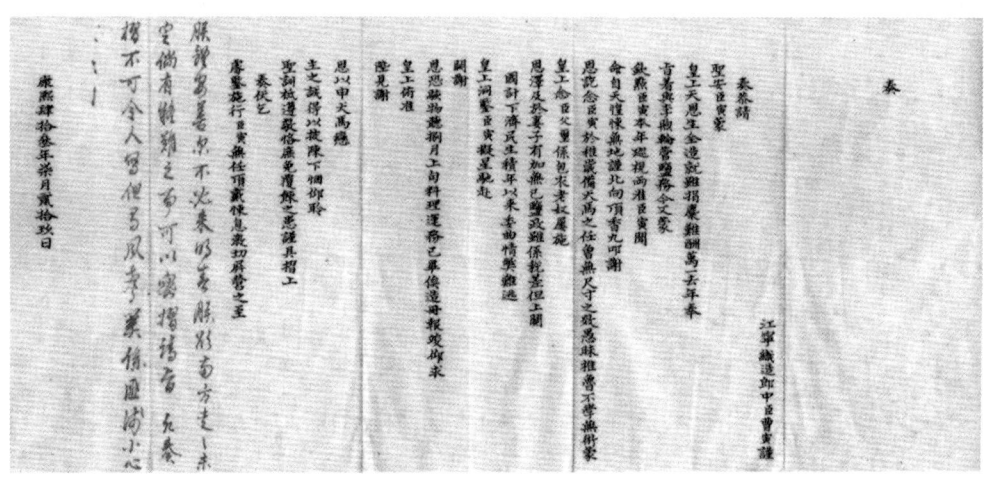

清代取消了明朝东厂、西厂、锦衣卫等特务机关，但清帝对于臣子的动静、地方上的民情，也是十分关心的，这是统治者必须知道的情报。从康熙朝开始，清廷建立密折奏事制度，让臣子可以随时照实直接奏闻，密折不经任何中间环节，封面上并不写明奏事者姓名，只写"南书房谨奏"字样，奏事者亲自送到御书房，等皇帝批复后，再亲自到御书房领回。这种方式扩大了皇帝直接把控实情的权力，同时使得各级官员不敢欺骗隐瞒。

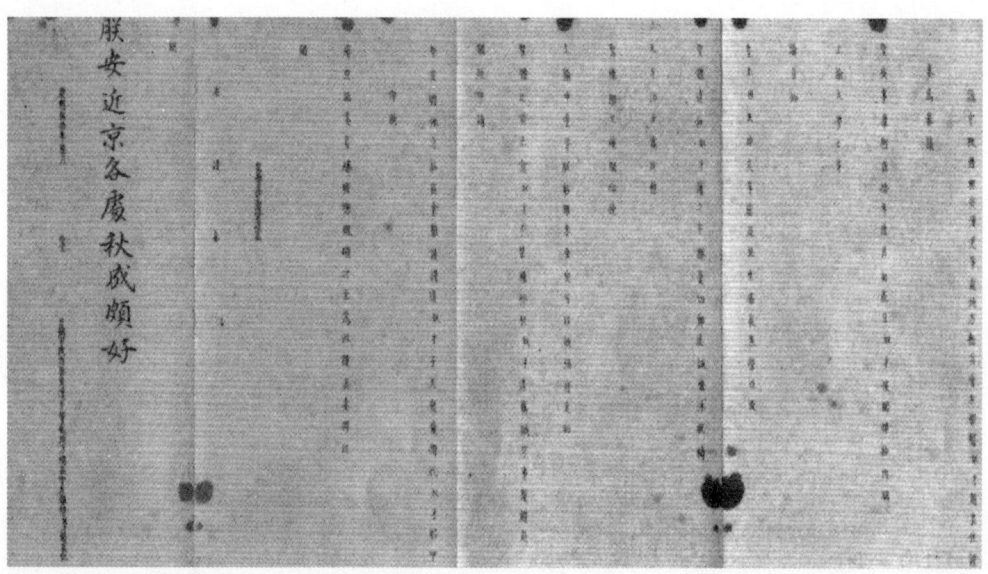

康熙帝重视农业，可谓前无古人。全国各地每个季节的天气情况、下雨多少、农作物的收成，都要及时上折奏报。他还亲自领导绘制了农耕图，本人也亲自务农，在中南海种植了几十种农作物，并发明了早熟的稻子，推广一年两季收成，取名为御稻米。

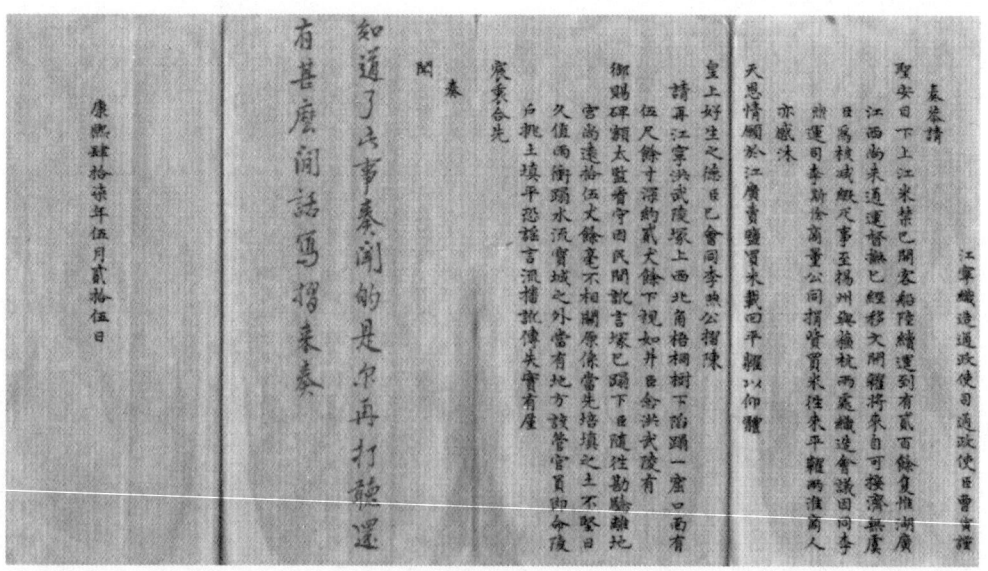

从康熙朝的奏折来看，奏折内容主要是各地粮价、雨水、收成、民间舆论、官员的清廉与贪腐。可见，康熙帝最关心的是百姓的生活，以及官员是否贪污。当然，各地稳定与否，他也十分注意。康熙帝在奏折上用朱笔批示，大多是写"知道了"三字，有时也有详细指示。

乾纲独断——天下事重躬自断制

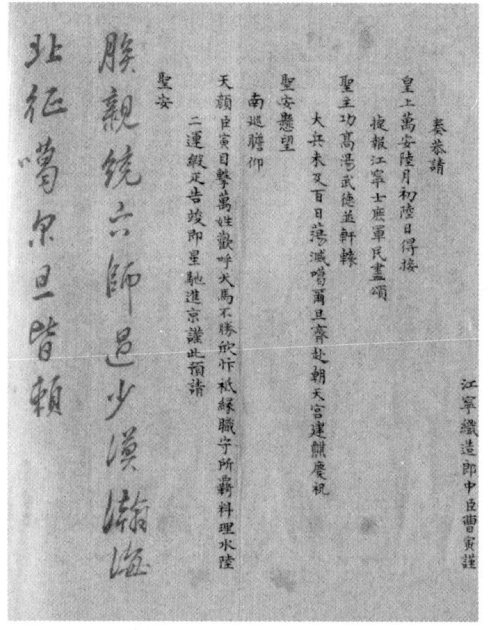

这是康熙帝写给时在江宁织造任职的曹寅（曹雪芹祖父）奏章上的批谕，康熙帝当时正在亲征噶尔旦（丹）途中。

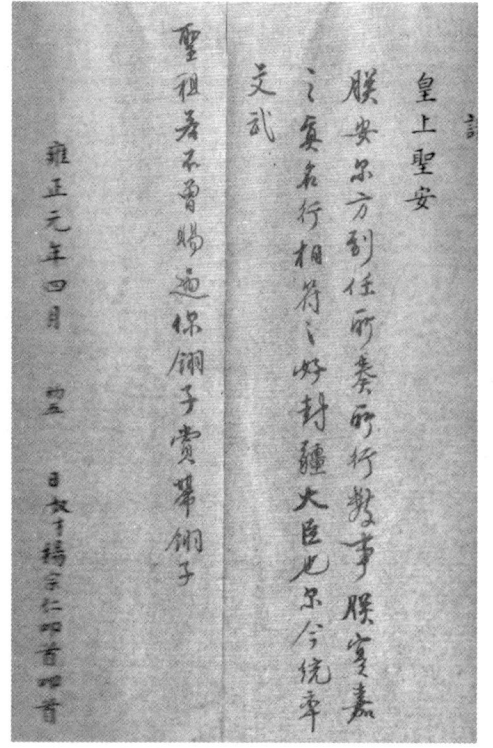

雍正帝即位之初，很注意笼络臣子人心。这是他写在湖广总督杨宗仁奏折上的几句话，收买之意昭然。

御门听政作为常朝制度，是明清两代皇帝公开处理国家政务的主要形式。清廷定鼎北京后，顺治帝每日在太和殿听政。从康熙帝开始，改为在乾清门听政。一般说来，清代历朝皇帝，均把御门听政视作勤政、理政和加强君主集权的有力措施，许多军国大事，都在这种场合做出裁决。康熙帝自亲政之日起，即坚持每日前往处理政务，以至若因病一日未去，就坐立不安，责备自己。清代皇帝中，嘉庆帝也重视御门听政，反对单独召见大臣，认为单独召见大臣，将导致皇帝被蒙蔽。

乾清门御门听政，为清康熙帝首创，终其一朝，从未间断。他在这里公开处理国家政务，决断众多军国大事，取得辉煌政绩。

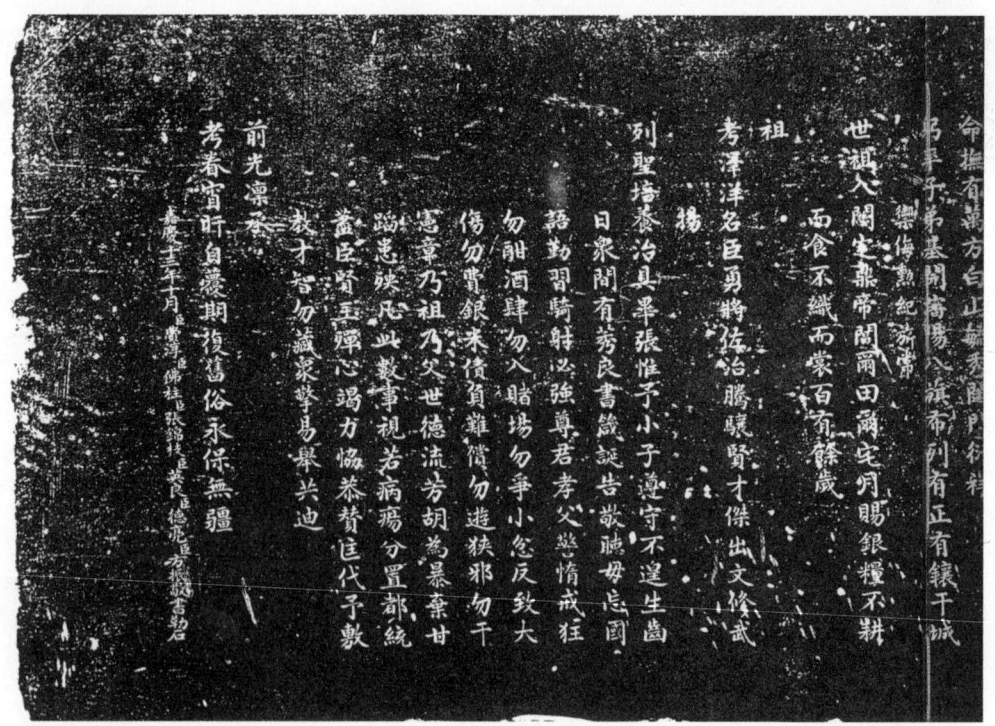

嘉庆帝十分重视旗务建设，这是他于嘉庆十三年（1808）的御笔上谕，告诫旗人要保持艰苦创业的满洲传统。

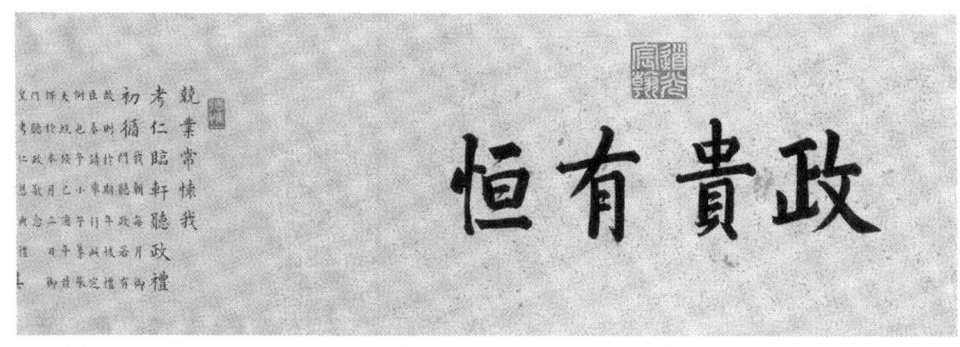

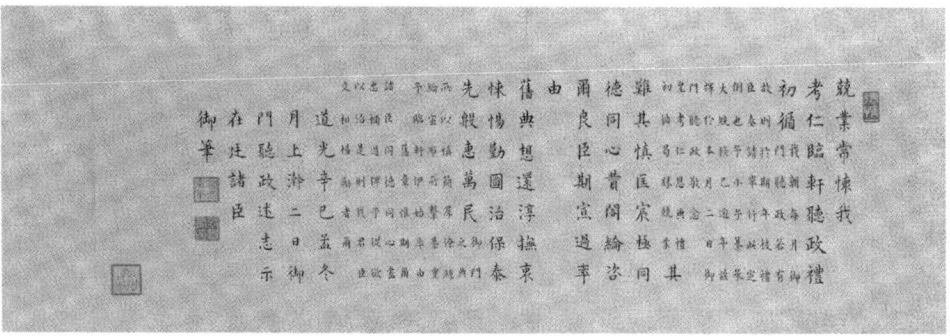

道光元年（1821），道光帝向群臣宣布，自己将于本年孟冬月二日起御门听政，而且要坚持"政贵有恒"。

咸丰帝中后期，由于贪恋女色，不再每天早晨御门听政了。同治、光绪年间，慈禧皇太后专权，两皇帝名为至尊，实则必须服从太后懿旨，事实上已取消了御门听政，代之以慈禧太后在养心殿垂帘听政。而之所以叫"垂帘听政"，是因为在"男女之大防"的封建礼教制度下，即便一般男女也是不能随便见面接触的，慈禧临朝听政，自然就不能像皇帝那样直接面对大臣，要在座前垂挂一层黄纱帘。

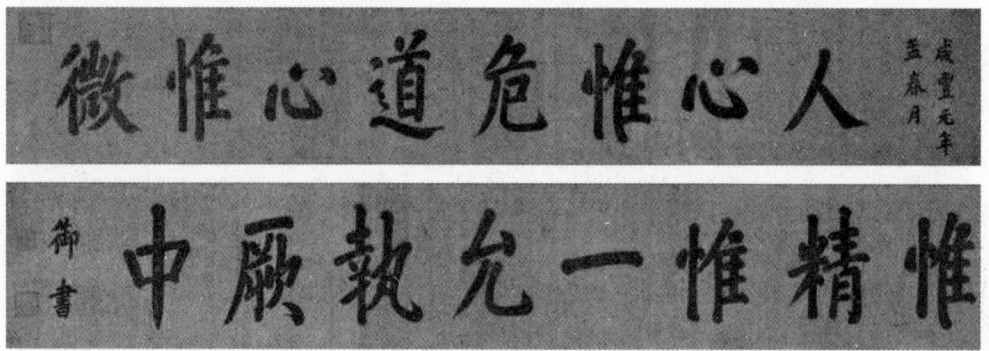

终日沉溺于醇酒与美人温柔乡中纵欲不已的咸丰帝，竟会想到这么两句治国理政的要义。

咸丰帝死后，慈禧太后作为后妃势力的主谋者，极力掣肘顾命大臣肃顺等人的作为，不久就挑起垂帘听政之议。正想寻机与顾命大臣一搏高下的恭亲王奕䜣，就是在这间被称作"西屋"的屋子里，与慈禧勾结，一场影响中国近代历史进程的宫廷政变随之发生，史称"辛酉政变"。

1862年，六岁的同治帝载淳登极后，在此黄色幔帐前落座。他当然只是个摆设，清廷的皇位与皇权，从此永告分离。大臣奏事过程中，只能听到帘后传出两宫皇太后的声音，看不见她们的尊容，这就是所谓"垂帘听政"。

光绪朝,慈禧太后听政处移往颐和园乐寿堂。

在清代,皇帝爱出巡,到各地去走走看看。出巡最多的,是康熙帝和乾隆帝。皇帝出巡原因很多,如谒陵祭祖、进香朝佛、狩猎演武、观赏游览等,但考察民情兴利除弊,才是其主要目的。康熙帝曾说:"朕时巡之举,原欲周览民情,察访吏治。"确实,皇帝走出深宫四处巡视,要比阅读奏章或听臣子议论,更能真切地把握实情。正如康熙帝所说:"臣下之贤否,朕处深宫,何由得之?缘朕不时巡行,凡经历之地,必咨询百姓,以是知之。"有一次,他由北京去热河避暑山庄,途中见田地因缺雨影响庄稼生长,感慨地说:"近闻奏折皆云麦苗甚好,但路上未曾遇雨。据此,则知大旱在京北地方。"实地巡视,不但可以察觉督抚们的奏报有无掩饰,也加快或加强了对地方事务的决策力度。康熙二十年(1681),皇帝巡行直隶霸州、天津等地,"见漕艘挽运甚苦",又见霸州等地田土被水冲淹,立即下诏豁免这里的钱粮。在康熙帝执政的几十年间,曾六次南巡,几十次巡视京城周边府县,一个很重要的目的,与修治黄河和永定河有关。通过考察,不但增进了皇帝对河患的认识,也保证了对河工决策的合理。康熙时期的治河工程,之所以能取得较大成果,与他经常实地调研有密切关系。

康熙帝南巡途中,多次亲临河堤,视察河工,处理河务。这是臣民恭迎康熙帝驾临邳州查看水荒的场面,取自《康熙帝南巡图》第四卷。

《南巡盛典》共120卷,分为恩编、天章、河防、海塘、祀典、褒赏、阅武、程途、名胜等门类,详细记载了乾隆十六年至三十年间乾隆帝四次南巡的有关情况,是一部图文并茂的重要文献,有助于了解乾隆帝南巡的路线、巡视的内容及其南巡目的。

议政王大臣会议，是清初满洲亲贵大臣商讨并决定军国大事的重要形式。后来，由于与皇帝的集权要求相抵触，在乾隆五十六年（1791）被撤销。议政王大臣会议，处理过许多军国大事，如平定三藩、出兵征讨准噶尔、与沙俄宣战、签订中俄《尼布楚条约》，以及筹措西藏、青海、蒙古各部事务，都经过议政王大臣共同商讨。这也因为，在清朝，但凡涉及军务或民族、国际关系等问题时，不愿让汉族官僚过多参与。

清乾隆八年（1743），《钦定八旗则例》奉敕编撰，目的为整肃已然有些松动的满洲八旗制度。

清代内阁承袭明代，权力进一步萎缩，不过是皇帝授意下的办事机构。康熙帝时重用南书房官员，使内阁的作用愈发降低。到雍正帝建立军机处，"密务重务，咸在军机"，内阁则"秉成例而行，如邮传耳"。

南书房位于乾清宫西南，设于康熙帝拘禁权臣鳌拜、权柄在握以后。南书房并不属于中枢机构，最初不过是皇帝召集一批翰林学士讨论学问的场所。由于难免会涉及政务，皇帝觉得用这些词臣办事，既周密安全，又便于控制，便优选人才入值南书房，使南书房的地位骤然提高，非"上所亲信者不得入"。入值者不但得以参预机密，连皇帝的诏旨，也由其起草。这就部分地剥夺了内阁的权力，也是对议政王大臣会议的一种制约。雍正帝建立军机处后，南书房的地位有所降低，但因入值者仍能常见到皇帝，依然被视为亲信。

南书房在乾清宫院落西南角，康熙帝当年听政之暇，在这里与近臣讲经读史，谈古论今。这里，同时也是康熙帝考察官员的场所，能来到这里的臣子，莫不深以为荣。

南书房内景

军机处位于紫禁城隆宗门内乾清门以西,于雍正七年(1729)设立。说到军机处值房,若同巍峨壮丽的各座宫殿相比,显得格外朴素简陋,但却是起草和颁布皇帝谕旨的机密之地,是清廷对全国发号施令的重要机构。

军机处的建立,与清廷向西北用兵有直接关系。雍正初年,为征讨蒙古准噶尔部,特命怡亲王允祥和大将军岳钟琪统筹军需事宜。由于办事缜密,筹办数年,内外臣民竟不知国家"将有用兵之事",大为雍正帝赞赏。雍正帝由此得到启发,设立军机处,负责处理前线的奏报和诏旨,相关工作很快由单纯办理军务,扩展到其他政务。

与内阁相比,军机处的最大特点,可以归结为三个字——简、速、密。首先是简,就是机构人员都十分精简,不像内阁殿阁轩屋属官众多,军机处除了几间入值房舍外,始终无正式衙署,全部办事人员不过三四十人,均由皇帝特派,皆属亲信干练之辈。其次是速,即办事效率高,皇帝有旨随时承办,必须当日事当日毕。再者是密,军机处地处内廷,外界干扰少,又严令外官不得擅入值班房舍,皇帝召见军机大臣时,连太监也不得在侧,发送谕旨直接廷寄,不存在中间环节。为了避免嫌疑,军机大臣很少与督抚外吏或部院官僚来往。皇帝每天要派都察院御史,到军机处旁边的内务府值班,监视军机大臣的活动。尽管如此,仍难免有泄露机密的事情发生。如乾隆帝的宠臣和珅,身兼军机大臣和御前大臣要职,较早得知乾隆

此为军机处值房。雍正帝大刀阔斧地革除康熙帝晚年遗留的种种积弊,设立直隶于皇帝的军机处,将朝政彻底控制在自己手中。

雍正帝选择军机处官员的标准是,"惟用亲信,不问出身"。他还给军机处书写了一块题为"一团和气"的匾额,希望他所信任的臣子们和衷共济,团结一致。此为军机处值房内景,所书"喜报红旌"四字,是希望总能听到捷报的意思。

乾纲独断——天下事重躬自断制

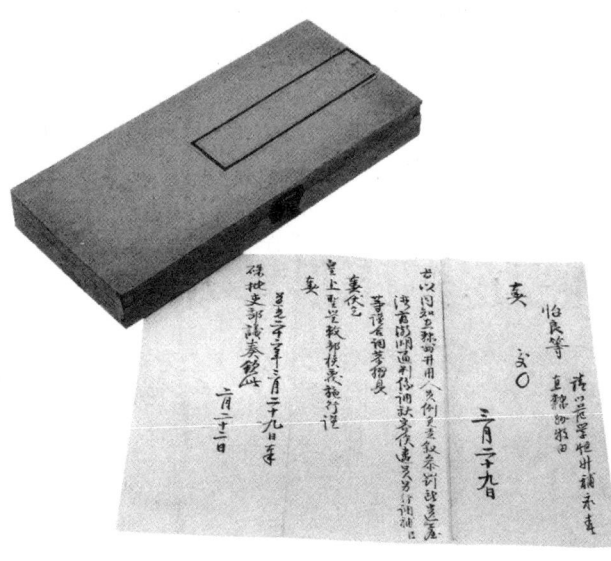

严格的奏折制度，是由雍正帝确立健全的。臣子呈送皇帝的奏折，往往事关机密，必须具折人亲笔。皇帝的批示用朱笔写在奏折上，根据内容分交该官或内阁和军机处办理。这种制度简化了文牍手续，使皇帝得以直接与官员互动。

按照雍正帝组建军机处的初衷，亲王宗室不入军机。慈禧太后临朝听政后，为感谢恭亲王奕䜣，命他进入军机处。可是，这位人称"鬼子六"的亲王太过聪明，领军机历同治、光绪两朝，权势炙手可热，故而后来深遭慈禧猜忌。

清代官方文书有多种，"廷寄"是其中一种。军机处根据公文的紧急程度，将递送速度也写在封面上，如日行三百里、四百里、六百里，直至八百里。

奕訢企图以议政王身份总揽朝内外一切大权，与权力欲极强的慈禧太后发生冲突。光绪十年（1884）三月，慈禧太后寻隙将奕訢逐出军机处，免去奕訢所有差事，奕訢被迫以养病为名，赋闲在家。

帝归政、确定颙琰继位的消息，便赶紧送一柄玉如意给颙琰，提前表示拥戴。没想到嘉庆帝后来问罪，此事成为罪状之一。

咸丰十年（1860），清廷迫于英法等西方列强的压力，在体制内设立处理外国事务的总理各国事务衙门，标志着延续两千多年的封建专制政体走向没落。总理衙门内，有个税务司，是负责全国海关事务的行政机构。自该司成立之日起，总税务司一职，就把持在英国人手中。特别是同治二年（1863）英国人赫德当上总税务司后，中国的有关财政、通商以及外交内政等很多方面，都必须先征求他的意见，赫德俨然成为清廷的太上皇。

总理各国事务衙门，门前牌楼上书"中外禔福"，语出《汉书·司马相如传》"遐迩一体，中外禔福，不亦康乎"。该机构在晚清外交事务及推动现代化上，发挥了一些作用。

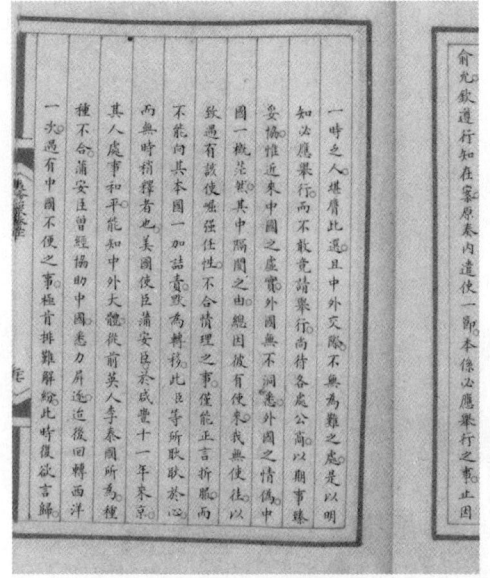

美国外交官蒲安臣（1820—1870），于同治六年（1867）游说清廷任命自己担任"办理各国中外交涉事务大臣"，率团跑遍欧美各国，干过许多损害中国权益的事。

英国人赫德（1835—1911），于同治二年（1863）被总理衙门任命为总税务司，制定并推行了一套由外国人管理中国海关的制度。

光绪三十三年（1907），气息奄奄的大清王朝，已经完全没有了继续专制独裁的可能。为了欺世骗人，抵制风起云涌的民主革命，清廷曾胡乱拼凑了一个所谓的"资政院"，选用一堆以皇族人物和满洲亲贵为主体的所谓"议员"，扬言要实行君主立宪。这已经是清廷的最后挣扎，既未能起到挽救清王朝统治的作用，也没有达到遏制人民革命的目的。四年后，辛亥革命爆发，清朝寿终正寝。

清廷为预备立宪制作的大清国宝玺

光绪三十三年（1907），气息奄奄的大清王朝，已经完全没有了继续专制独裁的可能。为欺世骗人，抵制风起云涌的民主革命，曾胡乱拼凑了一个"资政院"，选用一堆皇族人物和满洲亲贵为"议员"，扬言要实行君主立宪。这已是清廷的最后挣扎。

大位传承
——有嫡立嫡无嫡立长

历史上，无论中外，皇权传承都是封建王朝的头等大事。我国秦、汉、隋、唐、宋、元、明、清等封建大一统中央王朝的皇权传承，是曾经统治古代世界人口四分之一、经济文化高度发达、疆域极为辽阔的封建大国的最高权力传承，其传承结果如何，更直接关系到王朝的治乱兴衰。

清代以前，历代封建王朝解决皇位承继的办法，基本上采取公开建储的办法，即预先册立太子，以备承嗣皇位。但其挑选继承人的标准和原则，并非根据继承人的品质和能力，而首先要看他是否是皇帝的嫡子或长子，这就是所谓立嫡立长制。何谓长子，不用解释。何谓"嫡子"，则涉及中国古代宗法制度中关于嫡庶的观念。就是说，在中国封建社会，凡是正室夫人——妻生的儿子，便是嫡子，小老婆妾生的儿子，叫庶子。在皇室，皇后生的皇子称皇嫡子，皇嫡子是皇位的第一法定继承者，无论他在兄弟行中排行第几，皇位都首先考虑由他继承。但如果皇后没生皇子，就得在由妃嫔所生的皇庶子中，选择其中的年长者来继承，故又有"有嫡立嫡，无嫡立长"之说。

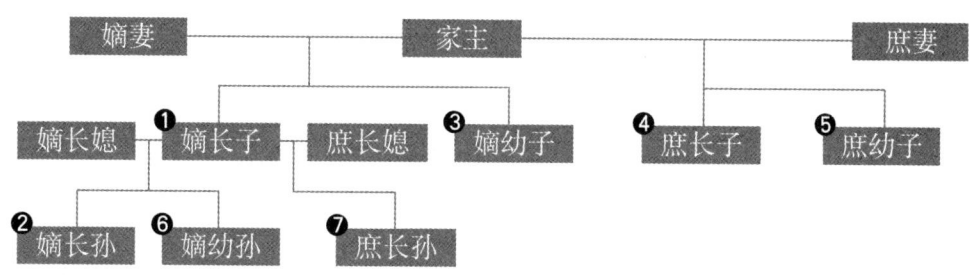

中国封建时代嫡庶关系表，该表中所注序号，表明各自在家庭中地位的重要程度。

立嫡立长制度，本意是在预立太子，早定名分，以示未来的皇位已经有主，其他皇子别再存非分之想。这对封建王朝解决皇权传承问题，确曾起到一定的规范作用。但在具体实施过程中，则由于种种主客观因素，难以贯彻到位。有时候，这立嫡立长制度弄不好，会成为统治集团内讧和王朝动乱的诱因。

道理也简单——在众多皇子中，嫡出的皇子一出娘肚，就注定未来要做皇帝，完全不管他的资质、禀赋，这规定的出发点便很荒谬。本来，皇帝从永绵国祚的根本大计考虑，应当本着选贤任能的原则，册立最贤能的皇子为太子，但正是囿于立嫡立长制，先已排除了其他皇子被册立的可能。如果瞎猫碰上死耗子，幸好这位被册立的皇嫡子或皇长子既贤且能，老皇帝把天下交付给他，尚可放心。反之，假若这位皇嫡子或皇长子庸碌无能，只要他没太大的过失，又不能把他废掉，即使老皇帝后来不满意他了，有废他的念头，也会因种种顾忌而不好办。所以，若

朱元璋究竟什么模样？流传在世的画像版本众多，大致有两类：一类是方面大脸，慈眉善目，胡须稀疏，面白细润，身穿龙袍，五官端正，相貌堂堂；另一类是脸颊狭长，立眉深目，大耳隆鼻，胡须浓密，脸上长满了黑麻点，五官不正的"五岳朝天"式。我的感觉倾向于前者。

马皇后是明太祖朱元璋的原配妻子，历史上屈指可数的贤后。她陪伴朱元璋度过最艰难的创业时期，常劝朱元璋不要随意杀人。登上后位，仍保持节俭朴实的生活作风，严于律己，宽以待人，宫嫔敬服。史家认为朱元璋的成功，有一半应归功于她，似不为过。

问中国历史上为什么雄才大略的皇帝屈指可数,昏庸无道者比比皆是,原因就在于立嫡立长这一制度,不能把皇族内最能干的人推上至尊地位。

明代的皇权传承,就因为立嫡立长,引发了一系列战乱和纷争,演绎出一幕幕人间惨剧。明太祖朱元璋在痛失皇太子朱标后,晚年悉心培养朱标的儿子——皇太孙朱允炆,希望由他来传承大明基业。然而,朱元璋绝没有想到,就在他刚撒手人寰不久,皇室内部便烽烟四起,一场为抢夺皇位的血腥厮杀,在他的至亲骨肉间展开。身为建文帝皇叔的燕王朱棣,以"清君侧"、"靖难"为名,起兵夺取侄儿的帝位,弄得朱允炆下落不明。

朱棣夺国成为明成祖后,鉴于自身经历,深知皇权传承之争的残酷性,也清楚其父朱元璋囿于嫡长制的陈腐礼法是头脑糊涂,假若嗣皇帝不是由优柔敦厚的皇太孙朱允炆承继,也许就不会发生这场"叔侄交兵"的骨肉相残。朱棣担心身后重演这类悲剧,不愿将皇位传给体肥脑笨的皇长子朱高炽,而想传给在"靖难之役"中协助他篡得皇位、敢作敢为的皇次子朱高煦。但即使已然是一言九鼎的明成祖,也很难触动早已深入人心的嫡长制。而且,不幸正如他所虑,朱高炽仅当了两个月皇帝就死掉,

明建文帝朱允炆朝服像

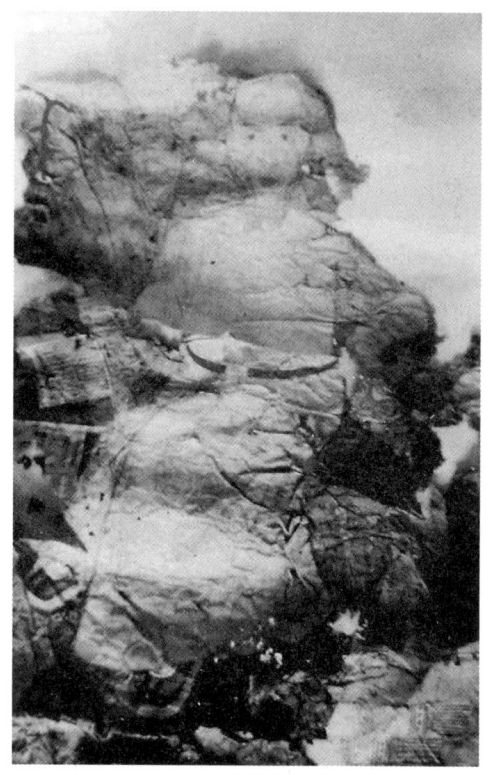

朱允炆下落不明,成为明史最大的谜团。2012年5月,在福建罗源万石洋村罗氏祠堂,发现600年前漆金古画5幅。其中的这幅,有关专家怀疑似是建文帝。

仅当了两个月的皇帝就死掉的朱棣的嫡长子——明仁宗朱高炽

朱棣的孙子明宣宗朱瞻基,颇有乃祖遗风,也是个狠角色。

明代嘉靖朝大礼议之争,是指发生在明正德十六年到嘉靖十七年(1521—1539)间的一场旷日持久的在皇统问题上的政治争论,原因是由明世宗以地方藩王入主皇位,如何为其生父上尊号问题引起,结果当然是朱厚熜获胜。这实质上是通过议礼之争,打击杨廷和等先朝阁臣和言官,对整个大明朝的言官体系产生了重大影响。

中国古代有"太子者,国之根本"之说,明神宗朱翊钧在这个问题上伤透脑筋,想改变祖制,结果未遂。

儿子朱瞻基即位，是为明宣宗。结果，时隔不久，历史惊人的相似，又是皇叔在发难，汉王朱高煦仿效其父朱棣谋反，朱瞻基率军亲征，不仅把皇叔抓起来禁锢，干脆将其置于倒扣的铜缸中，周围放炭火活活炙死。

明正德时，不服立嫡立长的安化王朱寘鐇、宁王朱宸濠谋反，同样落了个悲惨的下场。嘉靖帝朱厚熜以藩王身份继承皇位，为了显示正统，在朝堂上屡出丑态，对政局产生很坏影响。明万历、泰昌年间，皇三子朱常洛与皇长子朱常洵，发生"争国本"的激烈冲突，更导致宫内大案迭出，加剧了明朝的政治腐败。

有清一代，是中国最后一个封建大一统王朝，对于此前历代皇权承继中的经验得失，曾通盘斟酌。清代皇权，先后有过四种继承形态，经历了从不立储君到公开建储、又到暗立储君、再到懿旨确立储君的曲折变化。特别是它所创立的秘密建储制度，较好地解决了皇储矛盾和储位之争，是对中国皇位继承制度的重大革新。

清朝入关以前，当它还是一个名叫"后金"的地方政权时，实行的是汗位推选制度，就是以八旗诸贝勒共同推举的办法，来解决汗位或皇位继承，如皇太极继承努尔哈赤为后金汗，福临继承皇太极为清世祖。其实，他们也未必真的是在"共同推举"，里面想必充满了明争暗斗，充满了无奈和审时度势，也少不了凭拳头说话。这只能表明，满族统治者那时还没有受汉族宗法制度太大的影响，以及相关封建伦理观念的束缚，一定程度上仍保留着古代氏族社会选举酋长的习俗。

很多人不知道，以年仅八岁的玄烨继承皇位，并非顺治帝本意。顺治帝去世时，还不足二十四岁，但对于继承人问题，已早有打算。他想将皇位传给爱

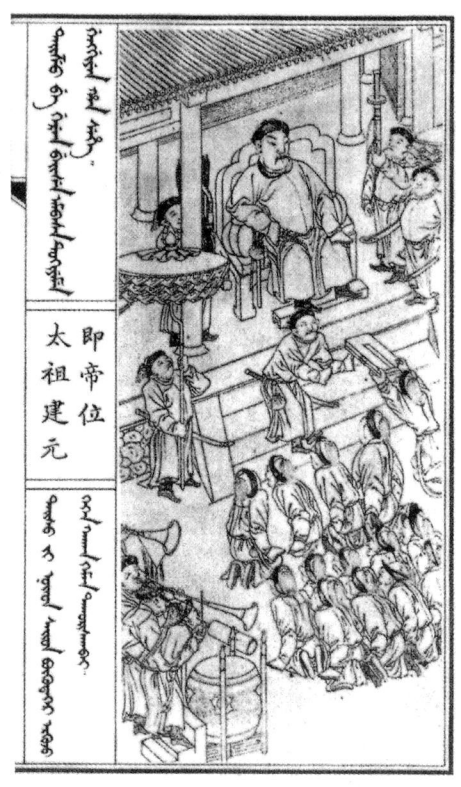

清太祖努尔哈赤称后金汗，由诸王贝勒共同推举的方式产生，至少在形式上是这样。

妃董鄂妃的新生儿，后又打算传给堂兄安亲王岳乐，只是由于母亲孝庄皇太后强烈反对，才不得不让玄烨嗣位。孝庄皇太后深谋远虑，根本不考虑安亲王岳乐的可能性，坚持继承人必须从皇子中产生。鉴于皇长子已夭折，她排除有生理缺陷的皇次子福全，也不许董鄂妃的新生儿染指皇位，对皇后所生的皇三子玄烨则精心培养，明显含有择优而立的意味。据说当年做出这个决定，孝庄不仅没和皇室任何成员商议，也未同顺治帝打招呼，表现出十分专断的作风。但其后的历史证明，孝庄的选择是正确的，对顺治、康熙之际皇权平稳交接，乃至清朝皇位继承制度的有序发展，起到奠基作用。

《汤若望与顺治帝》油画，西方传教士绘，现藏德国慕尼黑博物馆。当年，德国传教士汤若望来华后，其知识和才华，深为清廷激赏，官封正一品光禄大夫。孝庄皇太后拜他为"义父"，顺治帝称他为"玛法"（满语"师尊"或"长老"之意）。他在顺治帝临终议定嗣皇帝人选等许多重大问题上，起了举足轻重的作用。

顺治帝未能将皇位传给董鄂妃的新生儿，不胜遗憾，下诏在他死后，遗体要与先他而死的董鄂妃一起葬入孝陵。

清顺治十八年（1661）正月初九日，玄烨亲御太和殿，登上皇帝宝座，宣布改明年为康熙元年。日后，中国封建社会一位相当少有的英明君主，出现在政治舞台。此为康熙帝玄烨登极时，所穿明黄金龙妆花缎皮朝袍。

大位传承——有嫡立嫡无嫡立长

古往今来，长期处于权力巅峰的年老的专制统治者，往往担心皇权旁落，害怕出现一个自己所不能控制的权力中心。因此，他们在选择接班人时，多疑善变，处处设防，以至让人很难忖度他们在想什么。康熙帝晚年，就属于这种情形。

康熙帝很早就确立皇二子胤礽为太子。太子被立，意味着有了特殊权力，这权力时间一长，自然会与皇帝的权力发生冲突。胤礽就是当太子当得太久了，总想早日登基，于是发牢骚说："古今天下，岂有四十年太子乎？"仿佛恨父皇咋还不死。如此迫不及待，当然为康熙帝难以接受。加上胤礽的确有些暴戾不仁，不大符合康熙帝对于继承人的要求，父子感情终于破裂，康熙帝两次将其太子资格废掉。以至于后来，被立储闹得心力交瘁的康熙帝，直到去世，没再立太子。而且，这个问题成为他晚年心中的隐痛，不许人们触及。

胤礽既然被废，储君之位空出，其他皇子就有机会了。皇长子胤禔结交党羽，培植亲信，蠢蠢欲动，被父皇察觉，下诏将其禁锢。另一个遭到严重失败的，是皇八子胤禩，他才能出众，党羽甚多，似乎很有中选的可能，但正因势力太大，活动太多，反而引起康熙帝的疑虑和憎厌，斥责他"自幼阴险"、"大

康熙帝为太子胤礽建造的毓庆宫，在紫禁城内廷东路奉先殿与斋宫之间。

这方皇太子宝及其玺文，为康熙十四年（1675）颁赐皇太子胤礽的印信。胤礽早年颇得康熙帝喜爱。后结党成派，沾染恶习，对父皇兄弟缺少仁心，甚至有威胁父皇安全的举动。康熙帝一再挽救而不见效，忍痛两度废黜其太子之位，将其禁锢咸安宫。

背臣道"。这时,最有希望成为皇位继承人的,轮到皇十四子胤禵。康熙帝曾称他"确系良将","有带兵才能,故令掌生杀重任",封他为可使用正黄旗纛的大将军王,主持西陲军务。这一任命,当时给人造成玄烨已意有所属的印象,故当胤禵出征时,皇九子胤禟羡慕地说:"十四爷现今出兵,皇上看的也很重,将来这皇太子,一定是他。"然而,人算不如天算,还没等到胤禵班师,京城就发生变故,康熙帝病逝,一度看来似乎有继承可能的胤禵,远在陕甘鞭长莫及,取得皇位的美梦落空。

康熙帝之死和雍正帝嗣位,距今已整整300年了。有关这桩历史公案该如何评说,一直没有发现充分而可信的文件,使得其真相和细节难以窥知。据官方记载,事情的经过是这样的——康熙六十一年八月十三日凌晨,玄烨病情突然恶化,传诸皇子入觐,由步军统领、理藩院尚书隆科多在御榻前宣读遗诏,内容是:"皇四子胤禛人品贵重,深肖朕躬,必能克承大统,着继朕登基,即皇帝位。"官方记载还说,胤禛当时并不在场,他本人也没有当皇帝的思想准备,奉诏时"闻之惊恸,昏仆于地"。

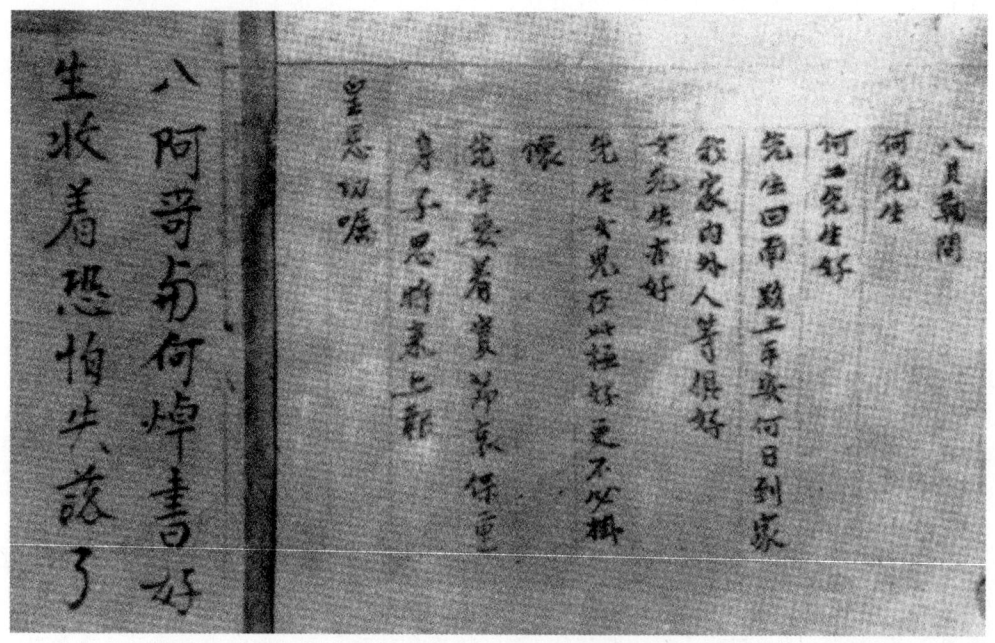

皇八子胤禩曾给南书房大臣何焯写信,暗示自己可能成为未来的皇帝。康熙五十四年(1715)何焯被抄家时,此信落入康熙帝手中。康熙帝御批"八阿哥与何焯书好生收着,恐怕失落了",表达了对他们之间龌龊关系的愤慨。

康熙帝临幸胤禛在避暑山庄居住的文园万壑松风，皇孙弘历随侍左右，康熙帝特意传见弘历的生母钮钴禄氏，连称她是有福之人。后世甚至有人认为，胤禛之所以得到皇位，也是因为康熙帝爱屋及乌，出于对皇孙弘历的喜爱，为弘历的将来铺平道路。

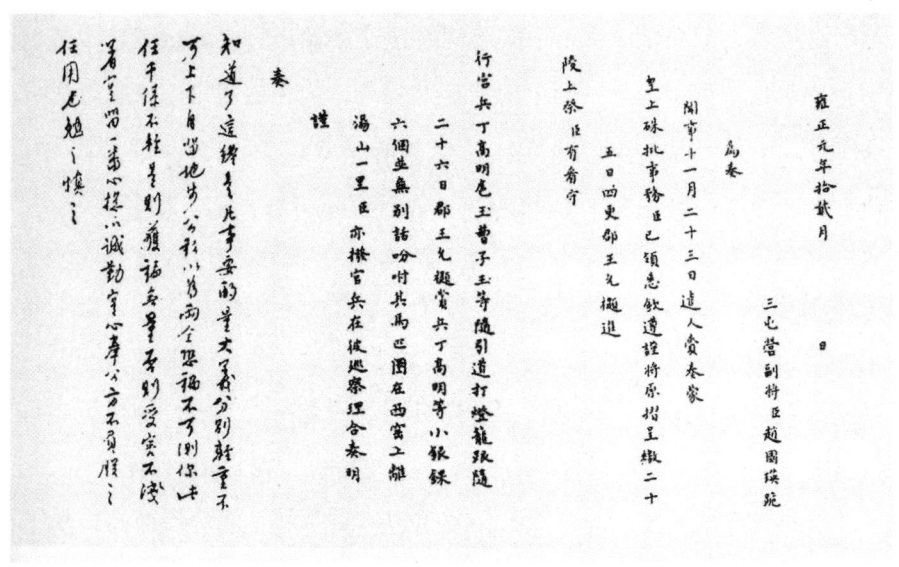

胤禵是雍正帝唯一的同母弟。康熙帝病逝后，胤禵回京奔丧，兄弟二人在父皇灵前相遇，胤禵既不贺新君，又不哭先帝，让刚登极的雍正帝脸上无光。雍正帝仅封胤禵郡王爵位，命他看守先皇帝陵，并派专人监视，实际上是把他软禁在那里。

皇十四子胤禵，在青海领兵任抚远大将军王期间，曾率部挺进西藏拉萨，人气如虹。

对于这一官方记载，史家历来有不同看法：一种认为官方记载基本可信，雍正帝的继承是合法的；另一种则不相信官方记载，认为胤禛是趁康熙帝病危，与隆科多内外勾结，假传遗诏夺得皇位，甚至连康熙帝之死，也跟他有关。

综观各种资料，胤禛继承帝统，确实不无蹊跷。

这主要反映在：授受之际不清楚，辩解之词有漏洞。另外，雍正帝刚即位，就杀死康熙帝晚年近侍太监赵昌，使朝野为之震惊。人们难免这样去想：赵昌是否知道的事情太多，又不肯附合雍正，所以把他除掉。雍正帝即位第八天，让大臣们交回康熙帝生前所有朱批谕旨。这样匆忙收回老皇帝御批，是否担心其中有不利于自己的证据？接着，雍正帝把矛头指向诸兄弟，加以分隔处理，逐个打击：胤禵被送往东陵看守陵墓；胤䄉被发往张家口永远禁锢；胤禟先被发往西宁，后召至保定害死；胤礽在幽囚中不明不白地死去；胤祉被革爵圈禁；胤䄔也因事革爵。这一方面可以理解为，诸皇子在康熙帝晚年彼此积怨甚深，另一方面是不是他们有可能揭露胤禛篡立情况，使雍正帝的政治名誉受到损失？等到诸皇子逐个解决，雍正帝又挥刀砍向帮助自己登上皇帝宝座的隆科多和年羹尧。因为，雍正帝继承大统，如果真有不可告人的秘密，除了已被翦除的诸皇子外，最可担心的人，就是隆科多和年羹尧，他们多少掌握着雍正帝一些隐私，这可能是他们突然失宠遭到杀身之祸的根由。

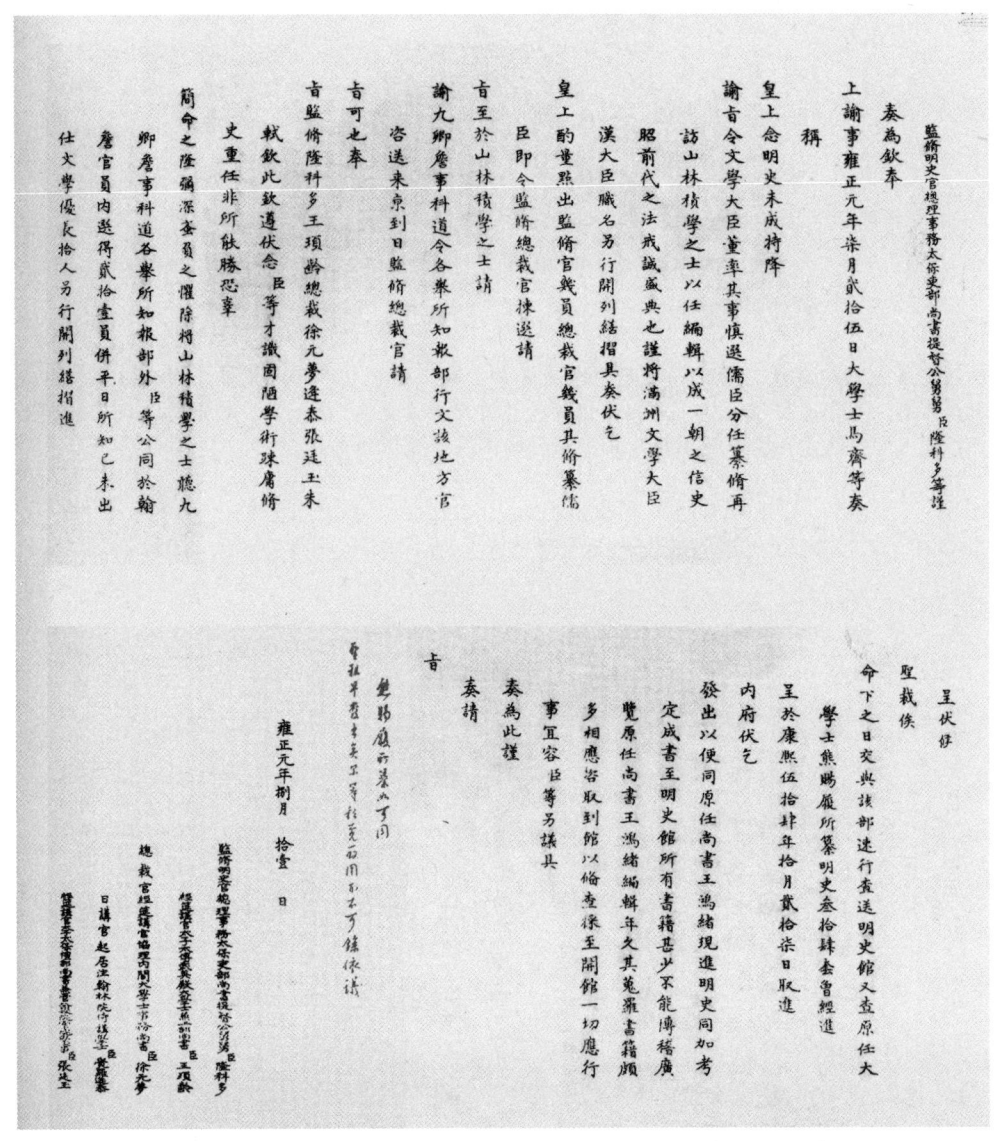

隆科多乃康熙帝皇后之弟，又是由他宣布胤禛继位的遗诏，故曾被雍正帝呼为"舅舅隆科多"。隆科多后来执掌用人大权，遭到猜忌。雍正四年（1726），隆科多被查出私藏玉牒底本，获罪圈禁在畅春园附近，两年后死于禁所。

年羹尧居功自傲，确有种种越权逾制之举。雍正三年（1725）九月，胤禛以俯从群臣所请为名，下诏逮捕年羹尧。胤禛命议政大臣罗列年羹尧92款大罪，勒令其自裁，所有家产抄没入官。这是年羹尧还深为雍正帝信任时，写给胤禛的奏折。

雍正朝初年，胤禩写给雍正帝的奏折，他这时官任总理事务和硕廉亲王。雍正四年（1726）正月，雍正帝严旨历数胤禩"诡谲阴邪，狂妄悖乱，包藏祸心"等罪状，削其爵位，除其宗籍，将其圈禁，改名为"阿其那"（满语音译"狗"），可见痛恨之深。

大位传承——有嫡立嫡无嫡立长

康熙帝第九子胤禟,也是雍正帝死敌之一。雍正元年(1723),雍正帝将胤禟发往西宁,置于宠臣年羹尧的监视之下。雍正三年,胤禟以隐语密传书信被告发,押送回京,削宗籍,改名"塞思黑"(满语音译"猪"),当年八月卒于禁所。

再者,雍正帝口口声声说自己是最受康熙帝爱重的皇子,但当他即位以后,却似乎有些害怕和回避康熙帝的亡灵。康熙帝驾崩的畅春园,是皇家最美丽的园林,雍正帝一直弃而不用,而是扩建圆明园作行宫。康熙帝生前常去热河避暑山庄行围打猎,接见蒙古王公,雍正帝做皇子时,也常陪同前往,但在他即位后13年里,一次也没去过避暑山庄。顺治帝和康熙帝两朝的陵墓,都坐落在北京以东遵化的马兰峪,此处地势雄峻,地面宽阔,既然父、祖均在此安息,雍正帝为何却偏要另换地方,到

雍正帝为自己安排的泰陵,开清西陵建陵先河。从此,清代帝王陵寝才有东陵、西陵两处。

此系亲贤爱民玺。"亲贤爱民"是雍正帝登极后自箴之语,表明这位中国历史上最为勤政的皇帝,是有政治理想和抱负的。

雍正帝即位时正值盛年,思想已相当成熟,多年的藩邸生活,也使他积累了丰富的人生阅历和从政经验。清朝之所以出现130余年之久的康雍乾盛世,后人有"圣祖垦之,世宗耨之,高宗获之"的说法,肯定了雍正帝在其中所起的承上启下的重要作用。

雍正帝继位的合法性,不仅是困扰后世的谜团,在他当政期间,流言就始终未断。这方"为君难"印玺,反映他在强化皇权与维持亲情之间的矛盾心理。

雍正帝给人的印象,一向是性格多疑,为人狠辣。但在故宫所藏的众多有关他的行乐图中,却可看到一个自信坦然、颇具情趣、有时还带点幽默感的君主形象。

88

北京西南方的易县去建陵墓？是否故意躲着康熙？凡此等等，未必全是无意义的猜想。

指出雍正帝继位存在疑点，不是要抹煞雍正帝的历史地位。封建统治阶级内部，相互残杀经常发生，即使是一个很英明的君主，也往往要用阴谋手段和残酷斗争，来为自己开辟道路。世人看到，成为大清最高统治者后，雍正帝确实展现出杰出的治国才能。他勤于政务，洞悉世情，办事认真，御下严肃，以雷厉风行的姿态，纠正了康熙朝晚年吏治疲沓、贪污盛行的积习，结束了皇族内部的长期争夺。他在西北用兵，并在西南实行"改土归流"，保证了蒙古、西藏、青海、云贵、四川的安宁，巩固了国家的统一。他整顿财政，清查钱粮亏空，实行"地丁合一"、"耗羡归公"等政策，有利于经济发展和社会进步。雍正帝在位13年，时间并不算长，却是整个清朝历史上很重要的一个时期。

尤为值得注意的是，雍正帝即位后，吸取了历代王朝建储的经验教训，尤其是目睹其父"因二阿哥之事，身心忧悴，不可殚述"的悲辛，以及亲历他们兄弟之间围绕谁当太子而展开的血雨腥风，发明了秘密建储制度。秘密建储制度，就是皇帝生前不公开宣布谁为太子——未来的嗣皇帝，而是由皇帝秘密亲书预立皇太子名字的诏书，密封匣内，藏于乾清宫"正大光明"匾后，等皇帝临死前或死后，由御前大臣、军机大臣等共同启封，按遗诏所定，恭迎嗣皇帝继位。

秘密建储制度的创立，对于雍正、乾隆之际的皇权交接，起到稳定作用，并为此后乾隆、嘉庆、道光三朝所遵行。其中，乾隆帝的秘密建储最成功，因而在乾隆后期，诸皇子虽因年龄渐长，对未来的皇位"觊觎者众"，却始终没发生如康熙、雍正之际皇室内部骨肉相残的情况，乾隆帝的最高统治地位，也一直处于极为巩固的状态中。

乾清宫内悬挂的"正大光明"匾额，清世祖顺治帝御笔，意思是心怀坦白，言行正派。雍正朝以后，这里被作为放置秘密建储匣之处。当雍正帝去世时，因有密诏，弘历毫无争议地登上皇位，实现了清代以来第一次皇权的平稳过渡。这种抛开嫡庶长幼的人事安排，实际上是君主个人意志的彻底体现。

这是乾隆帝弘历登极时宫廷画师依照惯例为他绘制的朝服像。

嘉庆帝颙琰为乾隆帝第十五子,母亲为皇贵妃魏佳氏,因行事循规蹈矩,性格沉默持重,是诸皇子中比较符合乾隆帝心意的一个,故禅位于他。

但是,如同任何事物都有其两面性一样,秘密建储同样存在弊端。由于秘密建储是封建专制主义日趋加强的产物,掌握挑选储君大权的,只有皇帝一人,在挑选储君时,当朝皇帝就很容易从个人好恶出发,将皇子对自己的忠诚视为"德",将听话看作"仁孝",而视有才干者为"不安本分",被选中者难免是平庸之辈。这种建储方式,对于皇子的教育也不利,皇子们为取得储君资格,必须首先取得在位皇帝的认可和好感。以至于乾隆年间,皇子为国事向皇帝进谏之事,几乎没有,入关前后皇族子弟奋发有为、建勋立业的情形,也不复再现,几乎所有皇族子弟,都变成愚忠愚孝之徒,在政治上无所作为。乾隆以后,历朝皇帝一代不如一代,原因固然很多,与秘密建储制度不能说没关系。

在古代众多帝王中,生前就传位的寥寥无几,都在搞终身制。即使有所例外,也不过像唐高祖李渊那样,完全是被逼无奈。大概唯有乾隆帝算是另类,他在位60年,八十五岁高龄时,主动举行内禅大典,将皇位传给皇子颙琰,自己去过太上皇生活。但是,长期为君的政治生涯,使得乾隆帝积累了丰富的政治经验,同时也尝尽了君临天下的甜头,所以即使因年事过高不得不传位给颙琰,在他的传位诏书中,还是做了若干规定,如规定太上皇帝的礼仪规格和实际权力,要远远超出嗣皇帝,太上皇帝仍自称"朕",太上皇帝谕旨仍称为"敕旨",题奏行文遇到太上皇帝字样,高三格抬写,遇到嗣皇帝字样,高二格抬写,太上皇帝生辰称万万寿,嗣皇帝生辰称万寿,文武大员进京陛见,以及新授道府以上官员离京赴任,都要具折恭请太上皇帝恩训,而嗣皇帝拥有的权力,不过是按期举行祭祀、经筵、大阅、传胪等礼仪活动而已,还要向太上皇帝奏闻以后,才得举行。用乾隆自己的话说:"朕虽归政,大事还是我办。"那位新君嘉庆帝,算是尝到了什么叫万人之上、一人之下的

乾隆帝"归政仍训政"御玺,充分反映他迷恋皇权的帝王心态。

弘历在乾隆三十七年(1772),就以日后归政颐养天年为名,大规模扩建宁寿宫,使之成为宫内一处包含有前殿、后宫及花园的"宫中之宫"。其中,皇极殿仿照乾清宫而建,可见他早已设计好了将来"归政仍训政"的太上皇生活模式。

味道。

　　咸丰帝是清朝最后一个以秘密建储方式获得皇位的人。对于这位继承人的选择，他的父亲道光帝，一直举棋不定。因为，在诸皇子中，道光帝最喜欢皇六子奕䜣，只是碍于皇四子奕詝既是兄长，又是正宫所出，经过再三权衡，才选中所谓"仁孝守拙"的奕詝接班，并以朱笔满汉文合书"皇四子奕詝立为皇太子"，以朱笔汉字写下"皇六子奕䜣封为亲王"，将两道密旨一同放入建储匣中，正面封条上写有"道光二十六年立秋"字样。一匣二谕，是道光帝的首创，反映了他在立储时的矛盾心情。不料，这也为以后的宫廷斗争，埋下伏笔。

　　第二次鸦片战争爆发后，病入膏肓的咸丰帝奕詝逃往热河，死在避暑山庄烟波致爽殿，死前遗命六岁的儿子载淳继位，并任命怡亲王载垣、协办大学士肃顺等八大臣为赞襄政务王大臣辅佐载

道光帝曾为奕詝和奕䜣由谁来继承大统，绞尽脑汁。一天，他率诸皇子南苑校猎，奕䜣弓马娴熟射获甚丰，奕詝竟一无所获，道光帝痛责之。奕詝灵机一动，对父皇说："时方春和，鸟兽孕育，不忍伤生命，以干天和。"饱受儒家仁孝思想熏陶的道光帝听后，喜出望外，决定传位给能力平庸的奕詝。

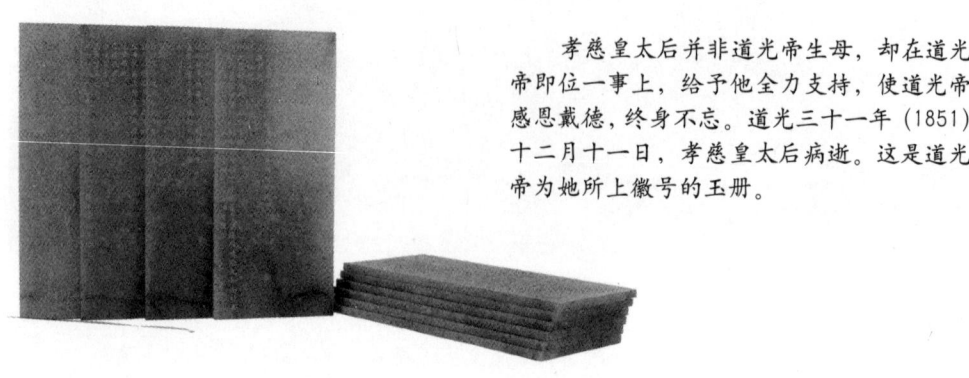

孝慈皇太后并非道光帝生母，却在道光帝即位一事上，给予他全力支持，使道光帝感恩戴德，终身不忘。道光三十一年（1851）十二月十一日，孝慈皇太后病逝。这是道光帝为她所上徽号的玉册。

大位传承——有嫡立嫡无嫡立长

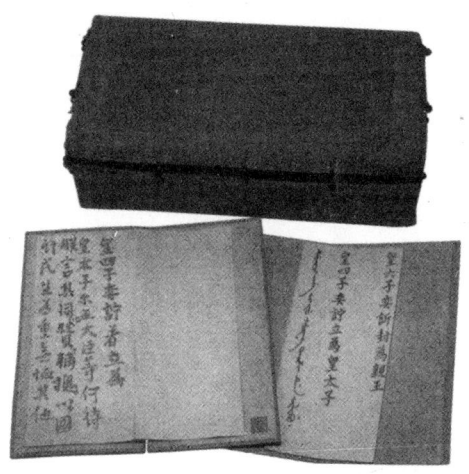

道光帝立储密旨,以朱笔满汉文合书"皇四子奕詝立为皇太子",以汉字朱书"皇六子奕䜣封为亲王",两道密旨一同放入建储匣中,正面封条上有道光帝书"道光二十六年立秋"字样。一匣两谕是道光帝的独创,反映了他在立储时的矛盾心情。

咸丰帝在争夺皇位继承权的斗争中,以所谓"仁孝守拙"击败了同父异母弟奕䜣,这为以后的宫廷争斗埋下伏笔。十年后,奕䜣协助慈禧发动"辛酉政变",似乎是奕詝与奕䜣争夺皇位的继续,但结果却以"太后垂帘"代之,使慈禧登上统治宝座,把持朝政数十年。

淳掌理朝政。这时,以载淳生母慈禧太后和慈安太后为首的后党势力,不甘心就此大权旁落,勾结正在北京与洋人办交涉的恭亲王奕䜣,借大行皇帝梓宫回銮之际,在紫禁城养心殿发动政变,实现两宫皇太后垂帘听政。

皇太后垂帘听政的唯一理由,是皇帝年幼,不能亲理朝政。但当同治帝载淳长到十四岁时,按前朝惯例应该亲政了,慈禧太后却视权如命,根本不提归政之事。直到载淳十七岁,慈禧才不得不宣布明年归政。不过,到这时候,慈禧的党羽早已形成势力颇大,载淳名为亲政,实际上慈禧仍大权在握,时时干预朝政,母子间矛盾时有发生。

清同治十三年(1874)十二月初五,载淳病死,慈禧太后为继续控制实权,决定不给载淳立嗣,而是将她妹妹三岁多的儿子载湉接进宫,立为光绪帝。慈禧之所以选立载湉,用意有三:一、载湉与载淳同辈,慈禧仍可保持皇太后身份;

二、载湉年幼,仍须皇太后临朝问政;三、载湉是她的外甥,关系密切,便于控制。在皇权更替之际,慈禧就这样靠自己的淫威和阴谋手段,再度上演老后幼帝垂帘听政的闹剧。

慈安母后皇太后印玺

咸丰帝死前宣布,以新君载淳名义发布的每道谕旨,结尾必须加盖此玺,方可生效。由于载淳年幼,此玺由其生母慈禧掌管,载淳遂成为她弄权的工具。

此玺玺文为"御赏",系咸丰帝临终前赏给皇后钮祜禄氏的护身符,规定顾命大臣肃顺等颁布的谕旨,开头须加盖此玺,方能生效。显见咸丰帝即使对他所任命的顾命大臣,也不放心。

慈禧圣母皇太后印玺

大位传承——有嫡立嫡无嫡立长

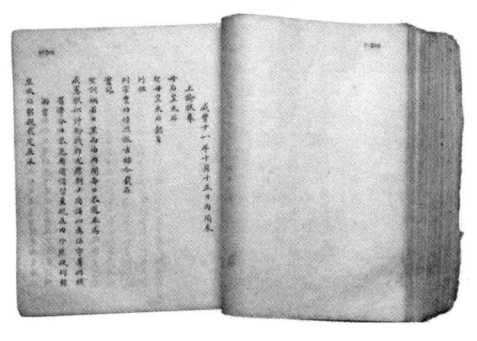

《谕内阁汇纂历代垂帘事迹》，中国第一历史档案馆藏。此件上谕，反映出两太后对垂帘听政翘首以待、急于寻找历史惯例的迫切心情。

进宫五年的光绪帝载湉骑马像（1880年）

光绪帝能够继承帝位，既然完全由慈禧一言而定，两者一开始便是主从关系。自幼缺乏亲情的宫中环境，使光绪帝本就相当内向、温顺的个性进一步发展，形成非常懦弱的品格，本能地对慈禧怀有畏惧心理。后人分析光绪帝的性格特点，认为他似乎更适合做一个学者，而非统治万民之主。他与慈禧关系的先天弱点，也极大地妨碍他从后者手中夺回本应属于他的权力。显然，他并不具备一位乾纲独断之君所必须具有的气魄和胆识，否则"戊戌变法"就不会遭到那样可悲的失败。

宣统帝溥仪三岁时进宫像

清光绪三十四年（1908）十月二十一日傍晚，年仅三十八岁的光绪帝载湉，躺在冰冷寂静的中南海瀛台涵元殿内，满含悲恨地离开了人世。世事竟是如此凑巧，就在他死去的第二天下午，他的母后兼政敌慈禧也病死于中南海仪鸾殿。皇太后与皇帝二人，在不到24小时之内相继辞世，而他们生前关系又如此对立和微妙，所以消息传出，顿时成为中外要闻，各种评论和猜测随之而至。也许由于光绪帝生前的坎坷遭遇，人们的同情都在他那方面，许多人怀疑他是被谋害而死。至于光绪帝究竟是被谁所害,以及如何被谋害而死,则又传说各异,莫衷一是。

慈禧太后是在中国正发生前所未有的社会巨变,皇权在逐步消亡这一总体形势下,维持了长达47年的垂帘听政。她的垂帘听政,最终将清朝送上灭亡之路,也为中国封建皇权的终结,敲响了丧钟。

祭天祀祖
——奉天承运祖宗家法

在中国皇帝的思想观念中，为强调君权的神圣性和永久性，历来就抱持这样两个堪称金科玉律的信条——"礼莫重于事天"、"孝莫大于尊亲"，用来彰显他们受命于天、颇有来历的天命血缘背景。

因此，若走进紫禁城参观，建议到这样两个地方看看。其中一处，是在紫禁城内廷乾清宫与坤宁宫之间，有一座四角攒尖式建筑，名为"交泰殿"。"交泰"二字取天地交合、万事吉利之义，清朝把象征封建国家最高权力的二十五颗国玺，收藏在这里。而且首先要看的，是这颗名列二十五玺之首的"大清受命之宝"，白玉质地，盘龙纽，玺文为满汉双语。据清高宗御题《交泰殿宝谱序后》所记，该玺为清太宗皇太极时制成，用来"以章皇序"。"以章皇序"，就是藉此宣示清王朝的建立及其入主中原，乃是天命所归，合理合法。另一处是紫禁城景运门外的奉先殿，这里是清代皇帝祭祀祖先的场所，供有清朝历代皇帝和皇后的神主牌位。顺治元年（1644）九月，摄政王多尔衮抱着六岁的侄儿福临刚进紫禁城，就把努尔哈赤和皇太极的神主牌位奉安于太庙，后又迁至奉先殿，以此昭告清廷完成了祖先入主中原的夙愿。看过这两处地方，对于什么叫"礼莫重于事天"、"孝莫大于尊亲"，以及事天与尊亲之间的复杂关系，就应当有所领略了。

还回到交泰殿，知道这里为何陈列着二十五颗清朝国玺么？以前，我们总认为乾隆帝选二十五这个数目，是根据《周易》中的一句话——"天数二十有五"。古人以单数为阳数，一、三、五、七、九这几个阳数的相加之和，即为天数二十五，用天数二十五定国玺数目，可表示国祚绵延无限。其实，乾隆帝真正的寓意，在

大清受命之宝,为清廷御玺二十五宝之首。该宝玺文昭告天下,大清江山乃上天所授。

奉先殿位于皇宫景运门东侧,系清帝祭祖场所。每年万寿、元旦、冬至三大节,及册封、御经筵、谒陵、巡狩、回銮、战争凯旋、耕耤等重大典礼的前后日,清帝都要亲自或遣官至此,行大祭礼或告祭礼。

他晚年所作的《匣衍记》一文中有所披露,是在默祷上苍,能让清朝像我国历史上历时最长、代数最多的周朝那样,享有二十五朝统治。清朝从顺治到宣统不过十朝,乾隆帝二十五朝的期望,当然只是幻想,但从另一方面看,在清王朝正达到空前鼎盛之际,乾隆帝就祈盼大清能有二十五朝统治便满足了,又该需要多么务实的心理预期。在《匣衍记》那篇文章中,他还明确指出:"自古以来,未有一家恒享昊命而不变者。"就是说,自古以来没有不灭亡的王朝。鉴于历史上年代最长的周朝仅历二十五朝,乾隆帝深知清朝很难超过二十五朝,制定国玺时只做了二十五颗。后来,他在回顾这件事时,也承认二十五朝可能是奢望,既然一切王朝都难免灭亡,只能祈求自己的王朝尽量维持得长久点。

中国的封建帝王们,哪个不标榜受命于天,不宣称家天下亿万斯年?能够像乾隆帝这样想问题的人,实在是太少了。但即使头脑清醒如乾隆帝,在实施其统治期间,也要努力去做他认为他该做的事,譬如祭天祀祖之类的礼仪活动。因为在封建时代,有所谓"国之大事,在祀与戎"之说,把祭祀活动的重要性,摆在与捍卫国家而战同等重要的位置。这也不难理解,皇帝是多么需要臣民意识到这样的道理——皇帝之所以得有天下,除了个人功德之外,还须靠神明眷顾,天子的宝座是由天命决定,绝非任何人妄求可得。正如东晋史学家干宝所总结的:"帝王之兴,必俟天命,苟有代谢,非人

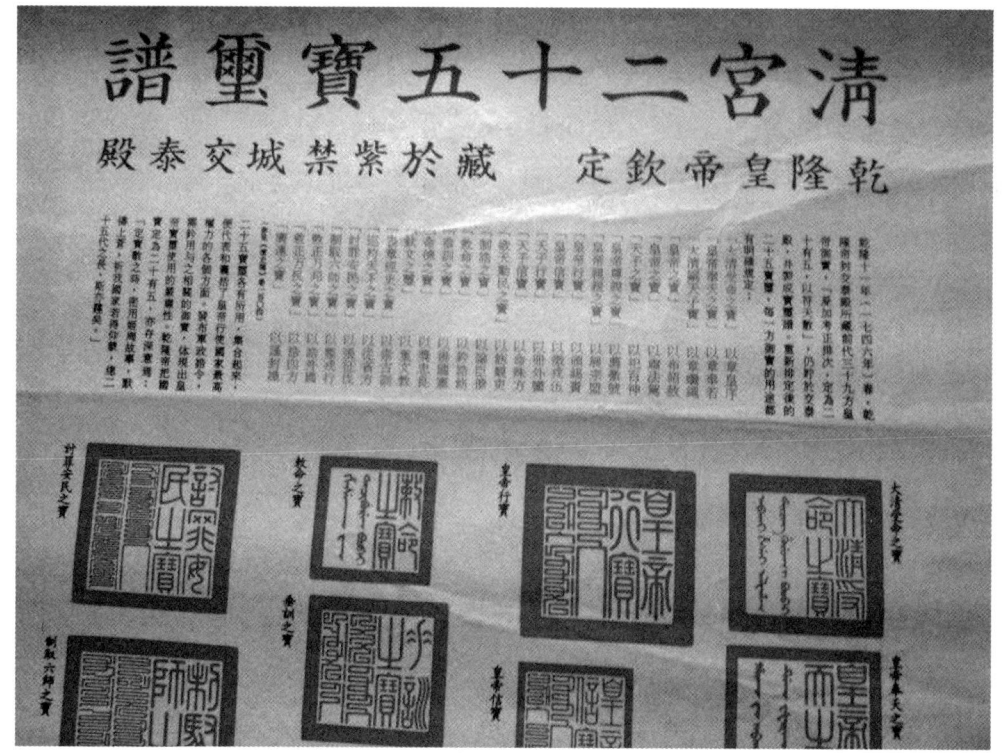

交泰殿所藏清帝二十五宝宝谱玺文

事也。"意思是说,帝王的兴起是天命,改朝换代也是天命,既然王者兴亡皆由天命,谁还敢觊觎神明所决定的皇权呢?中国古人编造的这套理论实在厉害,不仅唬住了许多人的图谋不轨,也成为调节王室内部矛盾的法宝。宋太祖赵匡胤在一次酒宴上,指着他的宝座对众人说:"此位有天命者得之,朕偶为人推戴至此。汝辈欲为者,朕当避席。"吓得他的兄弟和大臣们听了,个个冷汗淋漓,伏地不敢抬头。唐高祖李渊,也以天命观教训李世民:"天子自有天命,非智力可求。汝求之,一何速耶?"当时,李世民正与太子李建成为争夺皇位钩心斗角,李渊试图用君权神授之说,控制宫廷内即将展开的厮杀。

祭天作为封建统治者维护皇权的手段之一,被明清皇帝运用得越来越娴熟。朱元璋初定天下,许多事情还没顾得上做,首先命儒臣编制《大明集礼》,规定每年正月大祀天地于京城南北郊,以及如何为死去的祖先上谥号庙号。洪武以后,历代明帝多不在乎祖制,大概也只是在这个问题上,还比较听话,其他事情另当别论。每年春阳朗照的郊外,天坛圜丘高耸云天,百官各就各位,皇家卤簿仪仗威风凛凛,皇帝登坛对天祈祷，只见熊熊大火燃起来了，肃穆庄严的中和韶乐，迎接神在降临。这一切是多么壮丽，又多么庄严，且不说帝王的尊严与皇权的神圣，也在这盛大而神秘的礼仪中，被淋漓尽致地体现出来。

　　清乾隆十五年（1750），由于原来的天坛圜丘已无法满足祭天的需要，开始大规模扩建，整个工程历时三年有余。改建后的圜丘，比明代更加壮观。圜丘正中的圆石，被做成"天心石"，从皇穹宇开始的第三块石板，被做成"三音石"。对于声学现象，人们在日常生活中并不陌生，但天坛圜丘的回声效果极为奇特，人站在天心石上说话，即使声音很小，也能清楚地听到回声。所以，皇帝祭天时，当然很愿意站在这块石面上讲话了，并将此石命名为"亿兆景从石"。意思是，皇帝在此祈求天帝佑护，亿兆万民都能听到，皇帝发出的旨意就是天意，所有的人必须服从。皇穹宇三音石的回声现象，同样很奇妙，站在皇穹宇正殿丹陛桥下的甬道中击掌，可以清楚地听到回声，尤其是从第三块石板上击掌，可以听到三声回声。三音石的声学现象，从此被视为"人间私语，天若闻雷"的象征，仿佛人间一切动静，冥冥中都有天神明察秋毫。这就从心理上提醒人们，不遵纪守法、小心翼翼能行吗？

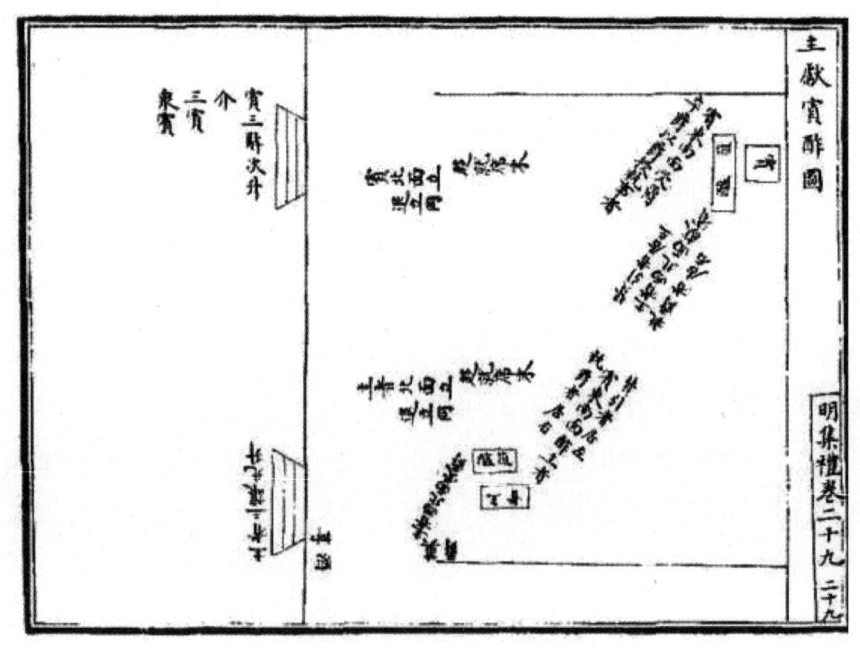

《大明集礼》中礼仪位置示意图

天坛祈年殿，建在三层汉白玉叠砌的圆形祈谷坛上。每年正月上旬辛日，皇帝率王公大臣来此行祈谷礼，以盼丰年，遇到天旱，则来此祈雨。

圜丘正中的那块天心石

皇穹宇三音石

天坛圜丘位于天坛南半部，现存形制为乾隆十六年（1751）改建。中国历代王朝都制定严格繁琐的祭天礼仪，藉以宣扬君权神授和获命于天。

冬至去天坛祭天，是清帝自入关后亲行诸礼中的首要大礼。祭天前，皇帝和随祭人员须斋戒三日，不理刑名，不听音乐，不设宴会，以示对天的虔诚。祭天时，要宰杀牲牛、进俎献爵、焚烧祭品，同时有乐工、歌者和舞者演奏歌舞，仪式十分隆重。每次祭天，都要将列祖列宗也请来配享。如咸丰年间祭天，圜丘第一层南向正中，为昊天上帝之位，左右配八座清帝祖宗神主牌位，依次为太祖努尔哈赤、太宗皇太极、世祖福临、圣祖玄烨、世宗胤禛、高宗弘历、仁宗颙琰、宣宗旻宁之位。

古人夏季求雨举行的祭祀，叫作"常雩礼"，也在天坛圜丘举行。如果逢上连年大旱无雨，则举行大雩之礼。封建社会以农为本，风调雨顺，才能保证农作物生长，当时生产力落后，使人们把风调雨顺视为上苍的赐予，这就是雩祀礼盛行不衰的原因。清帝祈雨，极为虔诚。如康熙帝时，常训诫臣下，并以亲身经历告诉大家："昔年曾因大旱，朕于宫中设坛祈祷，长跪三昼夜，日唯淡食，不御盐酱。至第四日，步涉天坛虔祷，油云忽作，大雨如注，步行回宫，水满雨靴，衣尽沾湿。后各省人至，始知是日雨遍天下。朕自谓精诚所感，可以上邀天鉴。"所以，对于祈雨时玩忽职守敷衍了事的官员，康熙帝严惩不贷。康熙五十三年（1714）的那次祈雨，大学士、尚书、侍郎、御史中，竟有三十三人因未到场或不认真，受到革职贬官处分。

天坛主要建筑祈年殿，建在巨大的祈谷坛上，祈谷典礼在这里举行。祈谷是祈祷农业丰收，希望能有个好年景，所以殿宇名称叫作祈年殿。祈谷的礼仪一如

1905年，光绪帝去天坛祭天，这可能是清帝最后一次祭天了。（西方摄影师拍摄）

清帝祭天朝服，佩挂青金石朝珠。与其他祭祀场合穿戴相比，这种讲究别有意味。

在清朝祭祀活动中，冬至祭天是最为隆重的祭祀。前五日开始准备祭祀用的牛羊等牲品，前三日皇帝进入斋戒期。当天日出前，皇帝出斋宫至祭坛，祭祀开始，演奏乐舞，皇帝拜祭，念祷辞，饮福酒，率群臣行三跪九拜礼。

铜镏金斋戒挂牌，系清代皇宫大内所用之物。清代皇帝祭天，祭祀前三日要斋戒，以示虔诚，便在举行斋戒的宫殿门口悬挂此牌，警示人们知道里面正举行斋戒。

祈雨，同样是燔柴迎神、奠玉帛、进俎、初献、亚献、终献、撤馔、送神、望燎等既定程序。皇帝在殿中行礼，念诵祈谷祝文，内容大致是：某年某月某日，嗣皇帝某某谨禀告皇天上帝，我承天帝之命统有万方，百姓的愿望是生活安定。现在已到春天，春耕就要开始了，我诚恳地准备迎接天帝降赐的幸福，谨率领百官，用玉帛、粟枣、米谷、俎肉、蔬菜等物恭祭，请祈风调雨顺，五谷丰收。我的祖先，也来这里奉陪您，请接受我们的敬意。与祈谷活动相配套，皇帝还要到附近的先农坛，祭祀先农和举行亲耕礼，以示对农业的重视。

总在讲这些陈年往事，不知大家是否有些感到枯燥。没办法，这些事情不能不讲，清宫祭祀活动本来就频繁，一年到头大大小小的祭祀无时或辍，也都具有一定的认识意义。其中，坤宁宫祭神祭天，更是必不可少的宫廷礼仪。由于它具有浓重的萨满教特色，属于清代宫廷特有的祭祀方式，因此令世人备感神秘。

坤宁宫面阔九楹，为紫禁城内仅存的保留着满洲旧俗的"窗户纸糊在窗棂外"的宫殿。清代在这里供奉的神祇，主要有释迦牟尼如来佛、观世音、关帝圣君、长白山神、画像神、蒙古神及无字神牌等。此外，尚祀有"完立妈妈"。关于"完立妈妈"的来历，一说是明万历皇帝的母亲孝庄皇后，因清帝的祖先被杀害时，孝庄皇后曾为之惋惜，制止明将李成梁滥杀无辜，故清廷感其恩德，世代当神供奉，所言"完立"，为"万历"之音转，"完立妈妈"即万历皇帝母后。另一说，认为"完

此为清帝祭地朝服。皇帝祭地时穿明黄色朝服，佩挂东珠朝珠。

地坛又名方泽坛或方丘，位于北京安定门外，用双层汉白玉砌成方坛，坛下四周为水池。每年夏至，皇帝到此祭祀地祇，从祀的有五岳、四海、五镇和四渎等神，祭礼在日出前举行。

清帝祭日朝服，皇帝祭日时穿红色朝服，佩挂珊瑚朝珠。

日坛又称朝日坛，位于北京朝阳门外，建于明嘉靖九年（1530）。坛为圆形，直径十丈，坛面铺红琉璃砖，以象征太阳，祭之报答日神对人间的恩赐，并祈祷福佑。逢甲、丙、戊、庚、壬年春分日出之前卯时（约为现今5至7时），皇帝到此亲祭万物中太阳之精，其余年份遣官致祭。

清帝祭月朝服，皇帝祭月时穿月白色朝服，佩挂绿松石朝珠。

位于北京阜成门外的月坛，又称夕月坛，坛面铺白琉璃砖，以象征月亮。每逢丑、辰、未、戌年秋分入夜前之酉时（约为现今17至19时），皇帝到此亲祭月神和诸星宿神祇。

《皇帝亲耕·耤田仪式图》,反映清帝在先农坛亲耕情景:皇帝左手执鞭,右手扶耒,完成"三推三返之礼"。

先农坛观耕台,皇帝亲耕过后,观看群臣"九推九返"的地方。

立"系满洲旧语,即满语"木偶"之意,与汉人所供的泥菩萨相似,供奉的是长白山女神。坤宁宫里的祭天祭神,向来被清宫视为大典,每祭萨满必有舞蹈,曰"跳神"。这一切,与满洲氏族的起源与发展有关,显示出关外生活的某些习俗。

坤宁宫内祭祀场所,保留了满洲祭祀诸神和奉祖宗神位于室内的旧俗。

长白山天池云雾缭绕,佛库伦仙女沐浴吞仙果感而受孕的神话传说,把清初的历史上溯到满洲的母系氏族时代。

《钦定满洲源流考》,乾隆二十年(1755),大学士阿桂、于敏中奉乾隆帝敕谕编修,书中记述清朝发祥地的历史变迁与地理环境,描述了从满洲的最远先祖肃慎至满族形成的基本脉络。

祭天祀祖——奉天承运祖宗家法

清太祖努尔哈赤，为其远祖孟特穆、曾祖福满、祖父觉昌安、父塔克世及伯父礼敦、叔父塔察篇古修建的陵墓永陵，位于辽宁新宾县启运山南麓。

清太祖努尔哈赤盔甲，这件红闪锻铁叶甲胄，乃乾隆朝依努尔哈赤的甲胄遗物重制，现藏北京故宫博物院。

努尔哈赤死后葬于福陵，此为福陵下马坊额上的警示语，以满汉蒙三体文字镌刻，以示对先祖的景仰。

既然讲到坤宁宫，顺便说说清代皇帝将这里作为洞房的原因。坤宁宫在明清两代，都是象征皇后身份的宫殿，但实际上两朝的功能并不相同，明朝只是皇后的寝宫，清朝却是个多功能的场所，不仅作为皇后寝宫，还兼备杀猪祭神与帝后大婚之用。明朝皇帝大婚的洞房设在乾清宫，帝后成婚前先要到奉先殿祭拜祖宗，这是严格按照儒家"不谒祖者不成妇"的理念安排的，至于对神灵如何交代，仅体现在婚前遣官祭告天地。清朝皇帝就不同了，认为坤宁宫才是举行大婚的合理场所，在这里举行的大婚礼仪中，处处弥漫着萨满教的神秘气氛，如帝后由萨满引导，首先拜祭本部族世代崇仰的守护神祇，并让皇后入洞房前跳火盆。在汉族传统文化中，对祖先的崇拜超过了对天地神灵的崇拜，而满族则将萨满神的地位，摆在祖先之上。

清代萨满在乾清宫跳神祭祀时，要穿着特制的神衣，以通达神灵。

萨满腰铃，相传是天神阿布卡赫赫围在战裙上的东西，它的震动声可以使恶魔害怕，萨满在祭祀时皆佩带腰铃以助祭。

萨满乐器手鼓与抬鼓。信奉萨满教的人们认为，鼓代表云涛，灵魂乘坐神鼓云涛能飞天入地，所以萨满在祭祀时要亲自敲击手鼓，另由助祭人重重敲击抬鼓，以助声威。

萨满祭祀时，供奉各种神偶。这对布人，是清代坤宁宫内供奉的神偶。

不过，真若要论及对祖先的感情，中国历史上又没有任何一个朝代的皇帝，能够比清代更注重宗庙制度的建设，更讲究"祖宗成法"之不可违。清代以少数民族入主中原，在关外草创时期，宗庙制度因陋就简，盛京太庙仅供奉清太祖努尔哈赤及其前四代父祖——泽王、庆王、昌王、福王"四王"灵位。清世祖福临入关后，在北京设立太庙，奉祀太祖、太宗帝后神主于太庙中殿，追尊"四王"为帝，庙号肇祖、兴祖、景祖、显祖，奉四祖帝后神主于太庙后殿。原盛京太庙仍存。

清代太庙，设在紫禁城午门左侧，与《周礼》规定的"右社稷，左宗庙"相一致。顺治十三年（1656），福临又在内廷景运门外建奉先殿，供奉太祖以下各代帝后的神主。所以，如果说太庙是封建国家的国庙，奉先殿实为家庙。雍正元年，胤禛下旨，在景山东北的寿皇殿，供奉圣祖康熙帝御容画像。至弘历登极，又奉世宗雍正帝御容于其中。乾隆十四年，迁建寿皇殿于景山正中，将体仁阁所藏太祖努尔哈赤、太宗皇太极、世祖福临三代帝后御容请来，从此形成定制。寿皇殿共九间，中有隔断，圣祖以下各代皇帝御容长期悬挂，每帝一间。太祖、太宗、世祖及各后御容，只限于除夕悬挂，正月初二即收藏起来。此外，圆明园安佑宫、热河避暑山庄绥成殿，都是变相的寿皇殿，奉祀圣祖以下诸帝后御容，以备皇帝临幸时祭祀。

清代宗庙的祭祀活动，主要有大享太庙和奉先殿、太庙祫祭，以及奉先殿和寿皇殿常祭、奉先殿荐新、太庙和奉先殿告祭几种。这些祭祀活动互相配合，互相交替，使宗庙祭祀持续不断，疏密相间，完整而有序地进行。说来话长，自古帝王立庙祀祖，一是为了慎终追远，二是为了求神助佑。先秦各代，每逢出征作战时祭告祖庙，目的就是求得祖宗庇荫，取得战争胜利，有时甚至载奉神主亲临战场，明显表现出宗庙乃是从原始社会的祖先崇拜过渡而来的痕迹。随着社会文明发展，后来的皇帝对于希冀祖先垂佑，实际上已不那么重视，祭祀礼仪也愈趋典雅，主要用以表达追念祖先的感情。清代正是在这方面，比前代有所加强，基本上以对待生人的态度对待祖先，未必真的以为祖先是神灵。

与宗庙一样，在中国历史上，祭祀社稷也被视为重要的礼制活动。社稷的祭祀对象，据《尚书纬·孝经纬》记载："社，土地之主也，土地阔，不可尽敬，故封土为社，以报功也。谷，众不可遍祭，故立稷神，以祭之。"由于社稷是国土和江山的象征，因此皇帝不仅每年都要亲自去社稷坛拜祭，每逢有较大规模的战争取得胜利后，在紫禁城午门外举行献俘仪式的前一天，还要让兵部押解敌方俘虏跪在社稷坛前，以示对社稷的敬重，显示国家政权的稳固和疆土的完整。

总之，祭天是中国封建王朝的基本礼制，而祖宗成法，更被他们视为万古

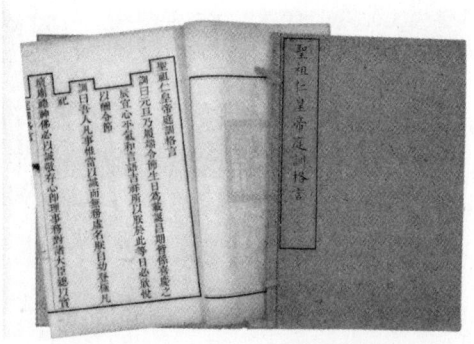

清雍正八年（1730），胤禛追记康熙帝对他和众兄弟的教诲，集成《圣祖仁皇帝庭训格言》一书，亲自作序，以追念父皇之圣德。

道光帝御笔《清宁宫敬纪诗》匾，系道光帝即位后唯一的一次出关巡幸盛京、恭祭祖陵时所作，以示不忘祖先。

太庙位于皇宫东侧，是皇帝祭祀祖先的场所。清入关后，全面承袭明代太庙祭祀制度，同时保有自身固有传统。

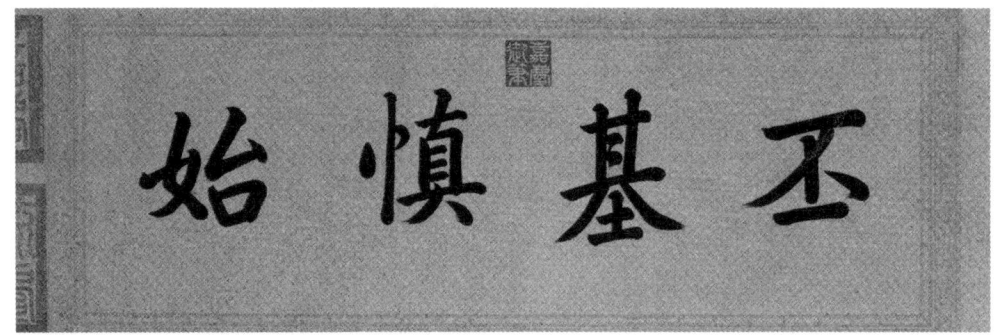

嘉庆帝御笔《丕基慎始》，丕指宏伟，基指基业，慎指慎重，始指开始。四字连起来，意为继承宏伟的基业开始新的统治，应该谨慎从事。

道光帝御书《聪听祖考之彝训》，表达了他誓不违背乃祖乾隆帝和乃父嘉庆帝遗训的决心。但他似乎并不懂得自己的历史使命，一味守成三十年，结果把大清国送上衰亡之路。

不变之正理。特别是清代，以骑射武功开国定天下，入关后将"国语骑射"奉为祖制，要求严格遵守。譬如木兰秋狝，是康熙帝为保持满人勇猛剽悍的尚武精神定下的制度，他本人一生身体力行，多次率众亲往，未敢稍有懈怠。但到了雍正帝，却一次也没举行。乾隆帝崇敬他的祖父，在位期间恢复了木兰秋狝，举办次数不逊于祖父，目的除了要遵循祖制，更要起到"整饬戎兵"、"怀柔藩部"的作用。嘉庆帝亲政后，巡行热河八次，甚至在他生命行将走到尽头的时候，仍然不忘祖制举行木兰秋狝，最终死在避暑山庄。

社稷坛位于皇宫西侧。社即土地神，稷即五谷神，清入关后承袭明朝社稷坛祭祀之制，是自原有的游牧渔猎文化向农耕文化转变的重要标志。每年春秋仲月（春秋季的第二个月）上旬戊日清晨，皇帝都要亲自来此致祭。遇出征、凯旋、献俘等重大国事，也在社稷坛举行仪式。

乾隆帝还仿效康熙帝南下巡视的做法，分别于乾隆六年（1741）、二十二年（1757）、二十七年（1762）、三十年（1765）、四十五年（1780）、四十九年（1784），共六次下江南。每次行进的路线大致相仿，一般都要到江宁、苏州、扬州、杭州、海宁和嘉兴，每次需用三个月左右的时间。跟康熙帝一样，乾隆帝下江南的主要活动内容，一是视察河工海塘，因为中国是个农业大国，勘察水情，兴修水利，关系到国泰民安之大局。另一项重要内容是，对江南士大夫多方笼络，表现对他们的关怀和厚爱。江南不仅是全国重要的粮棉油产区，也是反清思潮的土壤，江南地区政局稳定，对清廷的统治意义重大。当然，南巡还有一项不可否认的好处，就是游山逛水，愉悦身心。江南秀美的水乡、奇巧的园林，对出生在北方的康熙帝和乾隆帝，有着莫大的吸引力。

康熙帝为继承祖先引弓策马、骑射尚武的满洲传统，在今河北围场县境内设立皇家禁苑——木兰围场。围场建成后，他曾48次来此行围，每次历时20天左右，是为"秋狝大典"。

康熙帝玄烨，就被其后世子孙当作神灵礼拜，这是供奉在紫禁城外福佑宫内的"圣祖仁皇大成功德佛"神牌。

乾隆帝把下江南视为与平定西北边疆同等重要，自言："予临御六十年，凡举两大事，一曰西师，一曰南巡。"

历史就是这样无情，祭天祀祖的事情都做过了，历史还是该怎么发展就怎么发展。乾隆朝奠定了中国基本版图，迎来中国封建社会末期的盛世辉煌，但盛世过后呢？嘉庆帝在乃父乾隆帝巨人般的身影下，初期并不涉及政务，听凭太上皇越俎代庖，及至父皇故去，虽有重新振奋之心，却无崛起之力。镇压白莲教起义，算是嘉庆朝的一件大事，但动用十六省军队，糜费两亿两银饷，耗尽了乾隆帝六十年勤恳持政积累的家底。以至于继位的道光帝，在清朝十二帝中是名载史册的吝啬鬼，穿的是打补丁的龙袍，每餐御膳不超过四样菜肴，妃嫔非年节不得食肉，公主出嫁仅陪送白银两千两，如此简约自律，也不能保障大清王朝延续下去。1840年，英国依靠坚船利炮入侵中国，道光帝惜钱如命，小败即止，宁可签订屈辱的《南京条约》，洞开南中国门户。天朝的崩溃，使道光帝感到愧对列祖列宗，遂自我处罚，嘱死后不配享太庙。道光帝撒手人寰，留给其子咸丰帝的是外敌入侵、江山

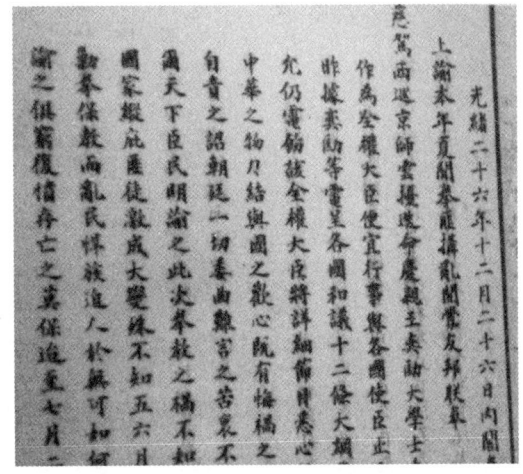

光绪二十六年（1900）十二月二十六日，逃亡在外的光绪帝奉慈禧太后之命，发布这道谕旨，算是把列祖列宗的脸给丢尽了。

残破、财政困窘、捉襟见肘的废烂局面。资质鲁钝而又不务正业的咸丰帝，施政乏策，调遣无力，南方太平天国势焰正炽，长江中下游已不再为大清控制。而当英法列强二次入侵，溯海北上，火烧圆明园，咸丰帝亡故避暑山庄，慈禧太后借机发动宫廷政变，进而实现垂帘听政，晚清政治由此进入了太后主政时期。同治帝天花夺命，幼冲之龄的光绪帝入继大统。光绪一朝，列强加快了叩打中国大门的脚步，几乎每隔十年就发动一次侵华战争，中法战争、中日战争、在中国土地上爆发的日俄战争接踵而至，直到1900年八国联军合伙攻掠北京，自行划分势力范围。这时，自西安回銮的慈禧太后，竟然放言"量中华之物力，结与国之欢心"，彻底泯灭了抗拒之心，沦落为帝国主义列强的走狗。中国封建社会，在历经两千多年的发展历程之后，终于走到即将亡国灭种的边缘。一些有识之士，在"中学为体、西学为用"的理念支配下，尝试改良传统政治结构，推出变法维新运动。无奈极端专权的慈禧太后，呆板僵化的现行秩序，完全使中国失去了自我调节的可能。当"戊戌六君子"喋血菜市口、光绪帝被幽囚中南海瀛台时，清朝舍弃了最后一次回旋自存的机会，资产阶级革命派开始以推翻清王朝为目标，点燃致清于死地的南国烽烟。这种暴力挑战一经发动，全国通电响应，清廷即刻土崩瓦解。中国步入了纷乱失序却又充满希冀的新时代。

君王起居
——穷奢极侈恣性纵欲

贵为至尊、富有四海的中国皇帝,每天怎么过日子,大家也许感兴趣。野史传闻不足为据,皇帝的日常生活情形,自有当年宫内撰写的《起居注》、《内起居注》、《穿戴档》、《膳底档》等原始文件,忠实记录在案,从中可以窥见其本来面目。

明代皇室的生活规制如何,且不去谈。发源于东北满族的清代皇室,其生活方式在保留满族传统的同时,继承和吸收了历代汉族帝王的某些习惯,从而形成了一套特有的起居制度。这就是,一般情况下,皇帝每天早晨寅正至卯初(大约5点左右)起床漱洗;卯正至辰初(6点到7点)进早膳;辰时至巳时(7点到11点)上朝理政;午时至未时(11点到14点)午休进午膳;申初至酉时(14点到17点)批阅奏章,或看书绘画作诗,或娱乐玩耍,由妃嫔陪同看戏下棋等;酉时至戌时(17点至19点)吃酒膳;然后沐浴入寝。

《明宣宗宫中行乐图》,描绘了明宣宗捶丸的场景。欧洲人惊呼,这才是现代高尔夫运动的起源。

明孝宗行乐图,他还以为普天下的大明子民,都过着这种其乐融融的日子。

明武宗朱厚照好玩成性，紫禁城的高墙早挡不住他了。他不甘宫内枯燥的生活方式，经常偷偷离开大内，住进豹房日夜淫乐。豹房原址，据说在皇城西苑太液池西南岸临近西华门的地方，即今天北海公园西面。图为当年负责在豹房值更的侍卫佩带的铜牌。

清朝入关之初，为保持满洲本色，严防本民族汉化，曾采取了一系列相应措施，这在衣食方面也能反映出来。入关前的满族，生活在寒冷的东北地区，是以狩猎采集和半游牧为主要生产生活方式，故而他们穿着的衣服比较宽大，衣袖窄小，呈马蹄样式。入关后，这种衣饰形式不仅得到保留，还对不同阶层的人做了明确规定。皇帝贵为天子，衣饰享受最高等级，在不同场合穿不同的衣服，重大典礼活动穿衮服，上朝理政穿朝服，喜庆节日穿吉服，平时起居穿常服，外出巡幸穿行服。穿不同服装时，戴不同的帽子，如朝冠、吉冠、便帽等。不同季节，更换不同质地的衣服，如冬季穿皮棉，夏季穿纱绸，春秋两季穿袷服。服饰色彩上，也有严格的等级制度，皇帝的朝服、吉服"色用明黄"，并绣以历代皇帝专用的金龙纹饰、十二章纹饰和海水、流云等象征江山万代的图案；皇帝的行服常服，多选用蓝紫、酱红、驼、姜黄等颜色，或织团龙，或织福寿。清代皇帝的服装，由江南三织造——苏州、杭州、江宁织造署负责定制，每年按季节运至清宫。宫内设衣服库和尚衣监，收贮皇帝的四季服装。有关皇帝每日穿戴情况，在中国第一历史档案馆收藏的清宫《穿戴档》中，有翔实记载。如从乾隆二十年（1755）正月初一子时一刻开始，乾隆帝在宫内举行元旦辞旧迎新典礼，一个上午就更衣三次。可见，服饰对于皇帝来说，不仅在于防暑御寒，更是为了体现皇权的神圣与尊严。

皇帝吃的饮食叫"御膳"，吃饭称"传膳"或"进膳"。清代皇帝，每日两次正餐，外加一次或两次点心酒膳。皇帝吃饭，无固定地点，大多在寝宫或办事地点传膳。传膳时，御膳房太监各负其责，背桌子太监将三张方膳桌拼在一起，铺上绣有金线的桌单，其他太监手捧红色漆盒鱼贯而入，将各种菜肴、馒头、花卷、饽饽、

清朝皇帝的冠帽，分为冬朝冠、夏朝冠、吉服冠、常服冠、行服冠和雨冠数种。

清帝在重大庆典活动时，穿着的礼服及配饰。

清朝皇帝服饰名目繁多，常服即平时所穿衣着，以江山万代命名，是希冀国祚永久的体现。

米饭、糕点,及各种羹汤迅速端上桌,待皇帝落座后,侍膳太监先查看每道菜羹中的试毒银牌变不变色,再尝一尝,发现没问题,皇帝才拿起筷子进膳。皇帝用膳,大多一个人单独进行,没有特别旨意,任何人不能与皇帝同桌进膳。乾隆帝倒是经常陪侍皇太后用膳,体现了他对母后的孝道与尊重。

皇帝所食饭菜,十分讲究,不仅要色香味型俱全,还要荤素搭配,咸甜皆有,汤饭并用,营养丰富。以乾隆五十四年(1789)正月初二日早膳为例,据中国第一历史档案馆收藏的清宫《御茶膳房·膳》第218号文件记载:"养性殿进早膳,用填漆花膳桌摆,燕窝挂炉鸭子挂炉肉野意热锅一品,燕窝口蘑锅烧鸡热锅一品,炒鸡炖冻豆腐热锅一品,肉丝水笋丝热锅一品,额思克森一品,清蒸鸭子烧狍肉攒盘一品,鹿尾羊乌叉攒盘一品,竹节卷小馒首一品,匙子饽饽红糕一品,年年糕一品,珐琅葵花盒小菜一品,珐琅碟小菜四品,咸肉一碟,鸭子三鲜面一品,鸡汤膳一品;额食七桌——饽饽十五品一桌,饽饽六品、奶子十二品、青海水兽碗菜三品共一桌,盘肉十盘一桌,羊肉五方三桌,猪肉一方、鹿肉一方共一桌。"这么多的饭菜,皇帝怎么吃得完?吃剩下的,赏赐妃嫔和大臣。

皇帝进膳所用餐具,都是选用金、银、铜、锡、玉、漆、瓷等名贵材料制成,式样别致,纹饰华美,不仅有御用的盘、碗、碟、杯,还有特制的各种

皇帝进膳专用餐具

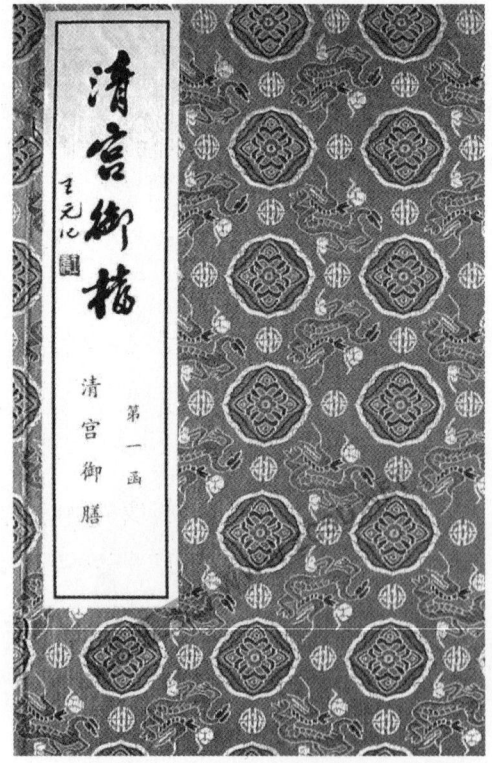

根据宫内膳底档整理的《清宫御膳》,内容比较确凿可信。

火锅、暖锅、一品锅等。一品锅为在一特大锅体内，再置数个暖碗，锅下端备有银制酒精碗，使用时将酒精点燃，使锅内受热，碗内的各种食品，可在相当时间内保持温度。锅体外沿设有五个支架，架上摆放调味碟，使皇帝能吃到不同味道的食品。清宫藏一品锅，多为锡制，呈瓜形、方胜形、椭圆形，或四方委角、六方委角形，上面雕刻福寿、八宝及卍字纹，寓福寿吉祥之意，显示出皇家饮食器具的气派。

《宫女谈往录》，记述了一位随侍慈禧达八年之久的宫女何荣儿对往事的回忆。

有本叫《宫女谈往录》的书，通过一些宫女的回忆，记录了清末宫廷生活起居方面的情形，其中也谈到慈禧太后的日常膳食。据说，慈禧特别喜欢喝粥，每餐光是粥就要准备五十余种，外带一百二十几样菜肴。慈禧身边的秀女德龄，则在《御香缥缈录》一书中，谈到慈禧为保持皮肤细嫩，每天得喝大半盅人乳。为此，要经常雇用三个体格相貌姣好的刚生育过的少妇，每天早晨轮流挤出乳汁，供慈禧服用。德龄还写道："记得我进宫后第二日早上，瞧着她把那么一盅人乳喝下了肚去，心上总觉得有些异样的不安，竟以为太后是一个善于害人的'老妖怪'，她的喝人乳，就等于魔鬼们的喝人血，那个挤乳汁给她喝的乳母，不久也许就会枯竭而死。"这位叫德龄的人，是清廷驻英公使的女儿，自小在伦敦长大，对这种事情当然看不惯。

每天常朝以后和晚膳之后，是皇帝娱乐消遣的时间。清宫娱乐活动项目很多，有琴棋书画、花鸟鱼虫、文玩风筝等等。由于每位皇帝的个人喜好不同，娱乐内容也不尽相同，各朝最常见和最普遍的娱乐活动是看戏。宫内一般每月初一、十五演戏，过年过节演戏，皇帝、皇后生日也要演戏，而且往往一演就是十几天的连台大戏。皇帝平日想看戏时，还可以随时传唤戏班子。为了让皇帝看好戏，清宫内专门成立管理戏班的机构——昇平署，特建一座三层高的大戏台畅音阁，以及名为漱芳斋、倦勤斋的两座小戏台。乾隆帝非常喜爱戏曲，宫中添置了大批演戏行头和道具，将演戏内容绘成画册，以便随时翻阅。清末慈禧太后，更是个戏迷，几乎天天看戏。

走 进 大 内
细说明清皇权帝制

畅音阁戏台,为宫内演大戏用的最大的室外戏台。共分三层,上层为福台,中层为禄台,下层为寿台。上中下三层,可以同时出现人物、鬼怪、神仙。寿台台面有五个地井和三个天井,在此演戏,可上通天界,下至地狱,给人以更为全面强烈的视听感受。

漱芳斋戏台,是紫禁城内的中型戏台,在御花园西侧院。每年元旦、万寿等重要节日,均要在此唱戏。有时在宫内畅音阁大戏台唱罢后,余兴未消,便来此接着唱,直至曲终人散。

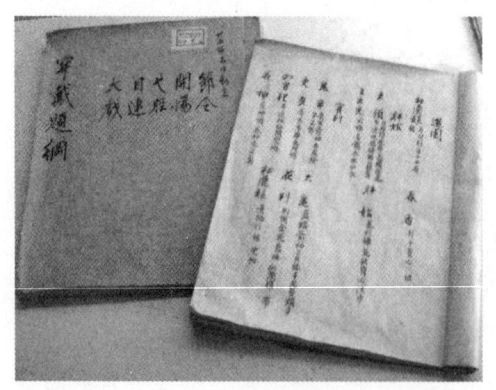

清宫戏单

风雅存戏台,是宫中室内的小戏台,位于漱芳斋后殿内,在小型宴饮时使用。

此系《元宵行乐图》。清廷认为正月十五上元日是个寓意阖家团圆的节日，每年都要以热烈的方式欢度此节日。

清宫廷画师所绘《十二月令图·乞巧》。宫内对年节习俗中的七月七日乞巧节也极为重视，规定在这天要设供献四十九种，由帝后率内廷妃嫔对月拈香行礼，祭拜牛女星君。有意思的是，在这类绘画题材中，他（她）们很愿意以身着汉妆的样子出现。

除看戏外，大大小小的园林，也是皇帝娱乐的场所。宫内主要的御园，有慈宁宫花园、建福宫花园、宁寿宫花园和御花园。宫外，更有许多离宫别苑，如毗邻紫禁城的西苑，西郊的圆明园、清漪园等。皇帝在园林里居住休息，经常举行各种游乐活动：如夏季在西苑南海的瀛台钓鱼；立秋后的中元节在西苑建盂兰道场，太液池中设荷花灯，皇帝登舟游荡其间；数九隆冬日，又在太液池观冰嬉等。清代宫廷画家金昆、程志道、福隆安合绘的《冰嬉图》卷，就是表现皇帝观看冰嬉的写实绘画。另一幅《道光行乐图》，则表现皇帝一家的天伦之乐：在幽雅精巧的皇家庭苑内，道光帝坐在敞亭中，兴致勃勃地观看幼童嬉戏玩耍，公主们则站在梅枝前观赏，年龄稍大些的皇子们，端坐在亭内读书习字。全图颇富家庭情趣，表现了身居九五的皇帝与平民百姓一样，有着喜怒哀乐和追求家庭幸福的愿望。

冰嬉是满族在关外就有的一种大众性体育活动，入关后带入宫中，称为"国俗"，并为"国制所重"。它原本纯属军事演习性质的溜冰，后逐渐演变为专供王公贵族娱乐的竞技活动，乾隆朝最为兴盛。

《道光帝行乐图》卷，道光帝端坐在书案前凝眸远望，两位嫔妃侍立亭下，另一座亭子内皇子奕詝、奕訢兄弟二人分别坐于案前读书习文，两亭之间三幼子正在放飞风筝。道光一朝，可谓多事之秋，令道光帝聊以自慰的是，家庭生活尚属宁静。

晚上酉时以后，也就是19点左右，皇帝进一次晚点或酒膳，默念一阵佛经，或稍事休息，便开始沐浴入寝。顺治、康熙二帝，以乾清宫西暖阁作为寝宫，自雍正帝开始，历代皇帝都住在养心殿后殿。养心殿后殿面阔五间，正间设宝座床，是皇帝在寝宫召见大臣的地方，东西次间是卧室，各设一铺寝床，寝床很宽大，锦绣被褥，双重丝绸床帐，帏幔低垂，显得无比豪华。

按照清代家法，幼年即位的皇帝，到了成婚年龄，举行过大婚礼仪后，新婚夫妇在坤宁宫东暖阁洞房，只能共寝三日，然后各回各的寝宫。平时，皇帝不能到妃嫔宫里过夜，若需要哪位后妃侍寝，把她们召到皇帝寝宫。被召幸的后妃，当晚不再回自己的寝宫，但也不能整夜陪侍皇帝，与皇帝云雨过后，到另一间暖阁的寝床上入眠。

我们在一些反映清代宫廷生活的影片中，常看到这样的镜头——夜幕降临，皇宫一片寂静，两个太监把一个赤身裸体的女子裹在红锦被里，扛在肩上，送进皇帝的寝宫。这倒符合当时的实际情况。按照清廷规矩，无论皇后妃嫔，还是其他等而下之的女子，凡承幸为皇帝侍寝之夕，先要脱得赤条条的，以兰汤洗净全身，专等太监前来，将其一丝不挂地裹入被中，送到皇帝寝宫。而皇帝想行幸某位妃嫔之前，先要在太监端上的银盘里，将写有这个妃嫔名字的竹签翻过来，以便通报预备。也有的文献说，皇帝欲行幸某妃嫔，事前得由皇后传谕，让此女做好相应准备。此谕须钤有皇后印玺才行，若有谕而未钤玺，皇帝圣驾虽至，此女亦可拒绝服务。据说，有一天光绪帝情绪欠佳，想与一位叫凤秀的宫女交欢，告知皇后，皇后未允，光绪帝再次恳求，皇后无奈，只好传谕钤玺，光绪帝才得临幸。此外，后宫还设有敬事房这种机构，专门记录皇帝的性生活。皇帝临幸某女，由敬事房太监记下年月日期，以备承幸者有身孕时，可以查验。这本《承幸簿》属特殊文献，皇帝在世时，除皇帝本人之外，只有太后有权调阅，皇帝驾崩后，它便随之销毁，绝不在人间留下痕迹。

清宫敬事房，设于康熙十六年（1677），是负责料理帝后生活的机构，包括安排皇帝与后妃的性生活。当皇帝和女人同房时，敬事房太监必须详细记录年月日及准确时辰，以作为日后受孕的证据。

清朝皇帝的夜生活，依然沿袭着明代"翻牌子"的制度。因为，清朝皇帝也认为这种制度，对查清子女是否确凿地出自自身血统，至关重要。

清代，由于几位皇帝十二三岁、十四五岁就大婚，故常由富有经验的宫女来给小皇帝或太子进行性启蒙。

封建皇帝占有女性，是极为贪婪的。从理论上讲，他可以随意占有后宫除太后以外的所有女人。近代学者都称咸丰帝为好色之徒，因为他不但后妃众多，还胆敢违背祖制蓄养汉女，命心腹到江南购得妖冶女子四人，分别命名为杏花春、武林春、牡丹春、海棠春，朝夕供他玩弄，终于弄得一病不起。时人在《十叶野闻》中指出："文宗眷汉女，其目的所在，则裙下双钩是也。宵娘新月，潘妃莲步，古今风流天子如一辙哉！"就是说，我国古代最为世界所诟病的女子缠足恶习，不知迷倒过多少以此为美的男人，连咸丰帝也成了这嗜痂成癖的一员。由于满洲妇女天生不许缠足，他就去苏杭物色汉族小脚佳丽。

中国皇帝和妓女来往，几乎历代都有，但像咸丰帝那样，和大臣同时与某妓发生关系，就比较罕见了。这位艺妓是个雏妓，名叫朱莲芬，美艳动人，善唱昆曲，楷书也写得好。咸丰帝发现她后，爱怜不已，时常召幸。与此同时，都御史陆某和吏部官员龚引孙等人，也喜欢上了朱莲芬。其中最痴情的，是那位陆都御史，他见朱莲芬时常被召入后宫，由皇帝独享，就上书给咸丰帝，劝告皇帝要遵循祖制，勤于政务，并引经据典，洋洋数千言，写得义正词严，气势磅礴。咸丰帝看过奏章捧腹大笑，说"陆都老爷吃醋"，在奏章上批了几句话："如狗啃骨头，被人夺去，岂不恨哉，钦此。"但并未因此惩治陆某。

真可谓有其父必有其子，同治帝载淳十八岁亲政后，未尝不想有所作为，但政权握于母后之手，加以慈禧强行干预他的婚姻，使得载淳干脆采取逃避态度，朝政一概不管，"终年独宿乾清宫"。若果真是"终年独宿乾清宫"，便不会发生意外之事。问题是，载淳正当血性贲张之年，郁闷难耐，左右又有人时时勾引，净

德龄是清廷驻法国公使裕庚的女儿，满洲正白旗人，母亲是法国人。她随父母在法国生活了六年，具有比较开阔的视野和渊博的知识。慈禧得知德龄通晓外文及西方礼仪，将其召入宫中做传译（翻译）。

帮他找些异常乐趣,不久就溜出宫禁,到内城私窑子里去取乐。那种地方,极易传染性病,载淳很快染上梅毒。清代史书以及官方人物所作的笔记日记之类,都说同治帝死于天花,有人则很难苟同,认为这只能表明,这是在将梅毒当作天花来治,因此断送掉同治帝的性命。

有的皇帝为寻求性刺激,达到性满足,还津津乐道于房中术,找人来教授密法,进奉丹药,以便可以玩弄更多女人。明代皇帝除了崇祯帝外,个个都是精通房中术的肉欲之徒。明代宫中规定,凡是皇帝临幸过的女人,必须登记造册,第二天要报名谢恩,然后由皇帝封赏名号。由于嘉靖帝临幸的女人实在太多,有时一天竟达数十人,致使该项宫规大乱,谢恩封赏就顾不上了。清代

同治帝载淳十九岁便病死宫中,亦为迷雾重重之大清疑案。

皇帝在渔色方面,较之明代皇帝,要收敛得多,或者说要谨慎些,不像明代那么明目张胆。但房中术在清代后宫肯定不会绝迹,只是不知是不愿意张扬,还是有意隐瞒,有关清帝的淫行绯闻,绝少出现在史籍秘档中。至于说咸丰时大臣彭毓松因进献春药才受到宠信,被破格提拔;翰林丁文诚在圆明园误用某种鲜美之物后阳具暴长,情不自禁地到处乱跑,引得满园人谁见到他都哈哈大笑;同治年间大臣王庆琪常与同治帝一起探讨淫书《秘戏图》等,可能是野史传闻,姑妄听之。

但凡对中国历史有所了解的人,都会发现历代开国皇帝活得年寿都比较长,中叶以后在位的皇帝享寿渐短,而到了这个王朝的末世,就只是些大大小小的孩子在做皇帝了。以清代为例,开国的太祖武皇帝努尔哈赤,享年六十多岁;继位的太宗文皇帝皇太极,死于征战辛劳;入关的世祖福临因出天花,仅活了二十四岁;而继位的康熙帝,却活了六十九岁;之后,雍正帝活了五十八岁;乾隆帝活

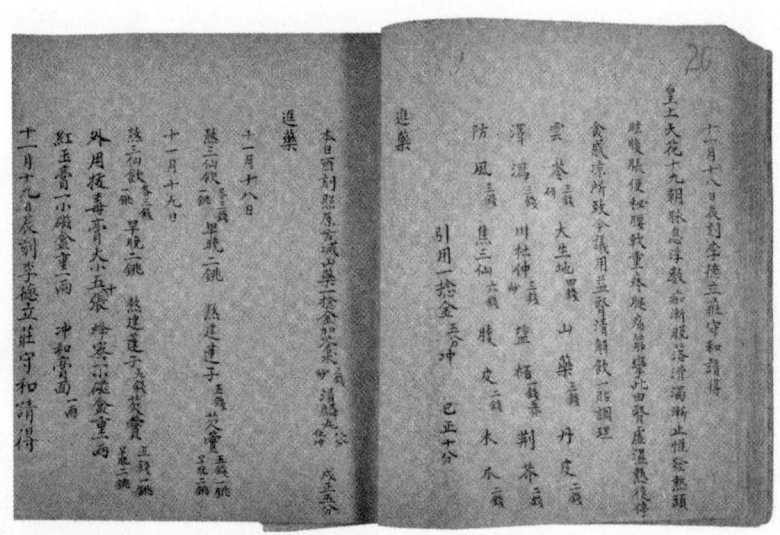

《同治帝患天花进药档》

到八十九岁；乾隆帝的儿子嘉庆帝、嘉庆帝的儿子道光帝，也能寿逾六十以上；道光帝的儿子咸丰帝，只活到三十一岁；咸丰帝的儿子同治帝，十九岁死去；光绪帝继位时只有四岁，在位虽三十四年，总共不过三十八岁；宣统帝嗣位仅有三岁，三年后大清王朝终结。这一方面与国运隆衰息息相关，一方面也与他们所负担的压力不同有关。大致而言，开国皇帝深知创业艰难，比较不敢放纵，早期和中期继位之君，也还能知道守成之不易，不敢过分失德，后期子孙就什么都不顾了，一味纵欲自戕，直到把江山社稷折腾完。

分析中国帝王的寿命情况，还会发现这样一个事实——帝王的寿命，与体质、学识、个性等因素相关。通常的情形是：开国皇帝寿命长，守成皇帝寿命短；学识渊博者寿命长，心性狭隘、见识短浅者寿命短；富有仁爱之心者寿命长，阴毒狠辣、纵情声色者寿命短；性情开朗、能屈能伸，将个性挥洒得淋漓尽致者寿命长，天性懦弱、受尽压抑和屈辱者寿命短。

乾隆帝享年八十九岁，是中国历代帝王中寿命最长的。在"人到七十古来稀"的封建时代，谈到乾隆帝的长寿秘诀，不能不注意到对于养生，乾隆帝自有一番独特见解："'事烦心不乱，食少病无侵'，此二语为予养心养身良方，原别无求长生之术也。"他认为若遇事不冷静，心随事迁，则不能保持平和心态，容易劳神致伤。他的饮食也比较节制，从不暴饮暴食，从不举行夜宴，很少饮烈性酒。本着"事烦心不乱"的原则，尽管他政务繁忙，却能数十年如一日，沿用一套固定的生活起居程序，少有更改。重视锻炼，是他得以岁至耄耋的有效途径。清朝以骑射定天下，乾隆帝从小就能挽弓驰马，深得皇祖康熙帝嘉奖。继位后，无论是年年去热河木兰秋狝，还是在京郊南苑行围打猎，他都能做到以身作则，表现出色。由于他终生勤习武事，故身体康健，体力过人，"七旬四寿尚弯弓"，七十四岁了还能射箭。冰上运动，也是乾隆帝的爱好之一，年少时常坐在冰床上嬉戏，年老体弱后，则代之以观赏冰嬉，或下围棋放松身心。乾隆帝对补益药物很有研究，据档案记载，他常用的补益之剂，有健脾滋肾壮元丸、龟龄酒、松龄太平春酒、椿龄益寿药酒及秘授固本仙方等。他对这些药物，从药性优劣到剂量多寡，都知道得清清楚楚，并根据服用效果酌加增减，俨然是一位营养保健品专家。

历代皇子皇女多夭折，清朝尤其严重。清末同治帝没有遗胤，他的姨弟光绪帝也后继无人，宣统帝同样如此，真是有点怪。然而，这一切又都可以解释。清代自顺治帝建立统一的全国政权，到宣统帝灭亡，共经历10代君主，3代没有子女，另外7个皇帝，共生育子女146人，其中竟有74人在十五岁以前夭折。应该说，皇子皇女在保育方面不会有问题，何以出现这么高的死亡率？而且，我们又看到这样一个事实：皇帝的头几胎子女，多是短命鬼。顺治帝的长子、长女是这样，康熙帝的头六个子女，都在四岁以前亡故；雍正帝的长女和头三个儿子，也是幼年殇逝；乾隆帝的长子、次子及次女，分别活了二岁、九岁、一岁；嘉庆帝的长子和长、次女，均于四岁以前离开人世；道光帝的头六个子女，和康熙帝的一样，没有一个能活到成年；咸丰帝的长子，也是幼殇。

最终，答案找到了，死去的这些婴幼儿出生时，他们的父亲年龄还小——顺治帝十五岁得其长女；康熙帝十四岁做了父亲，所夭亡的头六个孩子，全是他在十八岁以前生养的；雍正帝所殁的长子长女，是他十七岁那年生下的。这里说的皇帝年龄都是虚岁，按实足年龄计算，要减去一岁，生育得十月怀胎，又要减去一岁。如此算来，康熙帝的第一个儿子，是用他十二岁时的精子怀胎，十二岁还是少年时代，自身发育尚不完全，而夭亡者的生母，也是和皇帝一般大小的少女，发育也不成熟，他们结合生育的子女，当然先天严重不足，缺陷甚多。总之，先天不健全，是清代皇子皇女殇逝的主要原因。

皇帝成年以后，自己的身体是发育成熟了，但妃嫔众多，性生活没有节制，所生育的子女，也仍然多不健全。当然，皇帝子女的多寡，同他们享年有一定关系。如顺治帝死时才二十四岁，如果他能长寿，可能还会添不少子女。但也不一定，咸丰帝二十六岁有了载淳之后，还活了五六年，且正处在生育旺盛的年岁，却没再添子女，这只能表明他整天胡来，失去了生育能力。同治帝死年十九岁，年纪虽轻，已大婚两年，后妃五人，若有生育能力，早该有几个子女了，却一个也没有。光绪帝享年三十八岁，始终是个绝户，显然与他年龄无关，原因在于生殖器不正常。清代自咸丰帝起，皇帝均享年不永，子女奇缺，确实是极不景气的现象，而这种式微，与国势衰弱又相一致。两者之间，有互为因果的关系：皇帝虚弱，无力励精图治，国力不充，也使皇帝忧虑，心劳日绌，健康恶劣。在这样的情况下，像咸丰帝、同治帝那样，再不节制性欲，只能早早死去，遗下弱嗣，甚至没有血胤。

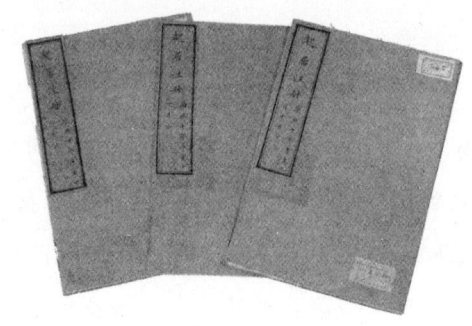

康熙帝《起居注册》

康熙有个很好的生活习惯，即进膳后，或只讲开心事，或欣赏自己喜爱的古玩字画。他认为这样可以帮助消化，并说"朕用膳后必说好事，或寓目于所爱珍玩器皿，如是则包含易消，于身大有益也"。

康熙二十八年（1689），康熙率家眷及王公大臣从正阳门出发，经宣武门和广安门准备南巡的启程仪式，由于这是一次盛大而重要的政治活动，动用了最隆重的卤簿仪式，使用的是规格最高的大驾卤簿。

君王起居——穷奢极侈恣性纵欲

雍正帝读书像，头戴吉服冠，身穿吉服袍。

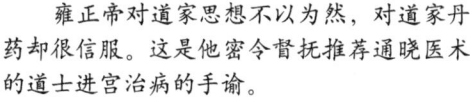

雍正帝对道家思想不以为然，对道家丹药却很信服。这是他密令督抚推荐通晓医术的道士进宫治病的手谕。

《雍正帝十二月令行乐图》中的《八月赏月图》。雍正帝极为勤政节俭，他不事游猎，除了到东陵祭祀外，不曾离开过京城，生活环境基本上限于紫禁城与圆明园之间。他命画工绘制的十二幅圆明园内行乐图，并不是完全写实的作品，但也展现了一年十二个月宫廷生活的各种场景。

自雍正帝将养心殿作为寝宫后,清朝历代皇帝皆居住于此。

雍正帝自视为不穿僧服的野盘僧。他有一首题为《自疑》的诗:"谁道空门最上乘,漫言白日可飞升。垂裳宇内一闲客,不衲人间个野僧。"在他扮演各种角色的行乐图中,也有身着喇嘛活佛衣帽、甚至穿西服打领带的形象。

君王起居——穷奢极侈恣性纵欲

乾隆帝弘历,作为清朝盛世期的最高统治者,闲暇之余广学博览,他大概也是整个中国历史上最为儒雅的帝王。

乾隆二十五年(1761),紫光阁修缮完成,乾隆下旨将平定准部、回部的一百名功臣画像张悬于四壁。次年正月,乾隆帝又在此设庆功宴,王公贵族、文武大臣、蒙古族首领以及西征将士百余人出席。此画描绘了当时宴庆的宏大场面。

乾隆帝以孝子自居,每逢皇太后寿辰,他都要亲自祝寿,举办隆重的庆寿仪式。图为乾隆帝在太后居住的慈宁宫中,为其母举觞祝寿的场景。

此图描绘嘉庆帝身着汉装在宫中鉴赏书画古玩。

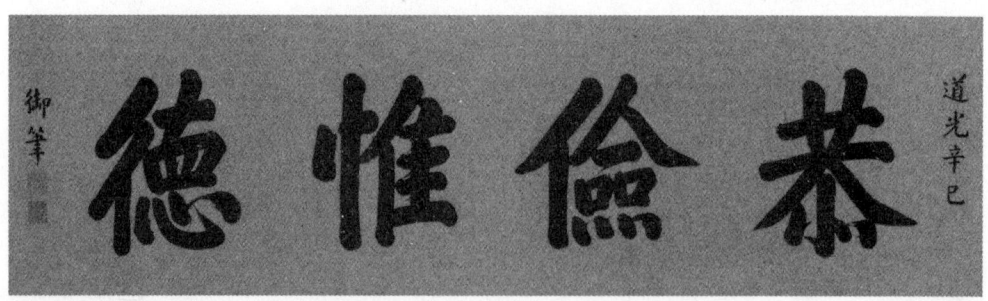

道光帝御笔,继位伊始书写。力行节俭,是道光帝的主要执政思想,也是他的行为准则,终身恪守,视为美德。他本人生活就克勤克俭,身体力行到令人难以置信的程度。但他只是克制了自己,至于社会上如何声色犬马,奢靡无度,为其梦想不到。一个大国君主不去考虑如何开源兴利,只是斤斤计较于如何"减膳"、"打掌"(朝服上打补丁)这些细节,难免有舍本逐末之讥。

君王起居——穷奢极侈恣性纵欲

日常生活中的道光帝，不嗜酒色，兴趣唯在诗文。这幅《情殷鉴古图》轴，写实性很强，清道光帝静坐于奇石之上，手握古书，目视前方，若有所思，是他于万几余暇时所追求的士大夫生活情趣的剪影。

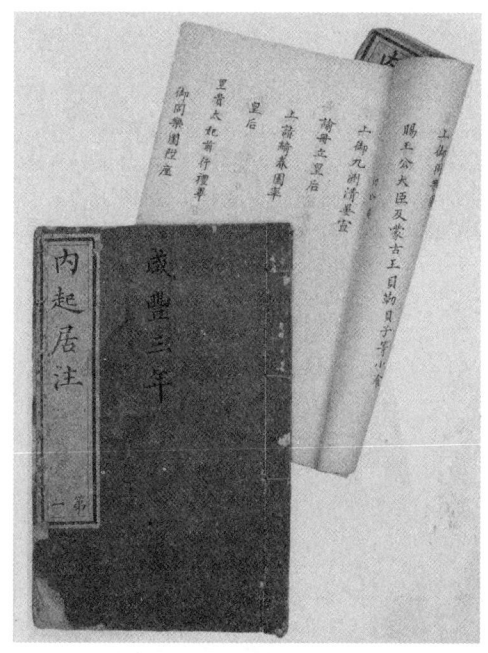

《咸丰三年内起居注》书影

咸丰帝大公主、大阿哥荷亭晚钓图

慈禧太后为满足个人享受，在当时世界列强全力发展海军、谋求海洋霸权之际，花巨资构筑了这座石舫。

慈禧太后在颐和园里扮观音，太监李莲英（右）扮护法神韦驮，四格格扮龙女（左）。

慈禧太后宫内雪后出行图

皇子教育
——因其材力各俾造就

在中国历史上，凡是头脑正常的皇帝，出于万世一系的考虑，无不特别重视皇子教育。这是因为，皇子教育的效果如何，尤其是那位未来可能继承皇位的太子的德行与才能如何，常常关乎本朝江山的稳定。

秦始皇是中国第一位以皇帝自许的人，以前的中国，有三皇，有五帝，就是还没人自称皇帝。秦始皇之所以在帝位概念前加了个"始"字，一是为彰显自己扫六合成一统的肇始之功，认为既然有始皇，就该有二世、三世，以至万世。然而，封建帝王无不祈盼他们的天下万世长存，事实上自古以来又没有不灭亡的朝代。也许正是意识到这一点，才更激起某些帝王的警惕，千方百计防止皇统中断，注意怎样教育自己的子孙。

元末天下大乱，朱元璋在群雄逐鹿中披荆斩棘，好不容易建立起大明王朝。因此，如何让自己开创的帝业传之久远，就成为他日夜思考的头等大事。这位因为自幼家贫、本人没念过书的开国皇帝，对于太子及诸皇子的教育，却表现出异乎寻常的热情，一再强调"朕诸子将有天下国家之责"，要"因其材力，各俾造就"。他不但广搜天下图书充斥宫廷，保证让儿孙有读不完的书，还征召天下名儒进宫，轮流为太子和诸皇子讲授学问。当时的著名学者宋濂，就在宫中教导太子十余年，对太子的一举一动，耳提面命。朱元璋还不断向儒臣指示教育皇子的方法，要求他们自身必先成为皇子言行的楷模，同时要求应多教给皇子实际学问，少搬弄那些没用的辞章。为了重点培养太子朱标，朱元璋煞费苦心，选来不少端人正士作太子宾客，朝夕向太子灌输"帝王之道，礼乐之教，往古成败之迹，民间稼穑之事"，并有意让朱标实习皇帝政务,学着批阅奏报,处理案情。但也可能越是这么折腾,越会事与愿违,朱标还没等到接班,就累病而死。朱元璋为此很伤心,但没有灰心,又把这番心血倾注到皇太孙朱允炆身上,如法炮制他那套教育程序,告诫皇太孙只有像爷爷一样,勤于政务,办事果断,才能保有天下。

朱元璋坚持以猛治国,为此不惜杀人如麻,故他的教子原则,也是教子以酷。对于这个要求,皇四子朱棣不难做到,皇太子朱标做不到,皇太孙朱允炆也没做到。

朱元璋没有想到,不仅他亲自选定的继承人没能保住皇位,连同他的教育思想,也未被后代继承。明代历时276年,除了宣德年间和正统前期算是少有的清明时期,以后的皇帝一个不如一个,个个都荒唐得出格。

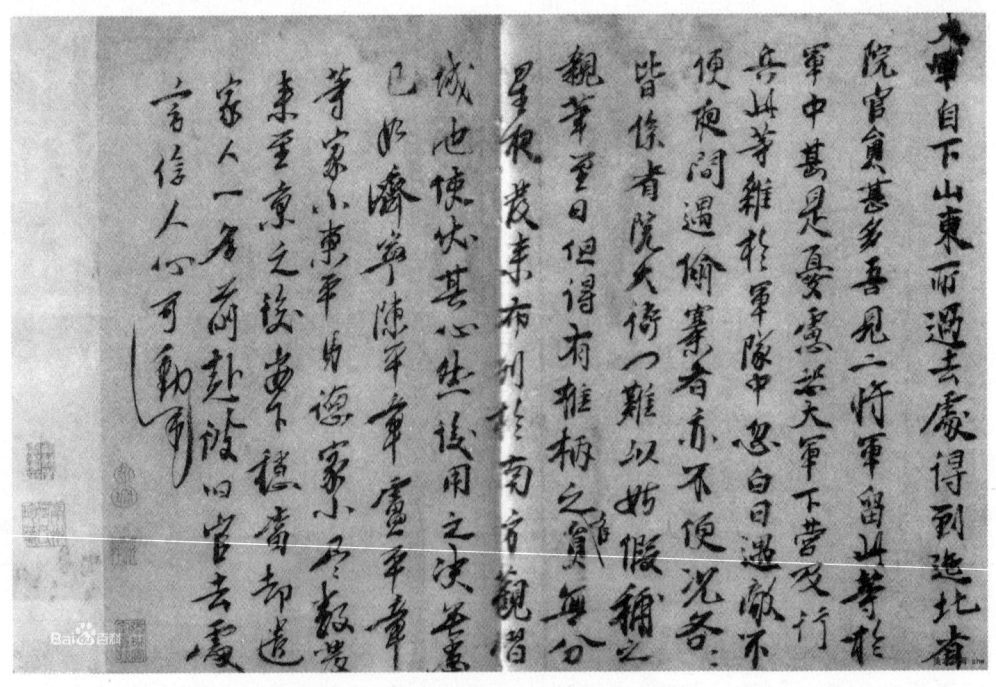

朱元璋这位自幼家贫、没念过书的开国皇帝,非常重视文化,不但极爱学习,悟性也高。这是他手书的《大军帖》,笔力之遒劲,胜过许多大儒。

皇子教育——因其材力各俾造就

明弘治十八年（1505）夏天，淫雨不断敲打着紫禁城的琉璃瓦，嘀嘀嗒嗒的雨水声和铅灰色的天幕，弄得人心烦意乱。时人也许以为这是上天垂泪，哀悼那位还算勤政的明孝宗驾崩，但也有人认为，这预兆着新君朱厚照不是好东西。果然，大约在朱厚照登极三个月后，朝臣们就发现新天子顽劣异常，整天与宦官刘瑾泡在一起，根本不理朝政。其实，这位正德皇帝从小脑瓜很灵，就是不爱读书，也不做任何正经事。关于这一点，他的父亲明孝宗看得很清楚，在遗诏中特意指出，朱厚照"好逸乐"，让大臣们"教之读书，辅导成德"。但这可太强人所难了，孝宗在位时都无从管教，临终却要求大臣们完成这任务，把朱厚照培养成一个符合传统要求的储君，岂不是难上加难吗？

明孝宗对于自己儿子朱厚照是个什么东西，比谁看得都清楚。朱厚照当太子时，就荒淫无度，花样百出，当上武宗皇帝后，更是随心所欲，到处乱跑。他不但是明代，也是整个中国历史上最荒唐的皇帝之一。

明代最可怜的皇帝，当数崇祯帝朱由检。不过，他到临死也没想通，"朕非亡国之君"，怎么就把祖宗基业给断送了呢？他显然搞不明白，做不做亡国之君，并不完全由自己决定，不到亡国之时，做不了亡国之君，到了亡国之时，即使朱元璋再世，也挽不回来。不过，倘若朱元璋地下有知，知道二百多年后朱由检在太庙挥刀砍死公主，然后独自跑到景山，在歪脖子树上自缢，想想自己曾费尽心机制定的万世之法，最该肝肠寸断的人，应该是他。

清代的皇子教育，为历朝历代所不及，相对来说做得比较好。若就形成制

古典戏文中，常有表现明崇祯帝自缢前砍杀公主的绝望情节。

度而言，是从康熙时期才正式开始的。在这之前，无论是努尔哈赤，还是皇太极，主要精力都放在开国争天下上，儿孙们年岁稍长，便赋予兵权，让他们把协助父祖谋取帝业，作为锻炼本领的最佳途径。顺治帝福临，以冲龄登临大位，去世时才二十三岁，加上当时全国正处于战争环境，他也抽不出精力去关注皇子的教育。

玄烨能当上康熙皇帝，成为一代名君，完全是顺治帝母亲孝庄皇太后悉心培养的结果。孝庄天性聪慧，也很爱学习，对满、蒙、汉文化都有相当程度的了解，同时又有在皇太极、福临两朝三十余年的辅政经验，所以无论安排孙儿的学习，还是指导孙儿处理政务，都得心应手，游刃有余。此外，由于她性格一向深沉、坚韧、果断、敏锐，心胸开阔，待人比较宽厚，这对玄烨性格气质的养成，也产生潜移默化的影响。孝庄的晚年是幸福的，爱孙在她的精心培养下成长起来，表现出非凡的治国才能，清朝在各方面都呈现出欣欣向荣的景象。同样令孝庄欣慰的，是爱孙玄烨对自己无微不至的孝敬。长年生活在清宫的法国传教士白晋，在给法王路易十四的信中写道："像（康熙）皇帝那样最出色、最典型的孝道，甚至在中国历史上是空前的。正因为有太皇太后曾对他有养育之恩，所以皇帝对她在一切方面的体贴顺从，也达到了使人难以置信的程度。"确实，孝庄精心培养起与孙儿的感情，精心设计了她所满意的祖孙关系，精心教诲出中国封建社会为数不多的十分出色的皇帝，这是新兴的满洲贵族入主中原后，正处于蓬勃向上的时期才能出现的现象。如果将其同清末慈禧太后与亲子同治帝载淳、亲甥光绪帝载湉的关系做一比较，就更能显出孝庄的可贵。

康熙帝多子，他从十四岁至六十五

孝庄皇太后（1613—1688），顺治帝母亲，康熙帝祖母。她非常疼爱自己的孙儿，玄烨从小就受到她认真严格的教育和培养，为日后统治国家打下良好基础。玄烨登极后，她更是尽心竭力地辅助孙子，让他在实践中增长治国安邦的才干。

皇子教育——因其材力各俾造就

康熙帝多子女,他从十四岁至六十五岁长达五十二年期间,共生育皇子三十五个,公主二十余个。他也是清代皇子教育的开创者与奠基人,在他的苦心培养下,康熙朝皇子的整体素质,居清朝之首。

岁长达52年期间,共生育皇子35人,公主20余人。前面说过,康熙帝乃是清代皇子教育的开创者与奠基人,在他的苦心培养下,康熙朝皇子的整体素质,确实居清朝历代之首。而且,人们后来发现,康熙帝的教子方针与诸皇子的受教情况,对于这些天潢贵胄其后在政治舞台上的所作所为,有莫大关系。

当年,从巩固满族统治地位、巩固清朝统治的长远目标出发,康熙帝在对诸皇子的施教中,首先确立以满文化为本、汉文化为用的教育宗旨。他指出:"汉人学问胜满洲百倍,朕未尝不知,但恐皇太子耽于汉习……即为汉人,此岂为国家计久远哉?"保持本民族文化的独立性,也就是保持满洲文化传统而不入汉俗,是自努尔哈赤建立大清基业以来,历代清帝力行之事,只是由于康熙帝处于满汉文化从冲撞转向交融的过渡时期,他的上述忧思,才具有这一历史阶段所赋予的特色。那时,因为入关日久,部分宗室贵族子弟身上,沾染上汉族公子哥习气。康熙帝深感不安,认为是不祥之兆。其后的历史,也果然证明,满语骑射被满洲贵族日渐遗弃的过程,与这一群体逐步丧失进取精神、渐趋奢靡腐朽同步,而当"满洲旧风"在他们身上已无踪迹可寻时,清朝灭亡之日也为期不远了。所以,为了使皇子们能够继承满洲文化传统,康熙帝曾在各种场合,通过具体事例,不厌其烦地向儿孙讲述满洲"旧典",所言涉及满族服食器用、住宅式样、生活习俗、举

胤禛于康熙年间所刻印章。"胤"是康熙帝诸子的排行,"禛"字在《说文解字》中意为"以真受福"。康熙帝为皇子赐名都取"示"旁,寄予了美好的愿望。

康熙帝御用櫜鞬。櫜是行围狩猎时盛箭的皮套。鞬是盛弓的皮套,俗称"撒袋"。

这两支双筒火枪,是清宫造办处专为康熙帝狩猎造的。

满洲正黄旗(左)正白旗(右)盔甲,皆面绸里布,上衣长73厘米,下裳长78厘米,头盔为牛皮质,故宫博物院藏。八旗兵后来是没出息了,可在清初入关平天下及清前期东征西讨时的那支大清劲旅,确曾所向披靡,锐不可当。

清宫内所设箭亭,供皇帝和皇子练习射箭。

康熙帝每逢国家有重大事件或用兵胜利,都要率皇子前往关外兴京、盛京等祖宗发祥之地游历,此举是为了使皇子们更深切地感受到先人创业的艰辛。

止言谈等各个方面,并亲自督教,以身作则。应当说,康熙帝诸子较好地继承了满族遗风,骑射技艺无不出色,满语文水平在清朝入关后历代皇子中,遥居总体第一。

  在保持满洲文化传统的同时,如何将皇子培养成满汉文化兼备,既熟知四书五经,又精通满语骑射,能文能武的栋梁之材,是康熙帝始终贯彻的培养目标。由于自幼就发愤研读儒家典籍,康熙帝的大多数皇子,具有较高的汉文化造诣,能文能诗。其中,不少人还工于书法绘画,皇太子胤礽的书法颇为出色,皇三子胤祉、皇四子胤禛、皇七子胤祐、皇十三子胤祥、皇十四子胤禵等人,字也写得甚好。

康熙帝皇四子胤禛读书像,看上去文质彬彬。

康熙帝皇八子胤禩画像

康熙帝九子胤禟画像

康熙朝皇十四子胤禵画像

皇子教育——因其材力各俾造就

该图描绘了康熙帝木兰秋狝时行围的场面,颇像一场大规模的军事演习。

康熙帝当年御驾亲征噶尔丹时,曾率众多皇子随行。

每年的木兰秋狝，是康熙帝训练诸子弓马技艺、并培养其统兵才能的机会。即使在他晚年体衰多病时，仍坚持木兰秋狝，亲自率领儿孙前往热河。一次长途围猎结束后，他从塞外给值守京城的步军统领隆科多写信，朱批中说："因去年所患足疾，朕艰于行走，在崎岖之地，朕亲眼看视，教导朕之子孙，令其行围。因小儿们皆善步行，各自多有猎获。"康熙帝诸子中，后来能够出现十四子胤禵这样率师西征、打败准噶尔军、平定新疆的帅才，绝非偶然。

为使皇太子以后承担起治国重任，诸皇子全部成为佐理之材，康熙帝还极重视

康熙朝皇太子胤礽画像

让他们参与政务，以便在从政实践中锻炼提高，增长才干。康熙四十七年（1706）初废太子事件发生后，康熙帝痛心地回忆道："朕无日不向皇太子胤礽言治理天下，爱育黎庶，维系人心之事。""屡次南巡江浙，西巡秦省，皆命胤礽随行。"这就说得很清楚，他这样做的目的，就是要使自幼长在深宫的皇太子，"谙习地方风俗，民间疾苦"。康熙帝三次劳师亲征准噶尔，一直由太子在京师代理政务，足见对皇储多么信任。而为了使诸皇子能亲身经历战事，康熙帝第一次亲征时，还将六位较年长的皇子，安排在出征的八旗各大营中。

如果说太子监国尚为历代封建王朝常有之事，那么在已立东宫的情况下，康熙帝让诸皇子共同参与国政，综理京城军政要务，则为实行嫡长子皇位继承制的汉族王朝所未有。康熙朝后期，每年去热河避暑，举行木兰秋狝期间，必要选定部分年长皇子留守京城，并分为数组，轮流在紫禁城及畅春园内外值班，办理康熙帝交付的重大事务，或以密折方式向他报告京师情况，处理外藩及藩国进贡事宜等。而在汉族封建王朝中，为避免皇太子与众皇子的矛盾，皇帝一般不委派普通皇子承办政务，即使有这种情况，也仅限于个别皇子，次数也很少。康熙帝的做法，则与此迥异，凡有重要之事，他往往首先与年长皇子商量，交付他们办理，或让他们参与办理。尤其是当他不在京城时，皇子们综理政务，掌握全局，其实

际职权，常在内阁宰辅、部院大臣及督抚大吏之上。

所以，无论太子教育，还是皇子教育，康熙帝的重视程度，以及他所花费的心血，在中国历代帝王中是仅见的。这可能是由于他年方八岁，皇父顺治帝就去世了，十岁时生母孝康皇后辞世，他对自己未能亲承父母教诲，一生深以为憾，这也许就是康熙帝倍加关心、疼爱皇储及诸皇子的重要原因。以至后人会想，他是否在将自己对儿子们所做的一切，视为对其个人幼年不幸的补偿。

康熙帝的教育思想，当然也有偏颇之处。譬如，他的等级意识强烈，充满自我优越感，认为自己教子的水准最高，满汉诸臣莫能企及。在这种思想指导下，往往不能对皇子有全面客观的认识，对其缺点也加以庇护，或诿过于他人。如因某位小皇子怠于学习，康熙帝竟杖笞皇子之师——满洲正白旗大臣徐元梦，即是典型例子。而且客观地讲，康熙帝似乎在具体知识与技能的传授和培养上，教子十分成功，却相对忽视了对诸子的品行教育。故而，他将皇太子和诸皇子培养成文武兼备之才的同时，也在亲手埋下皇储矛盾与储位之争的导火线，使之成为康熙后期妨碍皇权集中的最大掣肘。从这一角度看，康熙帝又是一位教子的失败者。

从雍正帝开始，限制皇子从政。康熙帝所实行的注重实践的教育宗旨，反被视为教训。雍正帝也严格教育皇子，这在汉文造诣甚高、武功骑射更相当出色的弘历身上，可以得到证实。但可供雍正帝选择的储嗣人选范围较小，如果将他素不喜欢的弘时与尚在幼龄的福惠除外，就只剩下弘历与弘昼两人。自视甚高的雍正帝，总认为诸皇子资质平平，"乏卓越之才"，其中也包括弘历在内。他虽然传位给弘历，心里并不踏实。这说明，古代一些雄才大略之君，因其本人表现过于杰出，往往感到子不如父，对于子嗣的治国才干估计偏低。这种情况，在清朝更为突出，努尔哈赤如此，康熙帝如此，雍正帝也如此。事实上，上述一汗二帝的继承人，即皇太极与雍正帝和乾隆帝登基后的功绩，同大多数中国封建帝王相比，毫不逊色，在某些方面还超过先皇，青出于蓝而胜于蓝。雍正帝等人的这种担心和顾虑，实在没有必要。

清朝从雍正、乾隆、嘉庆到道光，几代皇帝都是在长大成人、具有较为丰富的学识和阅历后，才登极称帝。雍正帝胤禛继位后，总结中国历代立储的经验教训，特别是乃父康熙帝明立皇太子失败的教训，发明了一个既预立储君、又不公布其名字的秘密建储方法，认为只有这样做，才能选拔出真正贤能的继承人。为此，

乾隆帝更喜欢木兰秋狝，几乎年年举办。这是乾隆十四年（1749）弘历率皇子围猎结束返回营地后，正等待将士们扒鹿皮煮鹿肉，享受战利品。

清太宗皇太极这把御用座椅，扶手及靠背围缘以所猎鹿的鹿角制成。乾隆帝东巡盛京，曾瞻仰了这把座椅，并在椅背正中题诗，告诫子孙不可荒怠骑射。

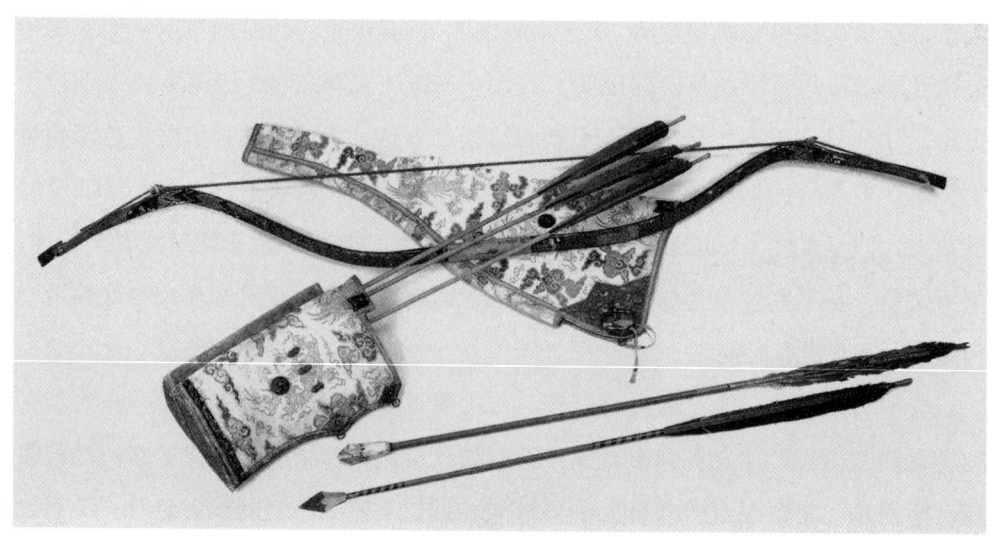

乾隆帝御用弓箭

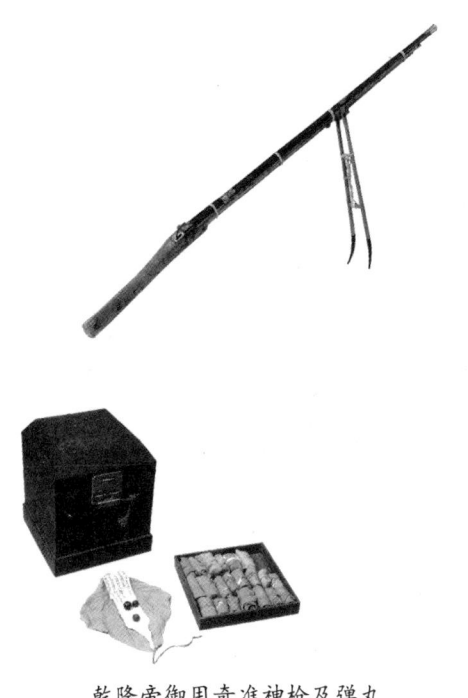

乾隆帝御用奇准神枪及弹丸

乾隆帝曾在乾隆十七年（1752）和二十四年（1759）两次颁发上谕，要求诸皇子和八旗王公大臣，务必精于骑射，娴熟满语。后将谕旨刻碑数通，分别立在宫内箭亭、西苑紫光阁、八旗教场等地，以示训诫。

上书房匾额

上书房内景

雍正元年（1723）正月，雍正帝首先在宫内设立上书房，将皇子皇孙集中起来，把他们置于可以同等竞争的受教育环境中。清代上书房制度，从此诞生。以后，乾、嘉、道、咸各朝，皇子皇孙年满六岁，都要入上书房学习。

上书房位于乾清宫左南庑，五楹，西北向，后在西苑和圆明园两处，也设有上书房。这样，皇帝驻跸在哪里，在哪里听政，皇子皇孙就在哪里读书，正所谓"近在禁御，以便上稽察也"。上书房入学人员的规模不定，皇子皇孙，甚至包括从康熙帝算起的远支宗室，年及六龄,皆可入上书房读书,成年受封后,再离开这里。乾隆朝上书房的规模最大,皇子皇孙及诸亲王世子,同读于上书房者,一时达二十几人。

上书房有一套完整的教育体制,设有负责统管教育的总师傅若干名,简选满汉大学士数人充任,下设专门授课的汉文师傅、满洲师傅及蒙古师傅。汉文师傅选翰林中文学、品行兼优者充任,满洲师傅选八旗刀剑弓马满语娴熟者充任,蒙古师傅选蒙古进士出身、蒙语娴熟者充任。总师傅每月到书房两三次,随时稽查功课,向授课师傅了解教学情况。每天,经常与皇子在一起的人,是授课师傅。授课师傅中,又以汉文师傅的地位最高,授课最重要。因为,上书房教育的首要目的,是要从就读的皇子中选拔统摄全国的君主,而"帝王修身治人之道,尽备于六经",帝王治国的经验,全在汉文典籍中。汉文师傅,最初品位也许不高,然而一旦所授业的皇子能继承大统,便可飞黄腾达。如蔡世远、朱珪、汪廷珍、杜受田四人,分别为乾隆、嘉庆、道光、咸丰四帝的汉文师傅,个个都官至尚书大学士,或协办大学士,死后赐文谥。每位皇子的汉文师傅不止一人,如道光帝的汉文师傅,除汪廷珍外,还有万承风、秦承业等,关系密切者,得益尤多。

明万历年间,焦竑教授皇太子读书,编辑了《养正图解》一书。书中广采古代言行可为仿效者,绘图并详为解说。清代刊印此书,书前有嘉庆帝御制《养正图解赞》。

朱珪(1731-1807),字石君,今北京大兴人。乾隆十三年(1748)进士,乾隆四十年授侍讲学士,值上书房,成为颙琰的师傅。朱珪博学多才,传授颙琰丰富的知识,并以自己的精神风范影响着颙琰,使之形成养心、敬身、勤业、虚己、致诚的作风。

皇子教育——因其材力各俾造就

历朝清帝对上书房教育，可谓关怀备至，经常到书房来亲试诗文，观测骑射，优者奖励，劣者训斥处罚。对皇子们的上课出勤情况，也抓得很严格。乾隆三十五年（1770）某日，皇四子永珹因去祀神未入上书房，就遭到乾隆帝申斥。在皇帝的督察下，皇子们也都能刻苦学习。乾隆时期，夜间在军机处值班的大臣赵翼，目睹皇子每天入上书房时的情景，颇有感触地说："本朝家法之严，即皇子读书一事，已迥绝千古。余内值时，届早班之期，率以五更入，时部院百官未有至者……黑暗中残睡未醒，时复倚柱假寐，然已隐隐望见有白纱灯一点入隆宗门，则皇子进书房也。吾辈穷措大专恃读书为衣食者，尚不能早起，而天家金玉之体，乃日日如是。既入书房，作诗文，每日皆有课程，未刻毕，则又有满洲师傅教国书、习国语骑射等事，薄暮始休。然则文学安得不深，武事安得不娴熟！"这些描述，虽有为皇家歌功颂德之嫌，从中也可看出皇子在上书房读书的制度，确实是非常严格的。

由于严格教育皇子是清皇室的祖宗家法，所以清代的皇子，包括从中挑选的嗣皇帝，不同于一般宗室王公子弟，在满语骑射、汉文化等方面全面发展。这也

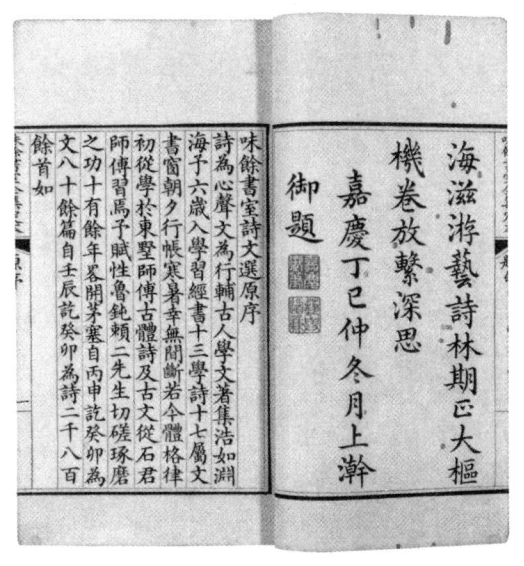

在《味余书室全集》原序中，嘉庆帝追述自己六岁开始在味余书室读书，十三岁开始学诗，十七岁开始作文，无论寒暑，从未间断。

嘉庆帝在学习上常以"知不足"自勉，自皇子到登极以后，始终如此。他还将"知不足"三字制玺，时常钤盖于书卷之上，以警示自己。

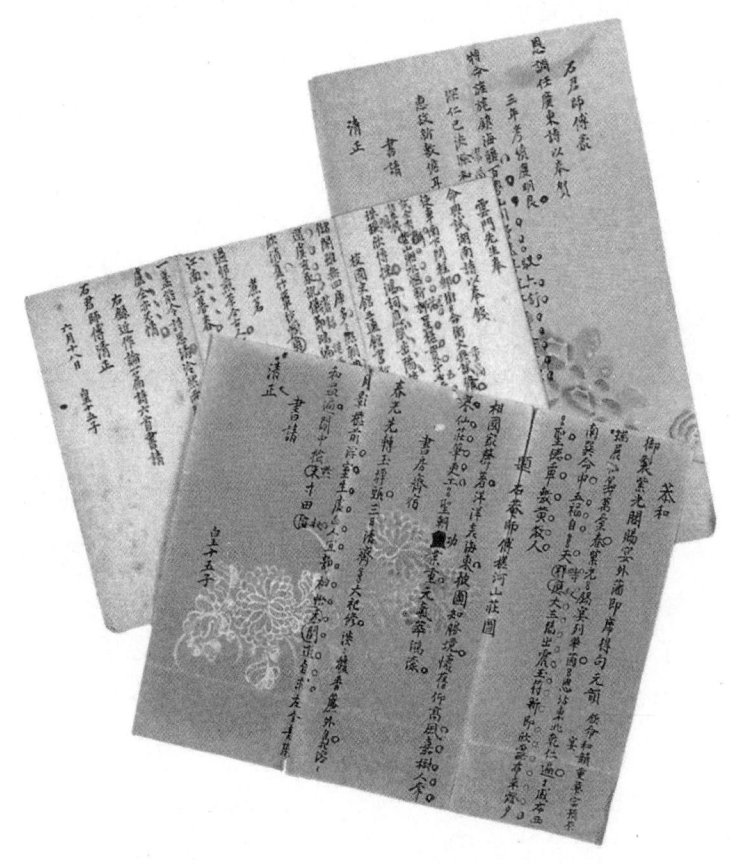

这是嘉庆帝做皇子时的作业,其中的红字是师傅批改的痕迹。皇子作业,既作文,又吟诗,既书事,又言志,以表达对国事和人生的感受。

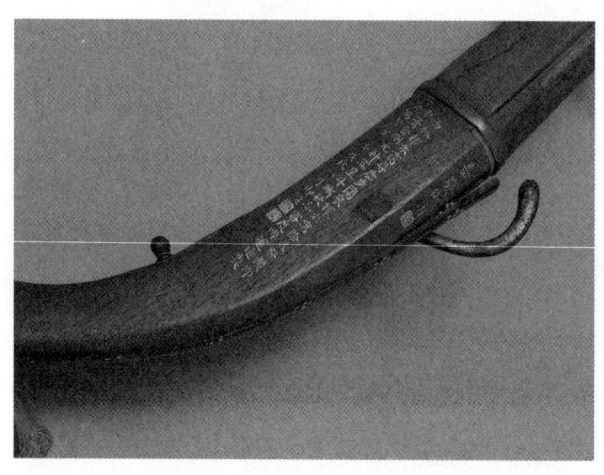

此枪是嘉庆帝木兰秋狝的御用枪。

即为何清代前期的帝王，多为文武全才，如康熙帝和乾隆帝，不但在行围和校射场合有出色表现，还可以亲自督率八旗演练，在学习汉文经史方面，也有卓越成绩。雍正、乾隆、嘉庆、道光诸帝，做皇子时就有不少诗文创作，有的刊刻成集，登基后"万几之暇"，仍未忘"以丹铅从事"，雅兴不减。清代帝王喜绘画工书法者，不乏其人，这从故宫博物院收藏的大量书画珍品中，即可看出。帝王的主要精力，当然要用在理政上，但他们对文化的酷爱，则可以对全国的文化事业产生影响。康熙年间《古今图书集成》、《渊鉴类函》、《全唐诗》等十几种大型类书的问世，多是在康熙帝的提议或主持下编成的。乾隆帝事事效法康熙帝，在这方面也继承了乃祖的传统，组织人力编成囊括中国当时各种著述的巨型丛书——《四库全书》。清朝官方文化事业的显著发展，与清帝酷爱汉族文化、热心文化事业，显然不无关系。而这种爱好和兴趣的养成，又是皇室的严格教育、汉族文化的熏陶，以及那些名臣硕儒教习影响的结果。

无论是旧史家，还是现代史学研究者，在评论康熙、雍正、乾隆、嘉庆、道光诸帝时，都指出他们的勤政作风。如果再用精明强干四个字，来形容康熙、雍正和乾隆，也不为过誉。清代连续几位帝王，能够保持勤政干练的特色，在中国封建王朝中并不多见，这也与他们的皇家教育有关。尤其是若与明代皇子教育相比，更能说明问题。在封建专制时代，帝王的素质如何，是朝政好坏的关键，皇帝若勤于政务，精明强干，有利于治世的形成，而且能够防止奸佞擅政，宦官窃权。在这方面，明清两代恰成鲜明对照。明代的孝宗，曾大力革除宪宗宠信宦官带来的弊端，励精图治，出现过所谓"弘治中兴"，然而这局面很快随着孝宗死去消失。此后的明朝皇帝，荒政昏庸者居多。特别是明武宗、明熹宗之流，自幼与宦官宫女为伍，长于阿保之手，好逸恶劳，不学无术，登极后连寥寥数字的朱批都懒得动手，一概委任宦官办理，难怪会发生宦官乱政的局面。而清朝自康熙中期以后，出现了长达一个多世纪之久的康雍乾盛世，个中原因很多，但不能说与这几位帝王的励精图治无关。

以往，中国少数民族，历来被汉族统治者视为落后的蛮夷，加以蔑视。可作为满族成员的爱新觉罗家族，却涌现出好几位相当了不起的治世能君，个个堪与秦皇、汉武、唐宗、宋祖媲美，这还不够让人深思？当然，这只是一种历史的纵向比较，清帝所具备的个人素养，在当时的世界文化中已然落后，如果说清朝皇室

从顺治帝所绘《墨笔山水图》,可见其对书画的兴趣和较高的艺术造诣。这对有清一代皇族成员书画艺术的兴盛,有深远影响。

胤禧《山水图》册页之一。胤禧为康熙帝第三十一子,年龄与乾隆帝相仿,封慎郡王,工诗善画,笔致清逸。

教育对旧有体制还有一定效用的话,对正在发生急剧变化的世界形势,则已经完全不能适应。今天,我们之所以回顾清代皇族重视教育的往事,无非想说明这样一点——落后者只要善于学习,奋发振作,积极进取,就一定可以有所作为,跨入先进行列,甚至超乎其上。一个家族可以做到这点,一个民族也能做到。

乾隆帝第十一子永瑆(1752—1823),于嘉庆四年(1799)在军机处行走,自此开创亲王领军机的先例。永瑆恢复了被和珅破坏的军机处与密折奏陈制度,他是嘉庆帝惩治和珅所依靠的皇族成员之一。这是他书写的《词林典故序》轴。

御製甄別賢愚以澄吏治諭

知人安民古今通誼未有不可教誨之民所憂者多半不欽教誨之官耳國家設立督撫即古諸侯任國億萬蒼生而託之治民而已責任綦重藩臬道府州縣星羅棋布全為治民而設也甄別賢否誠為至要督撫果能公忠為國明政體違時務知勸舉一人而屬吏知儆

黜一人而屬吏知做坦白無私有何疑畏乎若居心未淨所識又偏或徇私容庇或任性喜怒則必有夤緣奔競之徒請謁營求希冀倖幸效仍屬無益有損矣所謂才識平庸各有不同或姑息養奸積小陰而貽大患或遲延疲玩託名鎮靜實屬怠惰此類為當今之大蠹必當立去勿疑亦有

審斷迂謬徇縱吏役躭安逸好聲色此等人年雖壯盛在所必黜無足惜也亦有年力雖老而志氣不衰辦事勤敏老成練達方資倚任豈可入於沙汰之列乎督撫以察吏為要尤以道達下情為本勿存成見為主蓋情性不一好尚各殊剛決明敏者為人所畏喜果銳溫恭儉者以

保功名稍不留心去取不當名為甄別屬員反受屬員之甄別矣州縣有當切責之處亦應有體恤之處私罪不容公過可怨先存公忠體國之心行實惠及民之政廉法之大綱略舉之末節入彊知量事考勤慎因地制宜才授職敕慎之心不可恣為臣不易一語時存衷曲稍不留

《嘉慶帝御制甄別賢愚以澄吏治諭》，是嘉慶十八年（1813）皇子旻寧奉敕書寫的嘉慶帝上諭，可見嘉慶帝當時對嗣君旻寧寄予的厚望。

皇子教育——因其材力各俾造就

道光帝旻宁，从小在上书房接受严格教育，文武双全，遇变不惊。嘉庆十八年（1813）"癸酉之变"时，正在上书房读书的旻宁跳上殿顶，射杀数名天理教徒。此举坚定了嘉庆帝传位于他的决心。

道光帝精通中国古典文学，《养正书屋全集定本》辑录他为皇子时所作诗文40卷。诗文题材广泛，内容丰富，语言朴实无华，自然清新。

咸丰帝为皇子时的画作。奕䚮做皇帝不行,绘画书法还行。

同治帝写字像,颇似个好学生模样。而负责教授他的老师翁同龢,在同治十年(1871)的日记中,却有这样的记载:"读甚散,敷衍而已";"讲折尤不着力,真无可如何也"。看来,这才是年已十六岁的同治帝的读书实况。

六宫粉黛
——富贵已极终无意趣

我国自秦代确立皇帝制度后,六宫粉黛也成为体现皇帝特权的重要内容。据最早记录这个问题的《礼记·昏义》记载,"古者天子后立六宫、三夫人、九嫔、二十七世妇、八十一御妻",加起来皇帝可拥有合法妻妾百余人,这还不包括随时被其看中、可以即兴占有的宫内及民间其他女性。到了明清两代,皇帝妻室的构成是:明代有皇后、皇贵妃、贵妃、妃、嫔、才人、婕妤、昭仪、美人、昭容、选侍、淑女十二等,清代有皇后、皇贵妃、贵妃、妃、嫔、贵人、常在、答应八等。至于服务于她们的宫女,本质上也是属于皇帝的女人,就更多了,明代有宫女九千人,清代康熙帝为节约从简,削减宫内服役人数,仍有宫女四五百人。

明宪宗虽然喜欢妃子邵氏,却因为惧怕同时与他有着母爱和性爱复杂关系的万贵妃吃醋,与邵氏不敢公开往来,只能暗中相通。邵氏为宪宗生育三子,其中长子朱祐杬,即后来明世宗朱厚熜的生父。朱厚熜登基后,去拜见老祖母邵氏时,她已近八十岁了,眼睛也瞎了,据说伸出颤抖的双手,把朱厚熜从头到脚摸了个遍,边摸边说"这太好了",周围人都掉下泪来。

这些成百上千的女性一入深宫,犹如身陷图圄,失去了家庭生活的欢乐,也失去了爱情婚姻的自由。明宪宗的妃子邵氏,嘉靖帝时进尊为太后,连她这样的人都说"女子入宫,无生人乐,饮食起居皆不得自如,如幽系然",可见宫内是个什么地方。我国古典小说《红楼梦》中,有一回描写贾元春回大观园省亲，当时元春已得皇帝宠幸，封为贵妃，但在见到贾母等家人以后，仍情不自禁地流着眼泪，诉说了心底的哀怨："当日既送我到那不得见人的去处，好容易今日回家……一会儿我去了，又不知多早晚才能一见。""田舍之家，齑盐布帛，得遂天伦之乐，今虽富贵，骨肉分离，终无意趣。"这正是那些虽然身为后妃、却并不感到幸福的女性的痛苦心声。

问题是，在中国封建时代后妃回娘家省亲的事，真得发生过吗？如果发生过，倒多少还有点人情味儿。据清代《宫规》记载，在清宫内，让太监宫女代表后妃去她们娘家探慰问安是正常的事，后妃父母经特许进宫看望做了后妃的女儿，已是非常之幸，至于像贾元春那样蒙皇恩回娘家省亲，则是不可能发生的事，只能出现在曹雪芹的小说中。这是因为，后妃回娘家省亲，是与封建等级秩序和封建伦理道德相违悖的。一方面，后妃身为人女，对父母长辈的拜慰乃人之常情，另一方面，因为她们通过婚姻关系与皇帝联系起来，成为皇帝的妻妾，故除了皇帝之外，已不准再跪拜任何人，包括她们的父母。为此，清代帝王选择了这个被认为是最完美的解决途径——特许后妃父母入宫探望女儿。而且，清代明确规定，八旗女子在应选秀女前不能自行婚配，也不能对任何长辈或他人行跪拜大礼，否则很难保证她们之中日后有谁不会贵为嫔妃，乃至成为"母仪天下"的皇后。这一规定，与后妃的父母在特许情况下可入宫探亲，二者前后呼应，相辅相成。所以，成为后妃的女子，将终生被禁锢在皇宫的高墙之内，不得随意离开这个小小的天地，除非陪同皇帝巡狩，或日后到封了王位的儿子的府上。

自古以来，后妃宫女的主要来源，是宫廷选美。对此，历代皇帝都非常重视，当成朝廷的大事来办。明太祖朱元璋说过："天子及亲王后妃宫嫔等，必慎选良家女子而聘焉。"关于明朝如何充实后宫，去采选良家女子，未见史书记载。清人纪晓岚在《明懿安皇后外传》中，不知他有何依据，煞有介事地记载了相关过程。他说，明代采选良家

明朝宫女选秀，内监和稳婆是第一评委。这是当时宫内的四位稳婆，她们不知在商量什么。

女子入宫，有一套严格的标准。例如天启元年（1621），明熹宗将举行大婚，下诏广选普天之下十三至十六岁的淑女，全国各地入选淑女约5000人，于正月在京城集中。第一天，皇帝派出太监分批初选，每批100人，按年龄排列，太监从旁巡视，所有稍高、稍矮、稍胖、稍瘦者一律剔出，算是初试即遭淘汰，被淘汰者约1000人。第二天，剩下的淑女重新分批排列，太监从旁一一审视谛听，观察其耳、目、口、鼻、发、肤、项、肩、背、臀等处，一处不合品相者，即遭淘汰，然后让淑女自诵籍贯、姓名、年龄，口音不好者，也一概剔出，被淘汰者约2000人。第三天，太监手执量器，测量入选淑女的手足，量后让其周行数十步，以见姿态风度，凡手腕稍短、脚趾稍长、举止轻躁者，又被淘汰掉1000人。这样，5000名初选的淑女，这时只剩1000人，可送入后宫。入宫后，年长宫娥将淑女分批引进密室，摸其双乳，察其阴户，嗅其双腋，扪其脐眼，又要淘汰掉六七百人，只能有三四百人留下。这三四百名淑女安排在宫中，熟悉一应礼节，前后约一个月，详察她们的言语行动，评价每个人的刚柔愚智贤否，最后选出优秀者50人。这50人，便是后妃宫嫔的候选人了。其余的人，则只配充当宫女。

清代皇帝后妃的来源，与明代有所不同，创立了具有满洲特色的选秀女制度。清朝入关后，每三年在八旗内部选一次秀女，目的在于"或备内廷主位，或为皇子皇孙拴婚，或为亲郡王之子指婚"。就是说，不仅皇帝的后妃要从旗籍女子中挑选，被选中的八旗秀女，还要配给皇帝的近支宗室。挑选秀女的范围，之所以仅限于满洲八旗所有年满十三到十七岁的女子，是为了确保清朝统治集团血统的纯正，因为他们唯恐人数不多的满族若与汉族通婚，有可能被汉人同化，这是绝对不能允许的。被选中秀女初得的封号，一般是答应、常在、贵人，以后根据表现，可逐级晋封。如果有幸直接被选作嫔妃，乃至皇后，那情形就完全不同了，需要通过举行大婚礼仪，由大清门、午门入宫，至坤宁宫完婚。不过，这种情况只能发生在以冲龄践祚的顺治、康熙、同治和光绪四朝皇帝，清代其他皇帝都是成年继位，只需册立原来的嫡福晋为皇后，不用重新挑选皇后。

清代除了选秀女之外，还要选宫女。宫女出身低微，是在内务府包衣佐领以下人家的女儿中，每年选一次。她们在宫中的地位，也比秀女低得多，主要是供皇太后、皇后、妃嫔、贵人、常在、答应等各级内廷主位役使，干些侍候人的事情。但也有特殊情况，就是哪位宫女若被皇帝看中，甚至被皇帝给"临幸"了，也可

清末某次选秀女时，列队待选的正黄旗秀女

明武宗朱厚照喜欢外出巡游。每次巡游，先派太监吴经去四处搜寻美女，选中者肆行夺占，连貌美寡妇也不放过。

直接获得内廷主位封号。如正白旗披甲人吉禄之女，被咸丰帝封为鑫常在，正黄旗佐领松龄之女，先被咸丰帝封为玫常在，后晋封为玫嫔，同治帝即位后尊封玫妃，慈禧皇太后更加封她为玫贵妃。

其实，能由秀女、宫女身份一步步晋封为嫔妃皇后者，在历史上相当少见。原因在于，后妃的册封不仅要看皇帝是否喜欢她，还要考虑出身门第等因素。所以，宫中的绝大多数女性，特别是宫女，只能长年在寂寞凄清中度日，每天有干不完的差使，稍有不慎，就大祸临身。明朝规定："宫嫔以下有疾，医者不得入，以证取药。"宫嫔尚且如此，宫女有病就不必说了。清朝规定，宫女服役到二十五岁即可出宫，明朝连这项规定都没有，许多宫女四五十岁了，

清末宫内老年宫女合影

清末宫内年轻宫女当差旧照

清末宫内年轻宫女当差旧照

清末宫内年轻宫女当差旧照

先后服侍过慈禧、隆裕和端康两太后一太妃的宫女张玉春，在宫内玩秋千。

还要在宫中奔波，死后则拉到西直门外焚化。正因为真相是这样，封建社会的宫廷选美，是不得人心的事，一听说宫廷要选美了，民间的童男童女，恨不能立刻都婚嫁殆尽。

在日本德川幕府时代撰写的《华夷变态》一书中，记载了康熙二十七年（1688）和三十二年（1693）因清宫诏选秀女引起民间骚乱之事。该书汇集了日本德川幕府为了解中国情况，派商人和船员打听的消息、提交的各种书面报告，尽管里面夹带着不少似是而非的风闻传言，但也有些内容涉及清朝社会的民情动向。书中说，北京颁旨到江苏、浙江选十二三岁的女子入宫，当地有女之家不分贵贱，都大为惊恐，害怕女儿一旦被选进宫，将永难相见，故未婚女子争相聘嫁，数十天里远近骚动，直到得知朝廷是在点选秀女，只限满洲官家之女，与汉官汉人无涉，地方才得以安定。但由于家家匆忙聘嫁，出现大量老夫少妻或门户不当的后果，不少人追悔莫及。

有明一代，宫内阴气之盛，可谓前所未有。明世宗嘉靖皇帝自称不好女色，可是他的后妃之多，仅见诸史册登录封号者，就达到六十多个。嘉靖帝其实不仅贪恋女色，作践嫔妃，对宫女也求之若渴。据说，宫女除了可以满足他随时发作的性欲要求外，还有别的用途。嘉靖帝迷信道术，听道士说少女初次来潮的经血炼成仙丹，能使人长寿，便下旨选进数百名幼女和少女，专门用来干这件事。嘉靖帝祈望自己永不衰老，又听道士讲常饮天庭玉露，将使精气充沛，肠胃清洁，胸无积滞，就让宫女每天凌晨守候在御花园里，为他采集草木上的露水。天长日久，这件事成为后宫一大苦役，负责采集露水的宫女总是缺乏睡眠，相继病倒，没病倒的，也充满怨怒。嘉靖帝因服食丹药和甘露，变得日渐喜怒无常，动辄鞭笞宫女。宫女杨金

"壬寅宫变"发生在明嘉靖年间，是历史上罕见的一次宫女起义。

英、邢翠莲、杨玉香、陈菊花等人，终于不堪采露之苦群起反抗，在嘉靖二十一年（1542）十月二十一日合伙动手，要将嘉靖帝勒死，惜未成功。这便是明史上有名的"壬寅宫变"。

更为悲惨的是，皇帝死后，妃嫔宫女还要殉葬，到阴间去继续服侍皇帝。殉葬这种野蛮习俗，在我国盛行于殷周时期，秦汉以后基本消失。明朝初年，人殉在皇室中再次出现，太祖、成祖、仁宗、宣宗、景帝五朝皇帝，死后皆用妃嫔宫女殉葬。殉葬的方式，或是逼她们上吊，或是让她们绝食而死。据《明史·后妃传》记载，明太祖的殉葬人数为38人，明成祖的殉葬人数为16人，明仁宗的殉葬人数为5人，明宣宗的殉葬人数为10人，景帝殉葬人数不详。殉葬过程极为残酷，这从与明朝有藩属关系的朝鲜李氏王朝撰写的有关"实录"中，可以窥见何等凄惨。在明代，作为藩属国的贡品之一，朝鲜要经常向明廷进献宫妃。这些朝鲜女子，在供明朝皇帝玩弄过后，大都逃脱不了从殉的厄运。为明成祖朱棣殉死的宫妃中，就至少有两位朝鲜女子：一位是韩氏，身份是宫女，另一位是崔氏，封美人。当她俩被迫殉死时，朱棣的继承人朱高炽来监视从殉场面，韩氏苦苦哀求饶她一命，回国侍奉老母，朱高炽置若罔闻。清代爱新觉罗部族，在入主中原以前及入主中原以后的一段时期内，也广泛流行人殉，后被康熙帝下诏废止。

明孝陵发掘出大量为朱元璋殉葬的妃嫔宫女的骸骨。

明朝皇帝喜欢朝鲜女性,永乐帝和宣德帝,各有8位朝鲜妃嫔,至于入朝为侍女、女史的朝鲜女子,永乐朝22人,宣德朝16人,歌舞艺人和厨师,单宣德朝就100多人。这些女性将朝鲜的文化风俗,包括语言、饮食、服饰、歌舞艺术、风土人情,都带到了中国宫廷,起到重要的交流作用。

封建时代,皇后负有统辖六宫母仪天下之责,在江山社稷中具显赫地位,但即使是这样的身份,也有其凄苦寂寞,甚至悲惨的一面。明代一些皇后的不幸遭遇,就是证明。明代历经十六帝,发生过四起皇后被废之事,她们或因没生皇子,或因与其他妃嫔争宠,失去了皇帝的欢心,被打入冷宫。

明宣宗皇后胡氏,宣德初年册封为皇后,因多病无子,"帝殊不喜",太后对她也很厌恶。这时候,颇有姿色又工于心计的孙贵妃,见有机可乘,私下将一宫女之子夺为己子,进而鼓动宣宗立他为太子,这就是后来的明英宗,孙贵妃则因母以子贵,得以立为皇后。而为达此目的,宣宗曾连劝带逼,让胡氏主动上表辞皇后位,并虚伪地昭告天下,说"朕念夫妇之义,拒之不从,陈之再三,乃从其志",赐给了胡氏一个不伦不类的"静慈仙师"称号，令其退居长安宫。胡氏从此郁郁寡欢，加之身体本来羸弱，正统八年（1443）在冷寂失意中死去，仅丧以嫔礼。

景帝皇后汪氏贤惠，曾叫官校掩埋常年暴露在野外的阵亡将士的骸骨，为天下人感念。但汪氏膝下只有两个公主，没有皇子，又因劝说景帝在确立太子时应遵循祖制，立即被景帝废除，幽禁深宫。天顺元年（1457），景帝死去，要以妃嫔殉葬，汪氏被指定为从殉对象。大学士李贤看不下去，力言汪氏所生两公主幼小，尚需母亲抚养，才得以幸免。

明宣宗皇后胡氏画像

明宪宗皇后吴氏，是个知书达理的才女，天顺八年（1464）获册为后。无奈宪宗在东宫当太子时，就宠爱比他大十七岁的宫女万氏，当上皇帝后封万氏为贵妃。吴皇后对万贵妃的专宠跋扈气愤不过，找机会教训了她一次。宪宗见皇后胆敢杖责宠妃，如同打在自己身上，勃然大怒，立即下诏说吴氏"举动轻佻，礼度率略，德不称位"，将她的皇后身份废掉。此时，距吴氏被册立为皇后仅一月有余。吴氏的父亲是官居都督同知的吴俊，也因女儿失宠，下狱戍边。继立的王皇后性情恬淡，没有架子，不和万贵妃争宠，才得以保住后位，但终生难得与宪宗相聚，一个人在空虚中苦熬光阴。

明世宗第二位皇后张皇后，祖籍山西徐沟，今山西清徐县人。

明世宗皇后张氏,为世宗的第二任皇后。世宗的第一位皇后陈氏,因世宗宠爱其他妃子心生醋意,当场摔了茶盅,引得世宗大发脾气,陈氏受到惊吓,腹中胎儿流产,并因此殒命。世宗册立张氏继任皇后,没过几年就废了她,没有找任何理由。张皇后在被废的第二年,郁闷而死。

皇后除和妃嫔们争宠失意外,有时还要受到宦官和皇帝乳母的欺凌摧残。明代宦官权势煊赫,到魏忠贤时更达到登峰造极的地步。魏忠贤和熹宗乳母客氏相互勾结,淫乱不堪。客氏名为明熹宗乳母,其实这个淫荡的女人,从小就设法勾引了还是孩子的熹宗,并一直与熹宗保持着肮脏关系。熹宗册立的皇

明熹宗天启帝懿安皇后张氏,就是清代纪晓岚所撰《明懿安皇后外传》的写作对象。

后也姓张,多次在熹宗面前言及客氏和魏忠贤的罪状。二人遂对张皇后恨之入骨,使得本来就没主见的明熹宗,差点废掉张皇后。天启三年(1623),张皇后有孕,二人怕生下太子对他们不利,把张皇后身边的宫女和太监全部撤掉,换上自己的心腹,终于设法使张皇后流产,弄得熹宗死后竟无子嗣。

此外,明代几个皇帝生母的处境,也十分凄凉。她们在世时历尽艰辛,备受折磨,没有获得皇后的封号,死后在她们儿子当皇帝时,才得封太后。明孝宗生母纪氏,是成化年间明军攻讨广西时掳到宫中的美女,负责看管宫内藏书。宪宗一日偶来看书,纪氏应对得当,宪宗悦而幸之,并使之怀孕。万贵妃知道此事大怒,令宫女前去将胎儿堕掉。幸好派去的宫女还有良知,回来谎报纪氏肚里长的是个肿块,不是怀孕。万贵妃仍不解恨,唆使宪宗将纪氏谪居安乐堂。纪氏数月后生下皇子,便是后来的孝宗,但怕给外人知晓,叫太监张敏抱走溺死。张敏不敢这样做,将孩子藏于密处抚养。六年过后,宪宗才知道这件事,将孩子召来立为太子。可此后不久,纪氏便暴亡,据说又是万贵妃下的毒。

在明朝后宫内,别看已有那么多后妃,宫女作为皇帝泄欲的现象,屡见不鲜。明神宗于万历六年(1578)大婚后,众后妃一直没给他生儿育女,一次神宗去慈宁宫向太后请安,见服侍太后的宫女王氏美丽,便让王氏怀了孕。但神宗有意隐瞒此事,王氏眼见自己肚子一天天大起来,万般无奈,只好禀告太后。太后去问神宗,神宗矢口否认。太后劝他说:"我现在年纪已老,还没见到孙子。如果王氏生个男孩,岂不是宗社之福?母以子贵,你也不要因她身份低贱,就看不起她。"并命人把神宗的起居簿取来核对,弄得神宗无可狡辩,只得承认。王氏怀孕期满,果然生下一子,取名朱常洛。王氏却从此被神宗冷落,长年禁闭在无人知晓的地方。当她后来快要病死的时候,二十九岁的太子朱常洛才获得神宗恩准,前去探望生母。王氏双目失明,听说儿子来了,摸着朱常洛的手说:"你长这么高啦,我可以放心去死了。"

封建皇权下的后妃制度,封建帝王在婚媾上朝秦暮楚的本性,使得妃嫔宫女的心灵受到严重扭曲,出现了种种病态的要求。明代,有的宫女在皇帝对自己终身无暇一顾的情况下,与别的宫女搞同性恋,来补偿心理上的空虚和生理上的饥渴。有的宫女或妃嫔甚至不惜与

明万历朝孝端皇后凤冠,北京故宫博物院藏。

明光宗朱常洛是明代传奇色彩最浓的皇帝之一,明宫三大疑案都与他有关。他在位时间仅29天,是明朝在位时间最短的皇帝,史称"一月天子"。他的生母王氏命运悲惨。

明光宗朱常洛生母孝靖皇后王氏画像

慈禧太后与瑾妃（左一）、德龄（左二）、容龄（右三）、容龄之母（右二）、光绪皇后（右一）合影。

太监鬼混，让受到禁锢的身心得点安慰。

清代在后妃制度管理上，看来比明代要规范得多。由于清代皇帝多非皇后所生，所以每当嗣皇帝继位后，便要尊生母为皇太后，这样往往同时会有两个皇太后。像同治帝载淳即位后，把父亲咸丰帝原立皇后钮祜禄氏，尊称为"母后皇太后"，同时又封其生母懿贵妃慈禧为"圣母皇太后"。皇太后居住在紫禁城慈宁、寿康、宁寿诸宫，先皇的妃嫔也住在那附近，统称太妃、太嫔。为了防范历史上曾经发生过的嗣皇帝与年轻太妃、太嫔有淫乱行为，清廷除规定太妃、太嫔需随同皇太后居住外，还实行双方回避制度，太妃、太嫔一直要等到年龄超过五十岁，才可以和嗣皇帝见面。

清代后妃制度，一旦到了可以大权独揽为所欲为的慈禧那里，就没有实际约束力了。叶赫那拉氏当年选秀入宫时，仅被封为兰贵人，被派往圆明园桐荫深处负责洒扫庭院，地位相当卑微。据说当时每临夏季，咸丰帝常到圆明园清华阁去午睡，由皇帝的寝宫到清华阁，必经两条路，一条是桐荫深处，一条是秀山房。慈禧买通一位姓崔的总管太监，使皇帝多次经过桐荫深处，她在那里哼唱动听的小曲儿，这才使咸丰帝注意到她，并将她临幸。等慈禧权位巩固后，特别是当她已能垂帘听政之际，盛年寡

圆明园桐荫深处

居的寂寞生活,当然是难以忍受的,富贵优裕之下思淫欲,千方百计去寻欢作乐。宫禁深深,有关慈禧在宫中如何寻欢的情景,外人无从得知,野史传闻中的故事,也不足为信。不过,至少她跟太监安德海之间的暧昧关系,让人不免遐想。据说安德海长于媚术,以柔媚取悦于寡居的慈禧,慈禧对他宠爱无比,以至语无不纳,欢情不逊夫妻。年轻的同治皇帝,见生母如此放肆,十分恼火,恨得咬牙切齿,常去找养育他成长的母后皇太后钮祜禄氏,诉说心中郁闷。钮祜禄氏对慈禧的作为也深表不满,担心长此下去,岂不就是武则天第二?自己将来撒手尘寰,也没脸去见九泉之下的先帝,便抓住慈禧违背祖制派安德海赴江浙办事之际,建议同治帝密诏山东巡抚丁宝桢,在途中以招摇罪名,将安德海拿获正法,当街暴尸三日。慈禧对此无可奈何,自咽苦果,却从此起了谋害钮祜禄氏之心,并在日后付诸实施。

顺治帝宠妃董鄂妃居住过的承乾宫。史载董鄂妃天资敏慧,性情温婉,颇具母仪天下之范,顺治帝不顾祖制,很想将其立为皇后。

清顺治帝这人很有意思,不仅与董鄂妃演绎过一段江山美人的凄美故事,还特别崇信佛教,自取法名"行痴",发出"吾本西方一衲子,为何落入帝王家"的喟叹。这是他御笔亲书的"敬佛"碑拓片。如果再拍清宫戏,应当拍一部顺治帝与孝庄太后、多尔衮、董鄂妃、孝惠章皇后、玄烨等人之间复杂关系的戏。

董鄂妃死后,丧礼极为隆重,多有逾制之处,如破例追封她为"孝献庄和至德宣仁温惠端敬皇后",以太监和宫女三十余人殉葬。

康熙帝大婚时,将坤宁宫东暖阁作为洞房,四周悬灯结彩,金色的双喜字贴在门上,与立着的大红地金色"囍"字木影壁相呼应,取"开门见喜"之意。

顺治帝在废过一次皇后（静妃）后，册立博尔济吉特氏为皇后，史称孝惠章皇后。顺治十四年（1657）十月，顺治帝欲将董鄂妃新生儿立为太子，孝惠章皇后心存不满，顺治帝便以她有违孝道为由，欲将其废黜，只是因为孝庄皇太后极力劝阻，才未废成。

玄烨于康熙四年（1665）举行大婚，立辅政大臣索尼的孙女赫舍里氏（1653—1674）为皇后。二人感情深笃，格外恩爱，生下两位皇子，长子承祐四岁早夭，次子胤礽立为太子。

雍正帝生母乌雅氏（1660—1823），满洲正黄旗人，原为康熙帝德妃，于康熙十七年（1678）生皇四子胤禛，康熙二十七年（1688）生皇十四子胤禵。死后累加谥号，最终全称"孝恭宣惠温肃定裕慈纯钦穆赞天承圣仁皇后"。

雍正帝登极后，册封嫡福晋乌拉纳喇氏为后。

清孝圣宪皇后，钮钴禄氏，乾隆帝弘历生母。

孝贤纯皇后（1712-1748），富察氏，察哈尔总管李荣保之女。雍正五年（1727）与皇四子弘历结婚，成为嫡福晋，弘历即位后册立为皇后。她克勤克俭，不忘满洲习俗，深得乾隆帝敬重与爱恋。

《璇宫春霭图》，描绘道光帝孝全成皇后与皇子奕詝（咸丰帝）母子后宫生活的场景。

乾隆帝不仅命画师创作了大量表现他日常生活的作品，还让画师以生动的笔墨表现其内廷女眷的生活情节。该图是乾隆帝的一位宠妃在夏季清晨对镜梳妆。

咸丰帝本人奢靡无度,却有感后妃服饰过于华丽,不合满洲规矩,特对其佩饰穿戴做出具体规定,违者予以处罚。

1860年9月,英法联军已攻占天津,正扑向北京,咸丰帝仍沉溺在圆明园内,与他从江南物色来的汉族小脚佳丽"四春"——杏花春、武林春、牡丹春、海棠春厮混在一起。

咸丰帝年纪轻轻，总是头重脚轻，眼冒金星，大概就是乱搞女人造成的。他宫里有一大群年轻貌美的妃嫔，仍不满足，还要和民间女子偷情。除了那位朱莲芬外，他跟一位姓曹的寡妇也搞得不亦乐乎。据说，曹寡妇的小脚出奇的小、出奇的美、出奇的香。

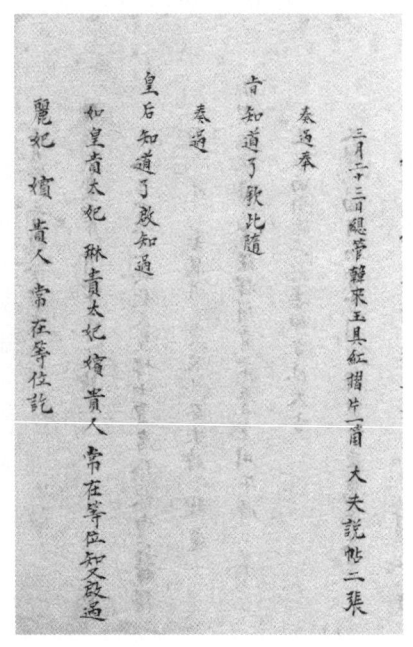

咸丰二年（1852），依清代祖制选秀女，叶赫那拉氏（慈禧）以兰贵人身份进入清宫，并得到咸丰帝宠幸，咸丰四年晋封为懿嫔。咸丰六年，她生下皇子载淳，其地位随之上升。这是她生产载淳的遇喜档，款署"咸丰六年三月二十三日立"。

光绪皇后叶赫那拉氏(1868—1913),满洲镶黄旗人,慈禧太后胞弟桂祥之女,宣统年间尊为隆裕太后。

光绪帝瑾妃他他拉氏,满洲镶红旗人,礼部侍郎长叙之女,宣统年间被尊为端康皇太妃。

光绪帝珍妃他他拉氏,与姐姐瑾妃同时入宫。珍妃天资聪慧,很受光绪帝宠爱。"戊戌政变"时,与光绪帝一起被囚。八国联军攻陷北京,慈禧仓皇出逃前,将年仅二十五岁的珍妃投入井中。

走 进 大 内
细说明清皇权帝制

清朝虽已灭亡,逊帝溥仪仍能在紫禁城内册立皇后,让人体味到荒唐岁月的多味瞬间。这是中国最后一位皇后婉容大婚时身着朝服像。

太监制度
——贱似虫蚁皇家心腹

在中国封建社会,偌大的紫禁城内,绝对的阴盛阳衰,满眼六宫粉黛美女如云,男性却只有一人,就是皇帝。若有人问,明明还见到其他男性,这怎么说呢?只能说那些人貌似男性,其实已非男性,不过是些经历过阉割手术专供皇家役使的奴仆,有人视他们为第三性。

中国最后一个役使太监的封建王朝灭亡后,仅仅过去 38 年,中华人民共和国便告成立。许多晚清的太监,那时还活在人间,向社会讲述了他们鲜为人知的往事。

去当太监,首先得"净身"。所谓净身,即割掉男性生殖器。割掉男性生殖器,在历史上本属酷刑,被称作"宫刑"或"腐刑",是相当残忍的事。看过《史记·报任安书》这篇文章的人,都不会忘记,我国西汉时的伟大史学家司马迁,就是这种刑罚的受害者。他曾这样形容这件事给自己造成的痛苦和耻辱:"悲莫痛于伤心,行莫丑于辱先,诟莫大于宫刑","每念斯耻,汗未尝不发背沾衣也"。那么,净身既然如此惨无人道,为什么还会有人净身去当太监?他们又是怎样净身的呢?

据晚清太监马德清回忆:"我父亲是个卖膏药的,母亲也是穷人家的女儿。那年头,穷人恨有钱的,可也羡慕有钱的。我父亲就不愿再卖膏药了,总想找个什么法子,自己也能变成有钱的。我姑母有个远房侄儿叫李玉廷,原来家里也很穷,可是自从他进宫当了太监,十几年后家里就发了,有了两顷地,还拴了几头大骡子。我父亲羡慕李家有办法,想让我也走这条路。走这条路的头一步,就是净身。记得是我九岁那年,有一天父亲哄着我,把我摁在炕上,亲自下手给我净身。他又

孙耀庭晚年照。《末代太监孙耀庭传》，留存了大量不为人知的史料。

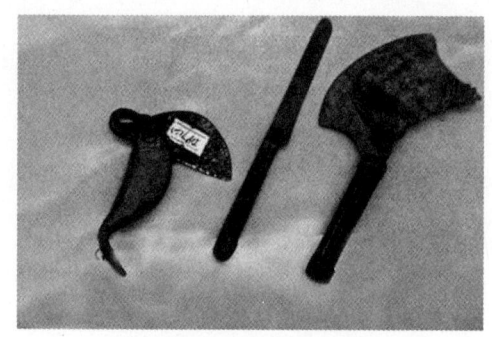

阉割太监生殖器使用的器具

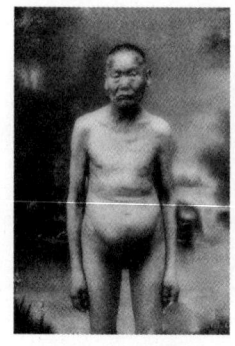

清末民初来华猎奇的欧洲人拍摄的太监下身照

没有麻药，也没有止血的东西，硬把要命的地方，从身上割下去，可把我疼坏了，不知晕死过多少回。动完手术，要在尿道里安一根管子，不然肉芽长死了，撒不出尿来，还得再动手术。我后来才听懂这事的人讲，手术后不能让伤口很快结疤，要经过100天，让它慢慢偎脓长肉，这就得常换药。说到换药，就是换一换蘸着白蜡、香油和花椒粉的棉花团儿，每次换药都疼得死去活来。4个月后，伤口长好了，父亲就带着我投亲访友，总算找了个门路，把我送进宫里。"

另一位名叫任福田的太监说："做父亲的亲自给儿子净身，倒不多见，大多数人把子弟送到专门干这营生的地方去。光绪二十几年以前，在北京专门干这种营生的，有南长街会计司胡同的毕五和地安门内方砖胡同的小刀刘，这两家的家主都是清朝的七品官。他们一年四季，每季都要给宫里的内务府送四十名太监，净身的手续，全由他们两家包了。他们积有多年的经验，也有一套家伙什儿，可挨整治的人，还是疼得死去活来的。因为，他们也没有止疼止血的灵丹妙药，动手术用的刀子，在火上烧一下，就算消毒。"

还有位太监池焕卿说："除了被生活所迫，送孩子进宫当太监外，太监的

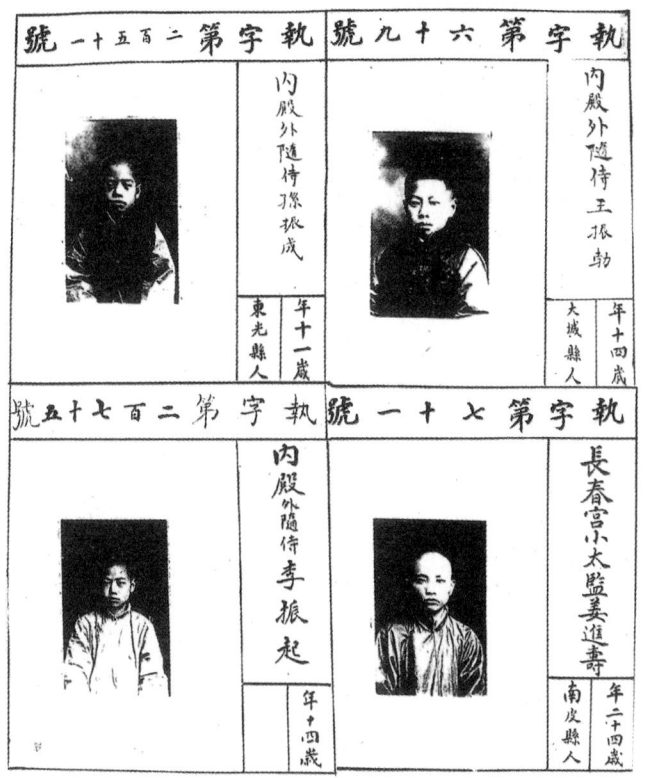

清末宫内太监档案

清末四名太监,右起为张海亭(长春宫太监)、刘兴桥(养心殿御前太监,七品补服)、王凤池(养心殿东夹道二带班,六品补服)、杨子真(御前太监)。

清末宫中两名太监

清末储秀宫回事太监赵兴禄

清末长春宫首领太监李成荣，河北青县人，时年四十二岁。

清末储秀宫首领太监瑞福，河北河间县人，时年四十四岁。

清末太极殿首领太监王瑞清，河北任丘县人，时年六十三岁。

太监制度——贱似虫蚁皇家心腹

清末敬事房首领太监路来福，河北沧县人，时年五十七岁。

清末储秀宫总管太监谦和，河北青县人，时年五十五岁。

清末乾清宫总管太监于寿清，河北大城县人，时年五十一岁。

清末内殿总管太监延寿，河北大城县人，时年四十八岁。

清末内殿总管太监邵兴禄，河北南皮县人，时年四十四岁。

清末重华宫首领太监谭瑞庆，河北献县人，时年五十八岁。

来路还有几条：歹人拐骗别人家的小孩，图的是一笔身价；专门干净身营生的人，诱骗苦寒人家，把当太监的好处说得天花乱坠，使一些人受骗上当，把孩子送上这条断子绝孙路；也有人犯了重罪，用净身当太监，来逃避刑罚。"

看来，逻辑是这样：穷苦人想进宫当太监得些好处，皇家也确实需要使用太监。前面讲到，皇宫是皇帝的家，这点毫无疑问，但这个贵不可及的中国封建社会的第一家庭，常住人口并不多，结构上也有问题，除了皇帝本人，其他人除了作为皇帝妻妾的后妃，就是作为丫鬟的宫女，此外再没别的男人。宫内天天需要大量繁重而又特殊的各类服务，那些服务不可能完全由女人承担，而让男性奴仆出入后宫，则可能造成淫乱。皇帝是谁？皇帝猜忌心比谁都重，绝不允许真正的男性在后宫执役，免得发生对自己不利的事情。所以，找些曾经是男性、却已然没有男性那种能力的太监，就成为在后宫行走最理想的人选。

其实，说到太监的存在，不仅可以防止后宫女子失去贞洁，对皇帝还有其他好处。在整个中国封建时代，虽说是"普天之下，莫非王土，率土之滨，莫非王臣"，全国臣民都该是皇帝的奴仆，但这只是在理论上成立，皇帝仍需要从现实出发，拥有某些真正意义上的家奴。请注意"家奴"这概念，可不是非要较真，因为即使从中国古代封建道德上讲，不但文武百官，就连皇帝身边的女人，都不能算是严格意义上的家奴，他（她）们毕竟还可以多少保留点属于自己的是非观和利益观。有时候，这些人的是非观和利益观，甚至跟皇帝的意志相冲突。太监本来就出身卑贱，有人还不知从哪儿来的，入宫后更与家族和外界脱离了关系，只能以皇帝的是非为是非，以皇帝的利益为利益。况且，他们天天守候在皇帝身旁，抬头不见低头见，不仅可以把皇帝照顾得舒舒服服，也最会察言观色，比任何人都更懂得如何去揣摩皇帝的心思。这样，久而久之，皇帝自然就感到还是这些人可靠，也比较可亲，视他们为自己人。事实也是如此，许多皇帝对于陪伴他多年的太监的信赖，远远超过对任何人的信赖，甚至包括对皇帝的母亲和后妃子女。

但是，皇帝毕竟是皇帝，除了极个别与皇帝有特殊关系的太监之外，一般太监在深宫的生活，那可是相当悲惨的。他们在主子面前奔波忙碌，随时听候传唤，要特别谨慎小心，绝不敢有自己的喜怒哀乐，甚至对屈辱也要表现出乐于承受的样子。据说，明代建文帝有次进膳，太监吴诚在一旁执酒，建文帝吃的烤鹅掉到地下一片，为求主子欢心，吴诚立刻学狗叫，爬去舔吃了那片肉，这就没任何人格可言了——蛤蟆围着甲鱼转，装王八孙子。建文帝当然高兴，也很感动，多年后还记得这事。

据有关史料记载，太监们尽管倍加小心，仍难免动辄得咎。许多时候，并非太监真得有过失，而是主子寻开心，或拿他们出气。主子感到不自在时，太监可能仅因为走路稍快或稍慢，表情过喜或略忧，以及哪怕只是眼睛在看什么地方，

明末司礼监太监王承恩，在崇祯帝最危难时刻伴其左右，直至登景山与崇祯帝对缢而亡。清顺治二年(1645)，顺治帝特命于崇祯帝思陵旁为其建墓，立御制旌忠碑，并亲撰碑文，以表彰他对君主的忠心，也欲使后世人臣效范。

端康皇太妃晚年在宫内与太监的合影

隆裕皇太后（光绪皇后）逊位后，与太监们在御花园。

都会招致一顿毒打。明代天启年间发明一种刑杖，专门用来打太监的，头粗尾细，头上刻着"寿"字。这种寿杖打在冬瓜上，瓜烂而瓜皮完好，打在人身上，同样肉烂而皮肤不裂。清代沿用了这套刑具，并有所革新，杖中灌进铅，被杖者只需十几下，即可毙命。曾有数百名太监，死在这种刑杖下。

长年生活在宫内这种特殊环境，也就塑造出太监们特有的个性。从外表看，他们大都面白无须，体态似男非女，说话声调尖细。由于泌尿系统致残，太监多有尿裤子的毛病，身上常常臊臭气味熏人。奇怪的是，是不是从小当皇子就闻惯了，皇帝好像对此倒不在乎。生殖器官丧失，也往往使太监的情绪极不稳定，喜欢自我哀怜，动辄伤感，或为一点小事就气愤，耍弄心计。而且，就多数而言，太监比较爱贪占小便宜，不放过任何利用职权捞取外快的机会。某些太监喜欢聚众赌

走 进 大 内
细说明清皇权帝制

执役太监

执役太监

清末太监宫内当差。

太监制度——贱似虫蚁皇家心腹

清末太监在御花园内。

民国成立后，逊帝溥仪仍可在宫内役使太监。

宫内杖责太监旧照

博,喝酒浇愁。他们在饮食上,则好吃动物的性器官,听说最爱吃的是牛鞭和驴鞭,称之为"挽手",雌性动物的性器官也吃,称之为"挽口"。这些人,还由于生理和心理上严重失衡,多数人念佛,相信因果报应,认为自己被阉割当了太监,不过是如同和尚削发出家,都不能再干那种事罢了。进入中年以后的太监,允许收养义子。可能有义子记在名下,他们就不会太过悲伤地觉得自己不能生育,永远断子绝孙,感到死后也不至于听不到哭声,沦为无人问津的孤魂野鬼。

从医学角度看,太监虽然失去了性器官,却未必完全丧失了性意识,这就难免要闹出事来。有些太监尽管被阉割过,其生理表征并不像阉人,仍接近于正常男人。如《明宫史》的作者刘若愚,是明万历朝太监,就长着胡子,自己还为此得意。明太祖朱元璋曾规定太监娶妻要受剥皮大刑,这一祖训到了后来,简直形同虚设。明宪宗时,太监龙润不仅有妻,还有美妾,甚至敢把大臣方英的妻子夺到手中。

说到太监娶妻,当然并非真去过性生活,他们也不可能过正常的性生活,完全是为满足其心理和生理(如视觉、听觉、嗅觉、触觉)上的需要。因为太监内心深处,本来就不愿承认自己是非正常的男人,有人无时不想证明自己还是个男人,如果能让人忽略他们受过宫刑,娶妻便成了最大的慰藉。由皇帝赏赐妻室,当然是太监最渴望的恩宠,但又有几个太监能享此殊荣?所以,许多有权有势的太监,就强抢民女,掳掠人妻。明英宗时,镇守大同的太监韦力转,逼迫部下的妻子与其奸宿,对方不从,韦力转便打死她丈夫。后来,性意识特别强烈的韦力转,又与养子之妻淫戏,被养子发现,韦力转用箭射杀养子,占有养子之妻。

实际上,能够娶妻纳妾的太监,在历史上少之又少,多数太监无此机会。故而,不少太监把性欲宣泄的对象,对准同样呈性饥渴状态的宫女,或者皇帝的乳母。

定兴人侯二的妻子客氏,十八岁时由奶子府选送入宫,成为后来明熹宗朱由校的乳母。朱由校当上皇帝,便敕封客氏为奉圣夫人,地位仿佛太后。史载,客氏是个性欲旺盛、又骚又浪的女人,他先和太监首领魏朝鬼混,后听说魏忠贤是半真半假的太监，性能力比魏朝还强，又跟魏忠贤搞到一起。客氏与魏忠贤求欢火热，奸情甚浓，魏忠贤也在客氏帮助下，很快升任司礼监秉笔太监，权倾当朝。但两人虽配合默契，经常搞得不亦乐乎，终归感觉缺少点什么。他（她）们听江湖术士讲，男孩的脑髓吃后能让阉物复生，就到处高价购买童男脑髓。魏忠贤还杀死七名成年男性囚犯，吞吃了他们的脑髓。野史传闻说，他跟客氏的寻欢作乐，竟因此更加热火朝天。

太监和女人如何行淫，一直是个谜。使用生殖器官来过性生活，显然不可能，那就只有在相互观赏和互相触摸中行乐了。但有一点可以肯定，某些太监是借助假阳具来宣泄淫欲，为此不惜将对方弄死。明武宗时大太监刘瑾，就曾在淫乐时用假阳具弄死过宫女。明万历时也有个太监，将卖艺女子用假阳具弄死，以至激起民愤，朝廷将其杀头抵罪。

太监和宫女之间产生暧昧关系，清代管这叫"对食"，当事者双方互称"菜户"。明代后宫，太监数万，宫女数千，同是沦落宫内人，他（她）们生活寂寞，感情无法宣泄，有些人就暗中好上了。而双方一旦好上，竟也如同夫妻，太监对他所爱的宫女，可以任劳任怨，听凭驱遣，甚至不愿再供养家中父母，把好东西全给了宫女。而宫女若看上哪位太监，也会心疼那位太监，不让他干太多的活儿，支使别的太监干。许多太监宫女，还在花前月下彼此盟誓，决心终生相爱，不再与别人来往。如清代宫女吴氏，曾与太监宋保相爱，吴氏后来移情于太监张进朝，宋保不胜愤懑，以至万念俱灰，出宫削发为僧。宫中其他太监知道后，对宋保评价很高。

明代太监机构至为发达，职能全面，分设十二监四司八局，号称"二十四衙门"。其中，司礼监是地位最高的太监机构，首领掌玺太监有权代替皇帝用朱笔批阅章奏，使明朝皇帝轻松了不少，可用更多时间去纵情声色。同时，司礼监掌玺太监还掌管着特务机构"东厂"，负责替皇帝监察文武百官的动向，有随意抓人和审讯处置的权力。当年，东厂衙署悬挂的匾额上，赫然悬挂"朝廷心腹"的匾额，相当吓人。除了这二十四个固定不变的太监衙门，明代为使用太监还设有各种专职机构三十余所，宫内外役使的太监总数，最多时达十万人。

说到太监为害之巨，史家常论汉唐，其实明代的情况更严重。明代太监，虽然没像东汉末年和晚唐时期的太监那样，将天子的立废生死都操之于手，但他们

明代东厂锦衣卫木印

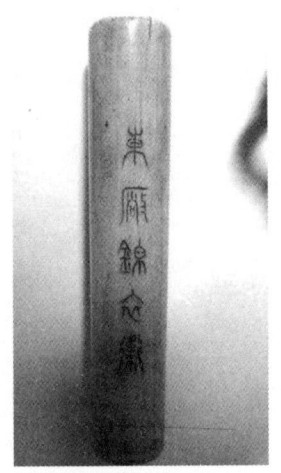

明代东厂锦衣卫腰牌

明代东厂锦衣卫飞鱼服

用事之久,握有权力之大,汉、唐太监也自叹不如。明自永乐以来太监便见得势,直到明思宗缢死景山,二百多年来一直活跃在明代朝堂上。而且自明正统以后,几乎每朝都有权倾人主的大太监出现,如王振、汪直、刘瑾者流。这些家伙,无不为所欲为。

到明末天启年间,大太监魏忠贤当权,数年工夫做到"九千岁",生祠遍天下,与天启帝有"并帝"之说。然而,话虽如此,魏忠贤想干什么,仍要奏明在位的明熹宗天启帝,他想杀害什么人,也要百般设计,总要骗得明熹宗认可,才可放手去干。所以,当天启帝在位时,魏忠贤手握皇权,口含天宪,实际上与当朝天子无异,而一旦天启帝辞世,他又成为一个虚弱无依、难于自立的人。天启帝将死之际,魏忠贤原想阻止召回外地的信王朱由检,使他不能继承皇位。魏忠贤还多次与拜倒在他门下的崔呈秀商议,想篡夺皇权,想来想去,没敢动手。天启七年(1627)八月,年仅十八岁的信王朱由检奉诏入京,受遗命登帝位,是为崇祯帝。那时,魏忠贤的党羽遍布朝中,他不但掌管可以随便抓人杀人的东厂,宫里还有听命于他的数以千计习武的太监。刚继位的崇祯帝,原来是个地方藩王,立足未稳,和魏忠贤相比,强弱之势相去甚远。但崇祯帝引而不发,和魏忠贤暗斗了三个月,最终垮下来的不是崇祯帝,而是失去依仗的魏忠贤。天启七年(1627)十一月,魏忠贤被发配凤阳安置,途中接到崇祯帝诏书,迫其悬梁自尽。可见,在政治上再能折腾的太监,有帝势可倚时气焰熏天,失去帝势又虚弱至此。这结果,即使在当时朝野上下,也挺出乎人们预料。

清乾隆七年(1742)十二月,乾隆帝弘历在编写《国朝宫史》的上谕中说:"明亡,不亡于流贼,而亡于宦官。"又说："我朝列圣家法，事事超越往古，而内廷法制，尤为严密。世祖章皇帝御位之初，即立铁牌于内务府，永禁内监不得干预朝政，迄今百有余年，从无一人能窃弄威福者，固由于法制之整肃，而实由于君德之清明。"乾隆帝的这些话，说得不过分。清朝统治者充分认识到明朝太监干政造成的严重恶果，从入关后，历代清帝都十分重视这个问题。

顺治以后，康熙、雍正、乾隆三朝，尤其是嘉庆、道光两朝，对宫中太监的管理一直十分严格，不仅抄录顺治"铁牌"上的敕谕，在宫中各处张挂，告诫太监不可疏忽大意，而且针对太监中发生的问题，制定了许多"治罪条例"。不过，这些曾经行之有效的太监管理制度，随着清末同治、光绪两帝幼年即位，慈禧皇太后垂帘听政，逐渐废弛。

太监不许干预朝政，这本是清朝的祖宗成法。可是，咸丰十一年（1861）七月，久患虚痨的咸丰帝在承德病逝，慈安、慈禧两宫皇太后，为从顾命大臣手中夺取朝政大权，密派慈禧太后手下亲信太监安德海，回京给恭亲王奕䜣送信，为此后发生的"辛酉政变"穿针引线。两宫皇太后垂帘听政后，安德海升官晋爵，恩宠有加，成了朝中显赫一时的大太监。同治八年（1869）八月，慈禧私派安德海到

清末交泰殿丹墀下的太监值房

民国年间流落北京街头的出宫太监

江浙一带置办龙衣。这时候的安德海，自恃有慈禧撑腰，已然忘乎所以，竟不顾"太监不得在外招摇生事"的禁令，携带男女多人，一路耀武扬威，敲诈勒索，结果被山东巡抚丁宝桢奉慈安懿旨，在山东泰安县拿获正法。

光绪七年（1881），慈安皇太后暴死宫中，朝政由慈禧一人独揽。在此后近三十年间，慈禧实行独裁统治，重用亲信，打击异己，对象也包括太监在内。慈禧太后的心腹太监李莲英，公开结交官员，干预政事，慈禧不仅不闻不问，还于光绪二十年（1894）正月破格赏加二品顶戴，后来又派他与醇亲王一起到天津校阅北洋水师。但时隔不久，当"戊戌变法"失败后，慈禧却以"太监干预朝政"为名，将光绪、珍妃的太监全部治罪，重者杖死。显然，所谓祖宗法规，对慈禧太后来说，只是政治斗争的工具，在她的淫威统治下，实际上一切都是顺她者昌，逆她者亡。继李莲英之后的张兰德，俗称"小德张"，是清末隆裕皇太后的总管太监。他在宫中声势显赫，结交外官，干预朝政，与李莲英相比，有过之而无不及。听说有时候，就连隆裕皇太后本人，也得让他几分。

清制还规定，太监因年老体弱或患病不能当差时，经总管太监奏明属实，可以退役出宫为民。这些人离开紫禁城后，政治上受歧视，人格上受污辱，亲戚朋友怕丢脸，不敢理睬他们，就连自己家里人，也不愿要他们，说他们死后不能归宗入祖坟。还有一部分太监，六亲难靠，无家可归，又丧失劳动能力，寺庙便成了栖身之所。他们当太监时积蓄一点钱，为的就是晚年出宫后使用。到了寺庙，拜

太监制度——贱似虫蚁皇家心腹

慈禧太后宠信太监李莲英旧照

隆裕太后总管太监小德张晚年照

小德张故居旧照

慈禧太后在颐和园仁寿殿前乘舆照,前为总管太监李莲英(右)和崔玉贵(左)。

慈禧太后在颐和园乐寿堂前与后妃、太监等人合影,地上趴着她的爱犬。

方丈住持为师，或买点土地交给寺庙，靠寺庙的常年香火和自己经管土地的一点收获，来维持生计，死后则就地埋葬。这种悲惨境遇，晚清太监张德修说得详细。他说："太监在宫里一般都是从小干到老，直到无力服侍人的时候，还是得被赶出宫去。出宫以后，往哪儿去呢？哪儿是我们太监安身立命的地界儿呢？像大太监李莲英、小德张，或比他们次一等的太监，是不用发愁的。我们这些一般的太监，可就不行了。头一条，那时太监是被人瞧不起的，骂太监是'老宫'，这种话当然要影响到三亲六故了，谁愿意跟一个没混出头的太监认亲戚呢？第二条，当太监的大多出身于贫苦人家，你在宫里待了几十年，自己的家，也许早就没处找了，有的太监是自幼被人拐骗来的，压根儿就不知道家在哪里。第三条，我们从小伤了身子，在宫里除了伺候人，什么手艺也没学会，真是栖身无所、谋生无术啊。这样，太监们就只有把超脱尘世的寺庙，当作苟延残喘的地界了。"

　　清末，北京城郊的恩济庄、立马关帝庙、金山宝藏寺、岫云观、玄真观等二十余处寺庙道观，都是出宫太监生活过的地方，至今仍留有他们生活的遗迹。

共和风云
——中华帝制寿终正寝

大清王朝覆灭后的第十三个年头，1924年11月5日，是个应当记住的日子。这天上午九点，冯玉祥部队开进紫禁城，命令清逊帝溥仪三小时内离宫，否则对任何后果概不负责。至此，溥仪结束了他在《我的前半生》中所说的"人世间最荒谬的少年时代"。他后来还说："其所以荒谬，就在于中华号称民国，人类进入了20世纪，而我仍然过着原封未动的帝王生活，呼吸着19世纪遗下的灰尘。"

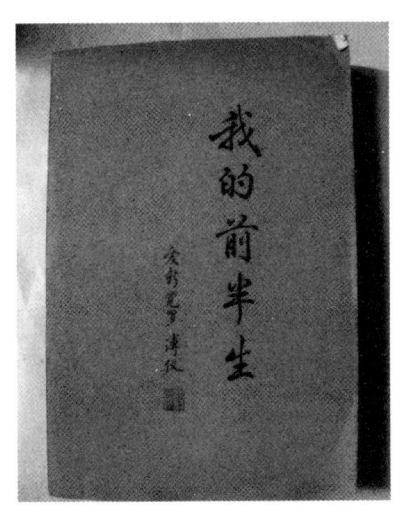

溥仪《我的前半生》书影

1924年11月5日，京畿卫戍司令鹿钟麟（前），带士兵逼溥仪出宫，内务府大臣绍英（身穿长袍马褂者）紧随其后，与之周旋。

逊帝溥仪与婉容婚后，在紫禁城里日子过得不错，只是越来越不像皇上了。

1961年10月13日，溥仪（中）与鹿钟麟（左）在政协礼堂第四会议室相见，两人感慨万千。

在中国有文字记载的五千年历史中，大清王朝统治中国的时间，不过268年。但就在这268年的时间里，中国社会经历了历史上最为激荡的变革局面。清代前期，当康熙帝派出精兵强将水陆并进会战雅克萨，粉碎沙俄侵略中国东北的企图，当乾隆帝十次派出大军靖边纾难越境扬威，巅峰时期的中国封建王朝，是一个屹立在世界东方的威严不可侵犯的超级大国。大清王朝也曾经略海疆，在东南沿海，与琉球、苏禄、安南、暹罗等国家建立了藩属体制，成为领袖东亚文明的中心。然而，无奈岁月星河，枝蔓流变，盛世繁荣的背后，一场来自西方资本主义世界的强大冲击，已呈山雨欲来风满楼之势，古老王朝面临着前所未有的危难和困厄。大清步入衰落的中后期，正是世界历史的18世纪，西半球欧美的土地上崛起了一批资本主义国家，在纷纷确立资本主义制度之后，迅速开展了产业革命。蒸汽机的强劲动力，大机器的生产方式，极大地催化了欧美国家的社会生产力，发展日新月异。而大清王朝缔造的封建文明，虽然是农耕社会发展的巅峰，却终无法与资本主义文明相比。故当西方殖民主义者越洋而来，用炮舰轰击中国闭关锁国的大门，迫使清王朝必须面对资本主义文明的时候，几千年来积淀的封建文明相形见绌，几乎没有任何抗衡的实力。于是，战争惨败，口岸开放，土地割让，外国公使驻京……一系列破坏王朝统治秩序、摧毁民族尊严的灾难降临了，天朝大门被打开，大清王朝一步步走向沉沦的深渊。

2000年8月14日，是八国联军攻陷北京的国耻百年祭日。就在这天，中国第一历史档案馆首次对外公布了6600余件八国联军侵华档案，以及300余幅相关图片，向正在满怀信心迈向21世纪美好未来的中华民族，揭开了百年前不堪回首的一幕。

那确实是极为屈辱的一幕——1900年8月间，英、美、俄、法、德、意、奥、日八国组成侵华联军，发动了对中国的野蛮战争。这年8月4日，近两万名侵略军从天津出发，沿运河两岸直扑北京，十天后兵临城下。联军来得如此之快，大大出乎慈禧太后预料，打定主意跑为上策。8月15日凌晨，慈禧换上一套农村妇女穿的衣服，带着光绪帝，出德胜门离京，经太原往西安逃窜。几乎未经抵抗的八国联军，大摇大摆地进入北京城后，疯狂屠杀义和团团民和平民，造成"京内尸骨积地，腐肉血流纵横"的惨象。联军统帅部还发布特许令，放纵自己的军队可以公开抢劫三天，许多官库、商店和民居被洗劫一空。特别是当面对聚藏着无数稀世珍宝的具有无限神秘感的紫禁城时，各国强盗们兽性大发，以去"参观"、"瞻仰"为名，竞相肆行掳掠。若问被他们掠走的财富究竟有多少，恐怕永远是个弄不清的谜团。据事后清廷内务府不完全统计，经过这场空前浩劫，包括此后长达一年之久在北京反复进行的劫掠，以紫禁城为中心的中国皇都"自元明以来积蓄，上自典章文物，下至国宝奇珍，扫地遂尽"，所失"数十万万不止"。联军总司令瓦德西，也不得不承认："所有中国此次毁损及抢劫之损失，其详数将永远不能查出，但为数必将重大无疑。"八国联军侵入北京后，还将北京划分为俄、英、日、美、法、德几个占领区，实施占领达一年之久。

清王朝的反动腐朽，在这次事变中充分暴露出来。1901年2月14日，躲在西安的慈禧太后与光绪帝，见列强虽然占领北京，并没有让他们下台的意思，便发布了一道"罪己诏"，竭力向列强乞降，表示将"全行照允"列强所提出的侵略要求，甚至厚颜无耻地说，为此将不惜"量中华之物力，结与国之欢心"。1901年9月7日，

1900年,向北京进犯的八国联军沿京杭大运河两岸开进。

八国联军在天安门前列队检阅,准备进入紫禁城。

八国联军攻入京师,北京成为列强屠戮中国人民的刑场。

日军在安定门外残杀义和团团民,血腥发指。

德军监杀义和团团民。

走 进 大 内
细说明清皇权帝制

英军在菜市口监杀义和团团民。

北京城陷之日，法军将中国百姓逼到死胡同内，用机枪射杀。

设在景山内的俄国兵营，在八国联军中，俄军军纪最坏。

由奕劻、李鸿章代表清廷,与英、德、俄、法、美、日、意、奥、比、西、荷11国公使,签订了中国历史上空前惨痛的卖国条约——《辛丑条约》。这个条约规定,清廷向列强赔偿白银4.5亿两,年息4厘,分39年还清,本利共计9.8亿两,加上各省地方赔款2000多万两,总数超过10亿两;北京的东交民巷划为单独使馆区,各国可在使馆内驻兵,中国人不得在此界内居住;拆毁大沽炮台及从北京到山海关沿途的防御工事,天津周围20公里以内不准驻扎中国军队,两年内中国不得从外国进口军火和制造军火的原料;永远禁止中国人成立或加入任何反帝组织,违者处死,各级官吏对反帝斗争必须弹压惩办,对曾经抵抗过侵略者的某些亲王、大臣及各省文武官员,则分别予以斩首、充军或革职处分;将总理各国事务衙门改为外务部,位列六部之首,以便日后可以更迅速地满足列强的要求;清廷分别派钦差大臣赴德、日两国谢罪,并为在中国丧命的侵略者树碑立传。总之,《辛丑条约》是列强用暴力强加在中国人民头上的沉重枷锁,也是清王朝甘心充当帝国主义走狗的卖身契。通过这个条约,帝国主义大大加强了他们在华的统治势力,进行野蛮的军事监督、政治奴役和经济掠夺,使中国彻底沦为半殖民地半封建社会。

庚子年间北京难民惨况

光绪二十七年(1901),载沣被派为头等专使大臣,赴德国为德驻华公使克林德被杀一事"谢罪"。

庚子议和期间,苦撑危局的清廷谈判代表李鸿章,屈辱地接受了列强提出的苛刻要求。

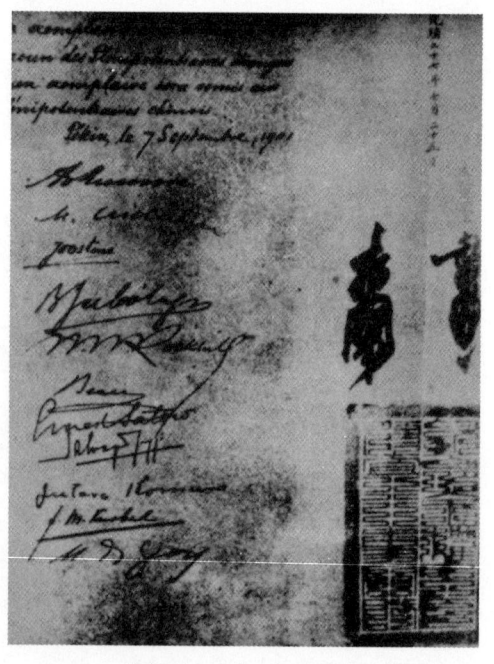

《辛丑条约》英文原件

康有为向光绪帝呈送的《日本变政考》及《俄罗斯大彼得变政记》。书中，康有为以日本明治维新和俄国彼得大帝政治改革为例，主张改君主专制为君主立宪，在不动摇清朝统治的前提下，变法图强。

早在中日甲午战后，光绪帝深感国势日衰，山河破碎，不甘做亡国之君，遂起意维新变法。在其师翁同龢等人推荐下，与维新派人士广泛接触，并阅读了大量有关维新的书籍。

光绪帝颁布的《明定国是诏》

"戊戌政变"后慈禧囚禁光绪帝的瀛台

1908年，光绪帝出殡场面，备极冷清。

走 进 大 内
细说明清皇权帝制

辛亥革命前夕，六岁的宣统帝溥仪与隆裕太后端坐在宫内，还不知道大厦之将倾。

辛亥革命前夕，在河南老家赋闲的袁世凯，自号"洹上钓叟"，实则伺机而动。

"武昌首义"中被革命军攻克的湖广总督署

当此亡国灭种惨祸临头之际，灾难深重的中华民族向何处去，这已经是一个无法回避的问题。自"戊戌变法"以来，以康有为、梁启超为代表的资产阶级改良派，就在呼号爱国救亡变法图强，提出君主立宪的建国方案，试图在不触动封建制度的前提下，进行资本主义改良。而正在崛起的以孙中山为代表的资产阶级革命派，则与之针锋相对，呼唤一条鲜明的解救中国危亡的道路——通过武装斗争，推翻满清王朝，在中国建立资产阶级共和国。当时，是继续封建帝制，还是争取共和，两种意见争执得如火如荼。改良派主张保持君主制度的理由是，如果破坏现行秩序，可能引起列强干涉，招致瓜分中国，所以要爱国，就不该革命。革命派在驳斥"革命会招致列强瓜分中国"的谬论时说，是清王朝的腐朽统治导致列强瓜分中国的危机，只有革命才能创造新的民族机运，使中国避免亡国之祸。革命派驳斥了爱国不应革命的谬论，说改良派爱的是清王朝这个卖国政府，根本不是爱中国，只有用革命推翻卖国政府，才叫真正的爱国。

争论的结果，革命派取得决定性胜利，使广大人民划清了革命派与改良派的界限，投身到以暴力推翻清王朝的武装起义中来，如1906年的萍醴起义，1907年的黄冈起义、潮惠起义、防城起义、钦州起义、镇南关起义、河口起义、皖浙起义，1908年的安庆起义，1910年的广州起义，1911年4月27日的广州再次起义，鲜血染红了南国大地。这些起义，虽因种种原因失败，却沉重打击了清王朝的统治。

1911年是辛亥之年，这年10月10日爆发的武昌起义，终于敲响了清王朝的丧钟。起义胜利的消息震撼全国，不到两个月的时间，先后有湖南、陕西、江西、山西、云南、贵州、江苏、浙江、广西、安徽、广东、福建、四川等省宣告光复。次年元旦，中华民国南京临时政府成立，从海外回国的孙中山就任临时大总统。这意味着中国历史上第一个资产阶级共和国已经诞生，宣判了清王朝统治的破产。

清王朝这时乱了方寸，违心地启用他们根本就不信任、正赋闲在河南老家的北洋军阀头子袁世凯，任命他为湖广总督，企图依靠他来挽回危局。老奸巨猾的袁世凯，见实现个人野心的时机已到，在向清廷作了番讨价还价之后，又与帝国主义列强达成交易，出任内阁总理大臣，得以统揽全局。他当然不愿为清廷去卖命，对南方革命势力也视若仇雠，他要的是清王朝和南方革命势力都对他做出让步。他的如意算盘是：既不让清王朝立刻垮台，也要防止南方革命势力进一步取得胜利，那就得用革命来恐吓清廷，办法是如果清廷不照他说的办，他也无法收拾局面，

这时,孙中山还不是革命家,正写信求取李鸿章赏识。

鉴湖女侠秋瑾,临刑前那句"秋风秋雨愁煞人",感动后人。

真正为推翻清政府不惜抛头洒血者,是徐锡麟这样的仁人志士。1907年7月6日,他在安庆刺杀安徽巡抚恩铭后起义失败,心肝被恩铭亲兵炒食。

驅除韃虜恢復中華 創立民國平均地權

同盟会十六字宣言

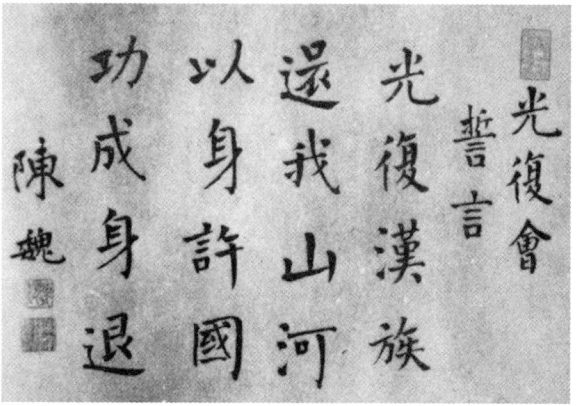

光復會誓言
光復漢族
還我山河
以身許國
功成身退
陳魂

光复会成立宣言

广州起义失败，黄花岗七十二烈士就义前合影。

张勋复辟后，让溥仪高兴了几天。

1912年元旦，孙中山（前排左七）、黄兴（前排左六）等人，在南京参加中华民国临时大总统就职典礼当天，到明孝陵祭奠明太祖朱元璋。

实际指挥武昌起义行动的革命党人孙武

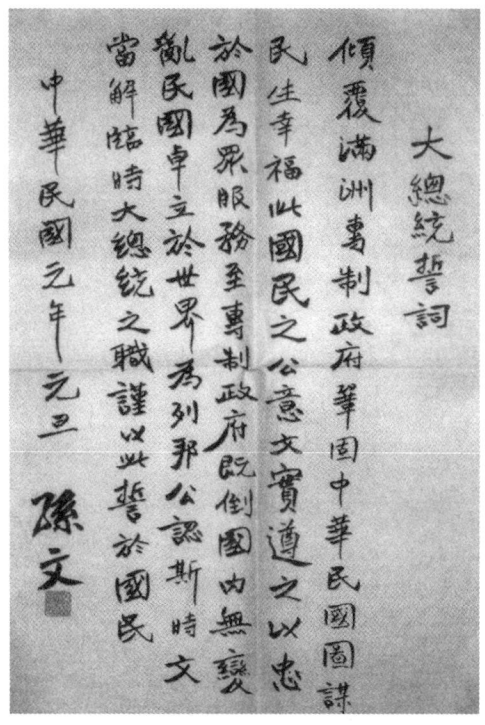

孙中山宣读的《大总统誓词》

不甘当大总统终于当上洪宪皇帝的袁世凯,将自己打扮成这模样,由此可见帝制思想在中国曾多么顽固。

袁世凯窃取辛亥革命胜利果实,在北京就任中华民国临时大总统。

同时用清廷来恐吓革命,如果革命势力不向他妥协,他就效命清廷打到底。

袁世凯在北京翻手为云覆手为雨,这并不奇怪,奇怪的是资产阶级革命派实在软弱,革命的不彻底性也显现出来,主张对袁世凯妥协的倾向占了上风。就连孙中山本人,在来自各方面压力下,都认为只要袁世凯能让清帝退位,让他来做民国大总统,也未尝不可,担心袁世凯一旦大举进攻,不仅南京临时政府要吃败仗,已独立的各省亦将不保。孙中山向袁世凯表示:"如清帝实行退位,宣布共和,则临时政府决不食言,文即可正式宣布解职,以功以能,首推袁氏。"袁世凯在拿到这张底牌后,转而用"共和"压迫清廷,并偷偷把退位后的优待条件告诉清廷,连逼带哄。优待条件是:清帝退位后尊号不废,民国政府以对外国君主之礼相待,岁用400万银元，由民国支付，暂居皇宫，日后移居颐和园，其侍卫人员照旧留用，皇族财产一体保护等等。在这种局面下，隆裕皇太后接连召开几次皇族御前会议，商讨对策，无奈大势已去，只好于2月12日颁布逊位诏书。2月13日，孙中山果然请辞临时大总统职务，推荐袁世凯继任大总统。2月15日，南京临时参议会致电袁世凯，祝贺他已当选为中华民国大总统，并吹捧他为"中华民国第一华盛顿"，敦促他南下就职。袁世凯岂肯放弃苦心经营多年的北洋老巢，策动手下搞了一系列名堂，迫使南京方面妥协，于3月10日在北京就任大总统。就这样，民国虽然成立，清帝虽然退位，辛亥革命的胜利果实，却落到袁世凯手中。

亲身参加过辛亥革命的中共元老林伯渠，在半个世纪前感慨地说："对于许多未经过帝王之治的青年，辛亥革命的政治意义是常被过低估计的。这并不奇怪，因为他们没看到推翻几千年因袭下来的专制政体，是多么不易的一件事。"毛泽东也对辛亥革命做过高度评价，他说：辛亥革命"把天捅了一个大窟窿"，"我们要纪念孙中山先生在'辛亥革命'时期，领导人民推翻帝制、建立共和国的丰功伟绩"。这就是为什么直到今天，中国人民每逢10月10日，仍会隆重举行纪念辛亥革命的活动，每逢"十一"国庆节，都要在天安门广场矗立孙中山先生的画像。

毫无疑问，辛亥革命确使中国人民在思想上获得了一次极大的解放。皇帝在中国封建时代，曾是多么神圣不可侵犯，正所谓"国不可一日无君"，谁若敢对此怀疑，轻则视为"离经叛道"、"非圣无法"，重则成了"乱臣贼子，人人得而诛之"。在以孙中山为代表的资产阶级革命派登上历史舞台之前，有谁提出过应当推翻君主专制制度的主张？从来没有。轰轰烈烈的太平天国革命，是中国旧式农民革命的最高形态，洪秀全做了天王，其实还是皇帝。康有为鼓吹以俄国彼得大帝和日本明治天皇作为中国学习的榜样，之所以在许多人看来有道理，因为那时世界上的主要资本主义国家，除了法国和美国之外，英国、日本、意大利、奥匈帝国、沙俄等，无一不保留着君主制度。孙中山能够在这样的历史条件下，破天荒地第一次在中国历史上，提出推翻帝制、建立共和的革命主张，明确宣告"今者由平民革命所建国民政府，凡为国民皆平等所有参政权，大总统由国民公举，敢有帝制自为者，天下共击之"，该需要何等巨大的政治勇气。

陈独秀在"五四运动"爆发前，说过这样的话："其实，君主也是一种偶像，他本身并没有什么神圣出奇的作用，全靠众人迷信他，尊崇他，才能够号召全国，称作元首。一旦亡了国,像此时清朝皇帝溥仪、俄罗斯皇帝尼古拉二世,比寻常人还要可怜。"他还大声疾呼:"破坏!破坏偶像!破坏虚伪的偶像!吾人信仰,当以真实的合理的为标准。"所以,辛亥革命的政治意义,就在于既然皇帝都可以推倒,那还有什么陈腐的东西,不可以怀疑,不可以打破呢?思想的闸门一经打开,民主精神的普遍高涨,就势不可挡了。尽管辛亥革命后的政治形势十分险恶,但人们毕竟可以大胆地去寻求救中国的出路,不久便迎来"五四运动"。从这个意义上说,没有辛亥革命,就没有"五四运动",就没有中国历史的新纪元。

封建帝制思想在中国是多么根深蒂固,今天的中国人已很难理解。然而,袁世凯这位在辛亥革命中堪称枭雄的窃国大盗,刚刚登上中华民国大总统的宝座,头脑就开始发热,决定取消孙中山制定的《临时约法》,公布了一部由他授意起草的《约法》,规定大总统可以独揽统治权,可以无限期连任,有权推荐自己的继承人。总之,他的这部《约法》,把大总统的权力扩张到相当于封建专制皇帝的地步。但即便如此,袁世凯仍不满足仅当个类似于皇帝的大总统,他当过多年清朝大臣,觉得还是当皇帝过瘾,非常想黄袍加身,做个名副其实的新的封建帝王。为此,他一面寻求列强支持,甚至不惜在日本提出的要变中国为殖民地的"二十一条"上签字,一面在国内网罗封建余孽、流氓打手,组成"筹安会"、"请愿团",鼓噪所谓"一致委托"、"一致拥戴"、"一致劝进"的热闹景象。1915年12月,袁记"国民代表大会"进行国体投票,由于完全是以武力威胁和用金钱收买,结果是1993张选票,票票都赞成君主制,票票都选举袁世凯当皇帝。袁世凯假惺惺地推让一番之后,大摇大摆地在居仁堂接受百官朝贺,改"民国五年"为"洪宪元年",改"中华民国"为"中华帝国"。袁世凯绝没想到,他爬上皇帝宝座之日,就是他政治生涯即将完结之时。孙中山立即发布《讨袁宣言》,号召民众起来讨伐"民贼"。立宪党人蔡锷和国民党人李烈钧,在云南宣布独立,并组织护国军,分三路向四川、贵州、广西进兵。朱执信在广东惠州举事。不久,贵州、广西、广东、浙江、四川、湖南等省,纷纷宣告独立。举国一片讨袁声,使得袁世凯处境窘迫,又耍起了花招,宣布可以撤销帝制,仍做大总统。无奈这时全国人民已看清这个历史罪人的面目,不会再上他的当。1916年6月6日,仅当了83天"洪宪皇帝"的袁世凯,又急又气,在众叛亲离中忧惧而死。

帝制的幽灵,经过如此重创,仍未在中国土地上绝迹。袁世凯死后,北洋军阀集团分化,形成皖、直、奉三大派系。另外拥有一块地盘能自成系统的,还有以阎锡山为首的晋系控制山西,以唐继尧为首的滇系控制云南、贵州,以陆荣廷为首的桂系控制广东、广西和湖南。这些大小军阀各怀鬼胎,演出了一幕幕勾心斗角的丑剧,使帝制覆亡后的中国更加黑暗。在那时乱哄哄的时局中,阴谋复辟大清帝制的张勋,则乘机做了相当可笑的表演。

张勋,江西奉新人,自幼是个无赖,吃喝玩乐偷盗样样都会。1984年投入清军,因随袁世凯在山东屠杀义和团有功,升为总兵。武昌起义后,他以江南提督身份盘踞南京,血腥捕杀革命党人,拒绝和平谈判。当徐绍桢率领的江浙联军攻打南京时,他负隅顽抗,兵败北窜徐州。袁世凯窃国后,他又充当镇压"二次革命"的刽子手,在南京纵兵烧杀掳掠。由于他声称要死心塌地效忠于清朝,他和他的部下在辛亥革命后,依旧保留脑袋后面的那根长辫,人们谑称他为"辫帅",称他的部队为"辫子兵"。袁世凯死后,他在徐州召开四次密谋复辟的会议,自诩"盟主"。正在他伺机蠢蠢欲动时,黎元洪与段祺瑞发生内讧,在北京发生所谓"府院之争"。1917年6月14日,张勋应黎元洪之请,率"辫子兵"5000人到北京。他刚下火车,

1917年6月,张勋利用黎元洪与段祺瑞之间的矛盾,借"调停"为名,率5000名辫子兵开进北京城,撵走大总统黎元洪,把十二岁的逊帝溥仪抬出来,改称此年为宣统九年。

就要挟黎元洪解散国会,取消其所担任大总统之职,又串通康有为等人,上奏被废的宣统帝溥仪,密谋复辟清朝。6月17日清晨,张勋头戴红顶花翎,身穿纱袍,进入故宫,向十二岁的溥仪行叩头请安之礼,恳请他重新上台"拯救中国"、"造福生民"。经过十几天紧锣密鼓的准备,到7月1日,张勋、康有为带着一群封建遗老,来到故宫中和殿,匍匐在地,口称奴才,按大清规矩,向溥仪行三跪九叩之礼。跪在殿外的"辫子兵",则齐呼万岁。溥仪当即宣布,把"民国六年"改为"宣统九年",改各省都督为巡抚,封"武圣"张勋为直隶总督兼北洋大臣,"文圣"康有为为弼

德院副院长和内阁议政大臣。一时间，北京城里沉渣泛起，龙旗飘扬，一些前清旧臣和封建余孽，把盘在头上达六年之久的辫子又放下来，已剪掉辫子的人，则用马尾做成假辫垂到脑后，而且翻箱倒柜，将尘封多年的马褂朝服也穿戴起来，兴高采烈地出现在北京街头。

复辟后的溥仪，坐在乾清宫宝座上，接受张勋、康有为等人朝拜。

张勋复辟的丑剧一经传出，举国震惊，反对复辟讨伐逆贼的呼声，从各地响起。北京、上海等大中城市的报馆关闭，以示抗议，许多地区群众集会，声讨罪魁张勋。孙中山在上海发表《讨逆宣言》，严正指出："此次讨逆之战，非特为民国争生存，且为全民族反抗武力之奋斗。"不久前，与黎元洪争权夺势败北的北洋军阀头子段祺瑞，感到卷土重来的时机已到，立即把自己打扮成反复辟的英雄，于7月3日在

听说皇上又回来了，北京城里沉渣泛起，龙旗飘扬。

马厂誓师，以十倍于张勋的兵力包围北京。7月6日至12日，段祺瑞部与"辫子兵"在廊坊和丰台接战，"辫子兵"大败而逃。"辫帅"张勋一看惹出大祸，狼狈避进荷兰使馆，康有为躲进美国使馆，溥仪宣布退位，逃入英国使馆。这台复辟的丑剧，演出不过12天，即告消歇。

袁世凯与张勋两次复辟逆流的出现，说明虽然经过辛亥革命，封建势力的社会基础并没有发生根本变化，中国还存在着封建复辟的土壤和条件。而两次复辟之所以短命，又表明封建专制毕竟不得人心，表现了经过辛亥革命后中国人民的政治觉悟。这正如孙中山所说，辛亥革命后，"人们连尧、舜、禹、汤、文、武那样的好皇帝，也不满意了"，"自经此役，中国民主政治，已为国人所共认，此后

复辟帝制诸幻想，皆为得罪于国人，而不能存在"。

然而，历史就是这样复杂，此后中华民国虽号称共和，仍然是有名无实。1927年后的中国政权，之所以又被称作"蒋家王朝"，更有其讽刺意味。直至中华人民共和国建立，才真正使中国实现从几千年封建专制向人民民主政治彻底跨越，中华民族的发展，也由此开启全新的历史纪元。

附录一

明代皇帝大事掠影
(1368–1644)

明太祖洪武帝朱元璋大事掠影
（1368−1398）

明将徐达雕像。徐达卒，追封中山王，洪武帝亲制《神道碑文》，推其为"开国功臣第一"。

朱元璋下诏永免凤阳、临淮二县税银徭役。因凤阳系皇帝故乡，临淮为皇陵所在地。

元末天下大乱，朱元璋在群雄逐鹿中披荆斩棘，好不容易建立起大明王朝。因此，如何让自己开创的帝业传之久远，就成为他日夜思考的头等大事。

明太祖朱元璋陵寝——孝陵

朱元璋设立卫所制及将兵法，兵权自掌，以防地方割据。

1368 年，戊申，明洪武元年

正月　朱元璋在应天（今江苏南京）登极，国号为明，建元洪武。立马氏为皇后，世子朱标为皇太子。立卫所制及将兵法，兵权自掌，以防地方割据。

四月　诏禁宦官干预军政。

七月　带刀舍人周宗上疏，请在天下府州县开设学校，获准，是为中国遍设学校之始。

八月　改大都路为北平府，以汴梁（今河南开封）为北京，金陵为南京，置吏、户、礼、兵、工、刑六部，每部设尚书、侍郎等，仍隶中书省。改相国为丞相，李善长为首任。

1369 年，己酉，明洪武二年

正月　立功臣庙于鸡鸣山下。洪武帝亲定功臣位次，以徐达为首，次常遇春、李文忠、邓愈、汤和、沐英等二十一人。死者像祀，生者虚其位。

八月　为防止宦官干政，规定"此辈所事不过洒扫"，"自今内臣不得知书识字"。

1370 年，庚戌，明洪武三年

五月　定科举法，以《四书》文句出题，解释以朱熹《四书集注》为准，定文章格式为八股文。州县级考试录取之考生，称秀才或生员；秀才方可参加省级考试，称乡试，录取称举人；举人方可参加礼部在京城举行的考试，称会试，录取称贡士；贡士再经皇帝策试，称廷试或殿试，录取称进士，进士可以做官。中国科举制度，从此正式建立。

十月　朱元璋致书败遁漠北的元昭宗，告知《元史》已修成，望其知所进退。

十一月　封李善长、徐达、常遇春子茂、李文忠、邓愈、冯胜六人为国公，自汤和以下封侯者二十八人，并赐诰命铁券。

1371 年，辛亥，明洪武四年

正月　左丞相韩国公李善长致仕，授汪广洋为右丞相，胡惟庸为左丞相。

1372 年，壬子，明洪武五年

六月　定六部职掌及岁终考绩法。诫功臣勿骄纵。禁军人接受公侯馈赠。

十二月　朱元璋再致书元昭宗，劝降。

1373 年，癸丑，明洪武六年

五月　修《祖训录》成，内容多汉唐以来藩王事迹可鉴戒者。

七月　授胡惟庸为右丞相。

闰十一月　修《大明律》成，以《唐律》为底本，凡六百零六条，颁行天下。

1374 年，甲寅，明洪武七年

五月　修《皇明宝训》。命此后凡有政绩，史官皆作实录。

1375 年，乙卯，明洪武八年

正月　宋濂修《洪武圣政记》告成。

三月　杀功臣廖永忠。

1376 年，丙辰，明洪武九年

二月　重定诸王及公主岁禄之数，亲王禄五万石，钞二万五千贯，锦四十匹，纻丝三百匹，纱罗各百匹，绢五百匹，冬夏布各千匹，绵二千两，盐二千引，茶千引；靖江王禄二万石，钞万贯，余物半于亲王；公主禄千五百石，钞二千贯，庄田一区，岁纻丝纱各十匹，绢布各三十匹，绵二百两。

六月　废除元行中书省，分全国为十三布政使司。

十月　新建太庙告成。

十一月　平遥县训导叶伯臣应诏上疏，言当今之事太过者三：分封太侈，用刑太繁，求治太急。洪武帝怒曰："小子间吾骨肉，速逮来，吾手射之。"诏下刑部，瘐死狱中。时诸王只建藩号，尚未裂土，后靖难变起，始知叶有先见之明。

十二月　因刑部主事茹太素上书一万七千言，仅言及五事，特颁臣子建言格式，繁文过式者罪之。

1377 年，丁巳，明洪武十年

五月　命李善长、李文忠总领中书省、大都督府及御史台，议军国重事。

六月　命臣民欲言事者，可将所言之事密封，直达御前。

七月　置通政使司，掌内外章奏，于早朝汇达御前。始遣监察御史巡州县，选武臣子弟读书于国子监。

九月　以胡惟庸为左丞相，汪广洋为右丞相。

十二月　选已故功臣子孙五百余人，授官不等。

是岁自洪武八年改建之大内宫殿，告成。

1378 年，戊午，明洪武十一年

三月　始疑胡惟庸，命奏事勿禀中书省。

四月　修凤阳皇陵成。

六月　元昭宗在漠北卒，遣使往祭。

1379 年，己未，明洪武十二年

七月　以右丞相汪广洋未揭发胡惟庸，谪往云南，中途赐死。

1380 年，庚申，明洪武十三年

正月　左丞相胡惟庸以谋反罪伏诛，株连者三万余人。罢中书省，废丞相，政归六部，六部直接对皇帝负责。并诏"以后嗣君毋得议置丞相，臣下敢以此请者，置之重典"。废大都督府，分设中、左、右、前、后五军都督府。设都察院，司纠劾，刑部掌刑狱，大理寺主审查，大狱由三法司共同审处。定南北互换用人之法，南人用于北方，北人用于南方。

三月　遣燕王朱棣驻守北平。

五月　大赦天下，官吏曾误罢者，命还其职。

六月　修《臣戒录》，颁之。

九月　永嘉侯朱亮祖坐诬奏罪，鞭死。

1381年，辛酉，明洪武十四年

正月 暂罢科举，专用辟荐。一时山野平民，获官位者甚多。

二月 核实全国田亩，为三百六十六万七千七百一十五顷。

十月 工部尚书薛祥坐罪，杖死。

是岁宋濂卒。宋濂主修《元史》，为太子朱标恩师。因长孙宋慎同胡案有染，遭到牵连，械送京师，洪武帝欲诛之。朱标为宋濂求情，不惜自杀。马皇后亦曰："民间请一先生，尚不忘待之以礼，岂可如此对待宋濂？况宋濂长年致仕在乡，对孙儿所为必不知情。"宋濂得以免死，发配茂州，途中病亡。

1382年，壬戌，明洪武十五年

正月 命天下来京朝觐官员，各推举所知一人。

四月 命天下通祀孔子。洪武帝宠信僧道，大理寺卿李仕鲁谏之，摔死殿下。置锦衣卫及镇抚司，锦衣卫为皇帝侍从，掌侍卫、缉捕、刑狱之事，下隶执行机构镇抚司。自此皇帝有所诛戮，可不经过三法司，直接交由锦衣卫及镇抚司处理。

八月 马皇后死，年五十一。在世时，常劝朱元璋不要嗜杀。

1383年，癸亥，明洪武十六年

三月 永免凤阳、临淮二县税银徭役。凤阳系皇帝故乡，临淮为皇陵所在地。

五月 命天下卫所率所部赴京师，俟校阅。以应天、太平、镇江、宁国、广德五郡为"兴王之地"，当地民众为开国出力较多，免其税粮。

1384年，甲子，明洪武十七年

正月 孔子五十七代孙来朝，袭封衍圣公，班列文臣之首。

1385年，乙丑，明洪武十八年

正月 考核全国布政司及府州县来京朝觐官员四千一百一十七人，称职者仅四百三十五人，贪污者七百八十五人。

二月 太傅魏国公徐达卒，追封中山王。洪武帝亲制《神道碑文》，推其为"开国功臣第一"。

三月　户部侍郎郭桓贪污被诛，命法司就此拷讯数万人，牵连者多属无辜。

十月　命天下四民（士农工商）各守其业，不许游食（乞讨），庶民之家，不许衣锦绣。

1386年，丙寅，明洪武十九年

四月　赎河南饥民所鬻子女。

八月　选取应天诸府州县地主来京做官，共一千四百六十人。

十月　胡惟庸余党林贤通倭事发，诛其九族。

1387年，丁卯，明洪武二十年

正月　以锦衣卫非法凌虐犯人，命焚其刑具，犯人仍交付刑部审理。

1388年，戊辰，明洪武二十一年

六月　信国公汤和，以年老请归故里。朱元璋大悦，赏赐极厚。

1389年，己巳，明洪武二十二年

正月　改大宗正院为宗人府，管理皇室宗族事务，以秦王朱樉为宗人令。

1390年，庚午，明洪武二十三年

四月　潭王朱梓之妃弟，系胡惟庸余党，朱梓深惧被问罪，与妃自焚死。吉安侯陆仲亨，亦因胡惟庸案被杀。

五月　杀韩国公李善长，因其与胡惟庸往来较多，妻女弟侄七十余人坐诛。

1391年，辛未，明洪武二十四年

七月　徙浙江九布政司及应天十八府州富民一万四千三百余户，充实京师。

1392年，壬申，明洪武二十五年

四月　皇太子朱标病死。

八月　靖宁侯叶升坐胡惟庸案被诛。

九月 立皇孙朱允炆为皇太孙。

1393年，癸酉，明洪武二十六年
二月 凉国公蓝玉以谋反罪处死，诛其九族，牵连者一万五千余人，史称"蓝狱"。
三月 命燕王朱棣、晋王朱棡总制北平、山西军事，有大事方奏闻。
九月 因胡蓝二狱诛杀过当，乃命赦其余党，不再追问。
十月 有罪削爵者，皆复官。
是岁定天下都司卫所，共计都司十七，留守司一，内外卫三百二十九，守御千户所六十五。

1394年，甲戌，明洪武二十七年
十一月 颖国公傅友德赐死，以其请封田地，贪得无厌。
十二月 定远侯王弼赐死。

1395年，乙亥，明洪武二十八年
二月 宋国公冯胜赐死。一说洪武帝召冯胜饮酒，归而暴卒。史载蓝玉狱起之时，时人已知冯胜不免于死。至此，明朝开国元勋，屠戮殆尽。
六月 诏禁黥、刺、剕、劓、阉割之刑，只宜遵循《明律》及《大诰》行事。
九月 颁《皇明祖训》。减诸王岁支五分之四，以充国用。

1396年，丙子，明洪武二十九年
三月 燕王朱棣巡边败鞑靼兵，扬威塞外。

1397年，丁亥，明洪武三十年
五月 以会试所取皆南人，考官白善蹈、覆阅官张信论死，主考官刘三吾因年迈免死，发配戍边。
六月 洪武帝亲自策试诸贡士，录取六十一人，皆北人及川陕人。赐马皇后所生之女安庆公主驸马、都尉欧阳伦死，以其派人出境贩茶。

1398年，戊寅，明洪武三十一年

闰五月　洪武帝死，年七十一，葬于孝陵，谥曰高皇帝，庙号太祖。皇太孙朱允炆即位，是为明惠帝（建文帝）。

六月　燕王朱棣自北平奔丧，将至淮安，被遗诏止之，燕王及诸王皆不悦。惠帝命兵部尚书齐泰、太常卿黄子澄商议削藩。户部侍郎卓敬，密疏燕王雄才大略，士马精良，应将其改封南昌，以便就近控制。惠帝未从。

七月　周王朱橚及世子废为庶人，徙云南蒙化。旋即，齐王朱榑、代王朱桂、岷王朱楩等亦被捕。燕王朱棣深为疑惧。

十一月　燕王朱棣称病，加紧在北平选将练兵。惠帝用齐泰计，调朱棣所部戍守开平，以去其羽翼。命工部侍郎张昺为北平布政使，谢贵、张信掌北平都指挥使司，各授密旨，监控燕王。

明惠帝朱允炆大事掠影
（1399—1402）

附录一 明代皇帝大事掠影（1368—1644）

建文帝朱允炆朝服像

建文帝被迫下罪己诏。

铁铉在靖难之役时，不肯投降燕王朱棣，并召集溃败的士兵坚守济南，朱棣夺位后将其施以磔刑。

明兵部尚书齐泰画像

方孝孺是建文帝的老师，因赞同削藩而得罪燕王朱棣。朱棣攻陷南京后，命其草拟诏书，方孝孺掷笔于地说："死即死耳，诏书不草！"朱棣大怒，将其斩磔于午门之内，灭其十族（九族外加学生）。相传这块留存至今的血迹石，就是当年施刑之处。

1399年，己卯，明建文元年

正月 燕王朱棣遣长史葛诚入京奏事，惠帝问燕邸事，葛诚据实相告。惠帝遣葛诚归燕，使为内应。朱棣察葛诚归来色异，心疑之。

二月 惠帝册封马氏为皇后，立长子朱文奎为皇太子，封弟朱允熥为吴王，朱允熞为衡王，朱允熙为徐王，命"诸王毋得节制文武吏士"。

三月 惠帝命都督宋忠率兵三万屯开平，都督耿瓛练兵山海关，都督徐凯练兵临清，命北平、永清二卫军前移彰德、顺德，以防燕王，又密令张昺、谢贵严为戒备。遣刑部尚书暴昭、户部侍郎夏原吉等二十四人，充采访使，巡行天下。

四月 遣使捉拿被控制伪钞及擅自杀人的湘王朱柏，朱柏恐无以自明，阖家自焚死。齐王朱榑、代王朱桂，皆以罪废为庶人。

六月 岷王朱楩废为庶人，徙漳州。朱棣护卫倪谅密奏惠帝，称燕王部下于谅、周铎有罪。齐泰将二人逮至京师，戮之。惠帝因此事诏责燕王，朱棣大惧，装疯走呼市中，夺人酒食，胡言乱语，或卧土中，终日不醒。

张昺、谢贵前来问候，朱棣盛夏围炉摇颤，曰"寒甚"。葛诚密告张昺、谢贵："燕王本无恙，公等勿懈。"此前，朱棣曾命护卫邓庸入朝奏事，齐泰对其利诱，邓庸具告燕王将举兵内情。齐泰发令往逮燕王及其部属，密使谢贵、张昺同时动手，约葛诚、卢振为内应，北平都指挥张信去捉拿朱棣。张信为燕王旧部，此时叛附朱棣，以实情相告。朱棣流涕下拜："生我一家者，子也。"命部下张玉、朱能等，率壮士八百人入卫。

七月 谢贵、张昺兵围燕王府，称来向燕王禀报，奉命捉拿其有罪官属。朱棣坐东殿，召谢贵、张昺入内饮酒，埋伏壮士，于端礼门内将二人杀死，并杀卢振、葛诚等。七月初五日，朱棣上书惠帝，以"清君侧"为名，称其师曰"靖难"，发兵南下。惠帝闻讯，立刻布告天下，以长兴侯耿炳文为征虏大将军，驸马都尉李坚、都督宁忠为副将，率师并进北平，列阵于真定（今河北正定）。但惠帝同时告诫将士，"毋使朕有杀叔父名"。

十月 朱棣起兵后，一路势如破竹，实力大增。燕军本就训练有素，此时又为利所驱，敢死战。

十一月 朱棣再度上书惠帝自辩，称此举无他意，只为请诛齐泰、黄子澄等乱臣贼子，以安天下。

1400年，庚辰，明建文二年

二月　鞑靼可汗遣使来燕纳款，且请助兵燕王。

六月　惠帝用齐泰、黄子澄计，遣使赦燕王罪，命其罢兵。朱棣置若罔闻。

十二月　山东东昌一役，燕军遭受重创，朱棣数陷危机。朝廷诸将奉惠帝之命，莫敢加刃置其死地。燕王亦以此自恃，每败北，辄以独骑断后，朝廷大军不敢追逼。

1401年，辛巳，明建文三年

正月　朝廷大军痛击燕军于深州（今河北深县），朱棣遂还北平。

二月　朱棣再度南下。

闰三月　诸郡县望风降燕，朱棣尽收各地精锐。惠帝罢齐泰、黄子澄职，实则派其赴外募兵。

四月　惠帝再遣使赴燕，赦燕王朱棣之罪，保证不予追究，请罢兵归藩。朱棣一笑了之。

1402年，壬午，明建文四年

五月　燕师下江苏泗州、盱眙，克扬州，至六合。惠帝一面下诏天下勤王，一面用方孝孺计，遣燕王从姊庆成郡主至朱棣军中，请割地议和。朱棣未许。

六月　江防都督陈瑄，率舟师叛附于燕，燕军遂自瓜洲渡江，兵围京师。惠帝又遣李景隆、谷王朱橞，相继赴燕军请和。朱棣仍未许。十三日，都城陷，宫中火起，惠帝不知所终。十七日，朱棣即皇帝位，是为明成祖文皇帝。恢复周王朱橚、齐王朱榑爵位。清宫三日，诸宫人、女官、内官皆杀死，唯留曾得罪朱允炆者。杀齐泰、黄子澄，诛其九族。杀方孝孺，以其未肯为己起草登极诏书，灭十族（九族及方之学生）。杀练子宁，因其出语不逊，断舌磔死，宗族弃市者一百五十一人。杀卓敬，诛三族。杀铁铉，割耳鼻置油锅中烹死。中山王徐达之子徐辉祖，奉惠帝命与朱棣苦战，亦欲杀之，虑其握有徐达所遗免死铁券，削爵了事。

七月　革除建文年号，改建文四年为明洪武三十五年。杀不附者，刑部尚书暴昭、侯泰，礼部尚书陈迪，户部侍郎郭任、卢迥等人，皆惨死。

八月　左佥都御史景清，早朝时怀刃入，称"欲为故主报仇耳"，磔于市。又夷其九族，掘其先人冢墓，墟其故里，转相株连，斩尽杀绝，谓之"瓜蔓抄"。

九月 大封靖难功臣，邱福为淇国公，朱能为成国公，张武为成阳侯等侯者十三人，徐祥等伯者十一人。徙山西无田之人移民北平，按户给钞，五年后税之。

十月 重修《太祖实录》。

十一月 立妃徐氏（徐达之女）为皇后。废广泽王朱允熥、怀恩王朱允熞为庶人。

明成祖永乐帝朱棣大事掠影
(1403—1424)

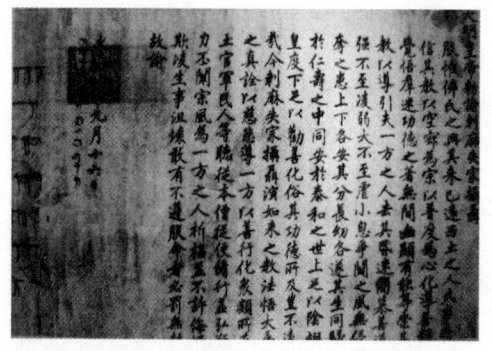

永乐帝朱棣的敕谕，读起来很有意思，跟他父亲一样，满嘴大白话，动辄就是诸如"今俺即了大位子""若有不听管属者，将大法度治他""着狗吃了"之类粗鄙不堪的言语。比较而言，这篇还算是比较有文采的。

明朝设九边军镇，是为防御蒙古等北方少数民族内侵而设立的九个边防区域。

明长城是明朝在北部地区修筑的军事防御工程，亦称边墙，区别于由秦始皇所修的长城。它从东向西，行经辽宁、河北、天津、北京、山西、内蒙、陕西、宁夏、甘肃、青海10个省区市的156个县域，总长度8851.8公里。

《永乐大典》编撰于明永乐年间，是由内阁首辅解缙总编的一部集大成的旷世丛书，初名《文献大成》，是中国百科全书式的文献集。全书22937卷（目录占60卷），11095册，约3.7亿字，汇集了古今图书七八千种，显示了中国古代科学文化的光辉成就。

明成祖手植柏

明成祖朱棣陵寝——长陵

1403年，癸未，明永乐元年

正月　周王朱橚、齐王朱榑、代王朱桂、岷王朱楩，前为建文帝所逐者，皆复其爵，令各归故封。谷王朱橞，以其开门迎降有功，尤为嘉奖，改封长沙，赐乐七奏，卫士三百，寻又增岁禄二千石。下诏以北平为北京。

二月　设留守司、行府、行部、国子监于北京，改北平府为顺天府。遣监察御史分巡天下各地，遂为永制。遣司礼监太监侯显往使西域乌斯藏（今西藏）。自此宦官出使者，不绝于朝。

五月　曹国公李景隆等，修《太祖实录》告成。

七月　命翰林侍读学士解缙等修《永乐大典》。

八月　徙直隶、苏州、浙江等地富民，充实北京。

九月　遣宦官马彬使爪哇、苏门答腊，李兴使暹罗等国。

十月　日本国王源道义遣使来朝入贡，赐以冠服、印玺、金章及锦绮、纱罗细软之物。遣宦官尹庆使满剌加（今马来西亚）、柯枝（今印度西南海岸科钦一带）等国。

是岁始命宦官出镇贵州、广西、宁夏诸边，赐公侯服，位在当地诸将之上。朝鲜遣使入贡。普查全国人口，计六千六百五十九万八千三百三十七人。

1404年，甲申，明永乐二年

二月　会试天下贡士，录进士四百七十人。

四月　以僧道衍为太子少师，赐名姚广孝。立世子朱高炽为皇太子，次子朱高煦为汉王。当靖难兵起，朱高炽居守北平，朱高煦扈从永乐帝，屡有战功，颇为自负，遂谋夺嫡。武臣皆请立朱高煦，解缙等则主立嫡。朱高煦不得立，深恨解缙等人。《文华宝鉴》成，命授予太子，以明帝王之道。

九月　徙山西民万户，充实北京。

十月　长兴侯耿炳文诸子，皆因忠于惠帝而死，耿炳文遭人弹劾，惧而自杀。

十二月　曹国公李景隆，因被诬有"十八子当有天下"之语，死于狱。

1405年，乙酉，明永乐三年

六月　遣宦官郑和出使西洋诸国，遣宦官山寿率兵出云州巡边。此为宦官典兵之始，以后岁以为常。

九月　再徙山西民万户，充实北京。

十月　命宦官伺察驸马都尉梅殷，以为不忠于己，命前军都督谭深、锦衣卫指挥赵曦二人，俟梅殷入朝时，将其挤于笪桥下溺死。

十一月　诏天下有收藏方孝孺诗文者，罪皆至死。庶吉士章朴，因此被戮于市。

1406 年，丙戌，明永乐四年

正月　遣使日本。

六月　诏严禁诽谤。

闰七月　诏以明年五月建北京宫殿，分遣大臣宋礼等人，采木于四川、湖广、江西、浙江、山西等处。

八月　诏通政司，"凡上书奏民事者，虽小必以闻"。废齐王朱榑父子为庶人。

1407 年，丁亥，明永乐五年

正月　诏为僧者过多，命付兵部将其编为士卒，发戍辽东、甘肃。

四月　皇长孙朱瞻基出阁就学，时年十岁，姚广孝等充任讲读。

七月　皇后徐氏死，太子高炽、汉王高煦、赵王高燧，皆徐氏所出。

九月　郑和首次还自西洋，西洋诸国亦遣使同来。

十月　郑和第二次出使西洋。

十一月　遣给事中胡濙以访仙人张邋遢为名，遍行天下州郡县邑，寻访惠帝下落。胡濙历十年始还，仍未获知惠帝音讯，仅将所探民间隐事呈报。《永乐大典》书成，永乐帝亲制序言。

1409 年，己丑，明永乐七年

二月　永乐帝北巡，留皇太子朱高炽京师监国。

八月　郑和第二次返自西洋。

1410 年，庚寅，明永乐八年

二月　亲率大军北征鞑靼，命皇长孙朱瞻基留守京师，户部尚书夏原吉辅之。

六月　经开平至北京。

十一月　还至京师。

1411年，辛卯，明永乐九年

正月　陈瑛初得宠信，为都御史，常罗织罪名诬陷他人，被其灭家者不可胜数。永乐帝后亦不能容忍，将其下狱论死。

六月　郑和第三次自西洋还。

十月　命姚广孝、夏原吉等重修《太祖实录》。

1412年，壬辰，明永乐十年

正月　诏入觐官员一千五百余人，当面各陈民瘼（民间疾苦），不言者罪之。

六月　谕户部："凡郡邑有司及朝使，目击民艰不言者，悉逮治。"

七月　禁宦官干预有司政事。

十二月　以将营建北京，命宋礼赴川蜀伐木。

1413年，癸巳，明永乐十一年

正月　诏："凡朝觐官，境内灾不报者，罪之。"前大理寺左丞王高、右丞刘端，曾纵容方孝孺之子，惧祸弃官逃走，捕杀之。诏宥免建文帝诸臣姻戚。

二月　命北京民户计丁养官马，以备所需。十五丁以下养马一，十六丁以上养马二，更推行于河南等地，民渐苦之。永乐帝赴北京，皇太孙随行，命皇太子监国。北京昌平天寿山长陵，是月告成。

五月　定死罪纳赎条例，当斩者八千贯，当绞者六千贯，纳赎即可免死。

十一月　瓦剌扰边，调各路兵马会于北京，将亲征。

是岁郑和第四次出使西洋。

1414年，甲午，明永乐十二年

正月　发山东、山西、河南及凤阳、淮安、徐州、邳州民十五万，运粮赴宣府（今河北宣化），备征瓦剌。

二月　下诏亲征瓦剌，发马步军五十余万。

三月　从北京出发征瓦剌，皇太孙随行。

六月　明军一路获胜，斩俘无数，穷追至图拉河（今蒙古国境内）。

八月　永乐帝还师，至北京。

闰九月　汉王朱高煦谋夺太子位，罗织太子罪名。永乐帝北征回，因太子奉迎缓慢，且书奏失辞，归咎其部属，多人下狱。

十一月　命儒臣胡广、杨荣、金幼孜等纂修《五经》、《四书》、《性理大全》等书。

是岁宗喀巴派弟子释迦也失进京朝觐，明廷封其为"西天佛子大国师"。

1415年，乙未，明永乐十三年

正月　前交趾右参议解缙，死于狱。解缙在太祖洪武朝时，因批评太祖政令屡改，罢官八年。建文帝时，再出仕。永乐五年，以"泄禁中语"、"廷试读卷不公"谪广西。永乐八年入京奏事，适逢永乐帝北征，谒太子而还。汉王朱高煦因解缙未主立己进谗，谓解缙私谒太子而还，无人臣礼，遂因此下狱。缙死于狱，籍其家，妻子宗族徙辽东。

二月　会试天下贡士于北京。

四月　密令审查太子及其部属，勋旧金忠愿连坐保太子，朱高炽方得以不废。

五月　汉王朱高煦不欲赴云南就封，改封在近地青州，仍迁延不肯前往，永乐帝疑之。

八月　郑和第四次自西洋还，俘苏门答腊王弟苏干剌以献。

十月　诏："自今死罪皆五覆奏，着为令。"

1416年，丙申，明永乐十四年

正月　赈北京、河南、山东饥民，发粟一百三十七万石，又免十二年以前欠赋。

三月　改封赵王朱高燧于彰德。时汉王朱高煦仍居南京，令速赴封地青州，朱高煦拖延如故。

四月　宥齐泰、黄子澄远亲未处置者。

八月　作北京行宫。

九月　疑汉王朱高煦，将其召往北京。

十月　自北京回京师。

十一月　决定迁都北京。发现上月在北京期间，汉王朱高煦在南京私选健士，又募兵三千，多行不法，削其两护卫，以示警诫。

十二月　翰林院编辑《历代名臣奏议》告成。

1417年，丁酉，明永乐十五年

二月　谷王朱橞骄肆，夺民田，侵公税，杀无罪人，招匿亡命，习兵法战阵，废为庶人。

三月　宥杂犯死罪以下囚，命送往北京赎罪。徙封汉王朱高煦于乐安州（今山东广饶）。

四月　北京西宫告成。

五月　永乐帝抵北京。禁兵器卖外国，虽亲勋不宥。郑和第五次出使西洋。

六月　开始营建北京宫殿。

九月　曲阜孔子庙修成。

1418年，戊戌，明永乐十六年

三月　姚广孝卒，以谋策靖难有功，追赠荣国公，永乐帝亲制《神道碑》记之。

四月　日本遣使来贡，然海警犹未绝。

五月　户部尚书夏原吉等，上《太祖实录》共二百五十七卷，又修《太祖宝训》计十五卷，实录自此始定。

六月　皇太子留南京监国。汉王朱高煦、赵王朱高燧谗构百端，令侍从朱高炽监国之臣朝夕自危。永乐帝亦疑太子，遣礼部侍郎胡濙巡江浙诸郡，密令至南京多留数日，以察访太子德行。胡濙以皇太子诚敬孝谨七事密奏，永乐帝之疑始释。

1419年，己亥，明永乐十七年

七月　郑和第五次使西洋还，凡历十九国，皆先后遣使朝贡。

十二月　谕法司，自今在外诸司，死罪咸送京师审录，必三覆奏，然后行刑。

1420年，庚子，明永乐十八年

闰正月　擢布衣马麟等十三人，为布政使参政参议。

七月　命大捕尼姑、女道士数万人入京，欲查获一位名叫唐赛儿的女道士，无果。

八月　置东厂于北京东安门北，以太监掌之，司缉访，刺大小事以闻。自此宦官益发专横，不可遏制。

九月　诏以明年元旦改京师为南京，定北京为京师，设六部，去"行在"之称，命将南京诸司印呈京师北京诸司，别铸南京诸司印，加南京二字。

宦官侯显自永乐元年出使西域，是月又第五次出使，与郑和背道陆路而驰。

十一月　以迁都北京，诏告天下。

十二月　皇太子、皇太孙至北京。北京郊庙宫殿全部告成，论营建功，封薛禄为阳武侯，擢工部郎中蔡信为工部右侍郎。

1421年，辛丑，明永乐十九年

正月　以定都北京，宫庙告成，大赦天下。命郑和第六次出使西洋。

四月　奉天、华盖、谨身三殿火灾。命尚书蹇义等二十六人分巡天下，问军民疾苦，若发现官吏扰民者，奏黜之。

十一月　分遣宦官杨实、御史戴诚等，勘两京及天下库藏出纳之数，核实以闻。又欲北征，户部尚书夏原吉等大臣皆言粮储不足，且连年出师无功，宜休养兵民。永乐帝怒而开罪，将夏原吉下狱，并籍其家，发现夏家除朝廷赏赐外，唯瓦器布衣而已。

1422年，壬寅，明永乐二十年

三月　第三次亲征蒙古。

七月　北征获胜，虏牛羊十余万还师。

九月　郑和第六次自西洋还，诸番国皆随入贡。命宦官及朝臣八十人，核天下仓储出纳之数。

闰十二月　乾清宫火灾。

1423年，癸卯，明永乐二十一年

五月　常山护卫指挥孟贤等，谋毒朱棣，待其死后即废太子，立赵王朱高燧，事发伏诛。

七月　第四次亲征蒙古，击鞑靼阿鲁台。

十一月　永乐帝返京师。

1424年，甲辰，明永乐二十二年

四月　第五次亲征蒙古，命皇太子监国，于六月班师。

五月　因连年用兵，白骨蔽野，免湖广、河南等地田租。浙江周叔光、福建王均亮起事，御史王复奏请发兵剿除。永乐帝问计杨荣，杨荣道："此愚民无知，或为有司所苦，或窘于衣食，不得已相聚山谷，以求苟活。兵出，将益聚不可解，宜遣使招抚。"从之，果平息。

七月　永乐帝病久，想起三年前夏原吉力谏北征之言，叹息"原吉爱我"。至榆木川（今内蒙古乌珠穆沁旗东南），召英国公张辅颁遗诏，传位皇太子，死年六十五。文渊阁大学士杨荣、左监马云等，因六师在外秘不发丧，棺内灌锡液贮尸，尽杀锡工灭口，朝夕传膳如常，派员奉遗命驰报皇太子。

八月　遗诏至京师，皇太子即日遣皇太孙迎丧于开平（多伦）。将夏原吉、黄淮、杨溥、金问等谏言北征获罪之臣，皆释放出狱。皇太子朱高炽即位，是为仁宗昭皇帝。大赦天下，诏以明年为洪熙元年。

九月　赐蹇义等四人银章各一，上镌"绳愆纠谬"四字，谕以"协心赞务，凡有阙失宜言者，用印密封以闻"。立张氏为皇后，皇长子朱瞻基为皇太子。

十一月　宥建文帝诸臣家属，诏"建文诸臣家属，在教坊司、锦衣卫、浣衣局及功臣家为奴者，悉宥为民，还其田土。言事谪戍者，亦如是"。鞑靼阿鲁台闻成祖死，遣使贡马，诏宥其罪。谕曰："自即位后，四方万国罪无大小，悉予赦宥。"遣监察御史汤溑等十四人，分巡天下，考察官吏。诏天下卫所官员，不得擅自役使屯田军士，违者罪之。

十二月　诏建文帝诸臣外亲全家戍边者，留一人在戍所，余悉放还。严禁过多接受藩邦入贡，以省反馈所致浮费。进大学士杨荣为工部尚书，诏以后凡入文渊阁者，皆晋升尚书，于是阁职渐崇。葬成祖文皇帝于长陵。

明仁宗洪熙帝朱高炽大事掠影
（1425）

附录一 明代皇帝大事掠影（1368—1644）

朱棣次子朱高煦，也是正宫皇后所出，在"靖难之役"中协助其父篡位，敢作敢为，但只因不是长子，朱棣便无法让他继承皇位。

明仁宗诚孝皇后张氏画像。她是集皇后、皇太后、太皇太后于一身者，这在明清五百多年的历史上，仅有两位，即明仁宗洪熙帝张皇后和明宪宗成化帝王皇后。她们外在机遇好，内在修养也好，共同特点是积德行善、心净身静、胸怀宽广、品节高洁。因此，她们成为古代女性的典范。

明仁宗朱高炽陵寝——献陵

1425年，乙巳，明洪熙元年

正月　进大学士黄淮为少保兼户部尚书，杨士奇兼兵部尚书，金幼孜兼礼部尚书。建宏文阁，命翰林院学士杨溥掌阁事。

二月　命郑和领下番官军守备南京。

三月　朱高炽欲还都南京，诏北京诸司悉称行在。

五月　诏修文皇帝实录，以英国公张辅、尚书蹇义夏原吉监修，大学士杨士奇为总裁。朱高炽死，在位不及一年。皇太子在南京谒孝陵未至，群臣请郑、襄二王监国。

六月　皇太子朱瞻基即位，是为宣宗章皇帝。以明年为宣德元年，大赦天下。

七月　敕修仁宗实录，以张辅、蹇义、夏原吉及成山侯王通为监修，大学士黄淮、金幼孜、杨荣、杨溥、杨士奇同为总裁。

八月　始设巡抚一职，奉命巡视各地。

九月　葬仁宗昭皇帝朱高炽于献陵。

是岁更定科举法，会试取士不过百人，兼顾南北，南人十分之六，北人十分之四。

明宣宗宣德帝朱瞻基大事掠影
（1426—1435）

朱瞻基处置叔父朱高煦的方式很特别，命人在铜缸周围点燃木炭，把朱高煦活活炙死在缸内。

明宣宗朱瞻基画作《竹树双鹊图》，现藏台北故宫博物院。朱瞻基喜好书画，书法作品有《雪意歌》，绘画作品有《瓜鼠图轴》、《武侯高卧图》、《花下狸奴图》、《戏猿图》、《万年松图》等传世，具有较高艺术水平。

《明宣宗行乐图》，宫廷画师绘。

明江西巡按御史陈祚上疏，劝宣宗读《大学衍义》。宣宗以博览经史自负，下陈祚及家人十余口入狱，囚系五年。

宣德炉，是由明宣宗朱瞻基在大明宣德三年参与设计监造的铜香炉，简称"宣炉"。它是中国历史上第一次运用风磨铜铸成的铜器，在朱瞻基亲自督促下，整个制作过程，包括炼铜、造型必须取自《宣和博古图》和《考古图》等典籍及内府密藏的数百件宋元名窑范式，精选出款制大雅的形制，将之绘成图样恭呈御览，并说明图款的来源和典故的出处，经过筛选确定后，再铸成实物样品让其过目，满意后方准开铸。

明宣宗朱瞻基陵寝——景陵

1426年，丙午，明宣德元年

正月 赦死罪以下之人，令其运粮宣府自赎。遣吏部侍郎黄宗载十五人清理天下军伍，自后以为常。汉王朱高煦遣人献元宵灯，借以窥伺朝廷。宣宗曰："吾惟推至诚以待之耳。"

五月 昔皇后金册金宝，贵妃以下有册无宝，宣宗特请皇太后制金宝赐孙贵妃，贵妃有宝自此始。始立内书堂，使宦官通文墨。洪武年间，太祖严禁太监识字。后设尚宝监，掌御宝图书，皆仅识字而已，不明其义。从此不但允许太监读书，且设专职予以教育。皇帝每日处理奏报，除御笔亲书数本外，余皆由秉笔太监照阁中票拟字样，用朱笔批行，遂与外廷交接往来。宣宗即位后，赐汉王朱高煦、赵王朱高燧较他府为厚，朱高煦有所请，皆曲从其意，由是益自肆。朱高煦于是月谋反，宣宗亲征。

九月 废朱高煦为庶人，囚于宫内，所部多人伏诛。此事牵连赵王朱高燧，用杨士奇之议："今上惟两叔父，有罪者不可赦，其无罪者，宜厚待之。"遂不问赵王。

1427年，丁未，明宣德二年

四月 晋王朱济熿因密遣手下交结汉王，图谋不轨，废为庶人，囚于凤阳，同谋官属皆论死。

十一月 宣宗年三十，胡皇后未有子，孙贵妃因产子更为受宠。宣宗以长子朱祁镇出生，大赦天下，免明年税粮三分之一。

1428年，戊申，明宣德三年

二月 宣宗立朱祁镇为皇太子，孙贵妃佯惊曰："皇后病愈自有子，吾子岂敢先立？"胡皇后知趣，遂自请逊位。

三月 废胡皇后，立孙贵妃为皇后。

六月 宦官裴宗汉盗卖官木，向太监杨庆行贿，下锦衣卫狱。

八月 北寇每岁秋高马肥必扰边，宣宗命整饬兵备巡边。车驾发京师，蹇义、杨荣等扈从，张辅、薛禄等分率各军。皇次子朱祁钰生，母吴妃。

十月 都御史刘观及子贪赃枉法，下锦衣卫狱。杨士奇、杨荣为其说情，谪戍辽东。命宦官郭敬镇守大同。

1429 年，己酉，明宣德四年

四月 杀朱高煦，其诸子皆伏诛。

1430 年，庚戌，明宣德五年

正月 太宗、仁宗两朝实录及宝训修成。户部尚书夏原吉卒。吏部考察天下朝觐官，罢无能者五十五人为民，贪污者二十五人戍边。

九月 擢监察御史于谦为兵部侍郎。

1431 年，辛亥，明宣德六年

正月 命郑和第七次出使西洋。

二月 时宣宗颇喜游猎，江西巡按御史陈祚上疏，劝宣宗读《大学衍义》。宣宗以博览经史自负，下陈祚及家人十余口人狱，囚系五年。

三月 命吏部考察外官。

八月 赵王朱高燧死。

十二月 宦官袁琦自幼随侍宣宗，仗势贪纵，掠取官民财物，事发下锦衣卫狱。往各地逮其党羽，十一人磔于市。

是岁大学士金幼孜卒。

1432 年，壬子，明宣德七年

正月 赐司礼太监金瑛、范洪免死诏。

八月 户部尚书黄福持正不阿，改为南京户部尚书。

1433 年，癸丑，明宣德八年

七月 郑和第七次自西洋还。

1434 年，甲寅，明宣德九年

九月 宣宗巡边，自京师出发，过居庸关，十月自洗马林还宫。

1435年，乙卯，明宣德十年

正月 宣宗死于乾清宫，年三十八。遗诏国家重务，禀皇太后。太子朱祁镇即位，是为英宗睿皇帝，时年九岁。诏以明年为正统元年。

二月 斥请太皇太后垂帘听政者。

六月 葬宣宗于景陵。

九月 以自幼随侍太监王振掌司礼监，呼为先生。王振遂擅作威福，招权纳贿。

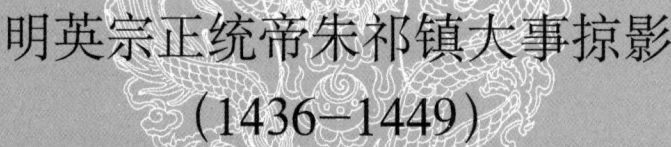

明英宗正统帝朱祁镇大事掠影
（1436—1449）

附录一 明代皇帝大事掠影（1368—1644）

明英宗正统年间御容

明英宗时权监王振的家庙，竟能留存至今。

明英宗赐给京师某佛寺的诏书

北京宦官文化博物馆

"土木之变"明英宗被俘地点

1436年，丙辰，明正统元年

三月 从大学士杨士奇之请，定经筵之制，每月三次在文华殿给皇帝讲经，寒季（十月至十二月）、暑季（五月至七月）两季停。

七月 访得孔子四十八代孙衍圣公孔端友，及宋儒周敦颐、程颢、程颐、司马光、朱熹等贤哲后裔，修其祠墓，免其徭役。

十一月 王振欲令朝臣畏己，借口奏事拖延，怂恿英宗将兵部尚书王骥及兵部侍郎邝埜下狱。

1437年，丁巳，明正统二年

正月 太皇太后欲诛王振。一日，太皇太后在便殿召英国公张辅、大学士杨士奇、杨荣、杨溥、尚书胡濙入朝，称此五人乃先朝遗臣，有事必与之计，非五臣所赞成者不可行。又召王振至，斥曰："汝侍皇帝起居多不律（不合规章），今当赐汝死。"命女官架刀于王振颈上，英宗跪地为王振求命，五大臣亦跪，方免死，嘱以后不得干预国事。王振自此稍有收敛。不久，太皇太后病，王振又复跋扈。

1438年，戊午，明正统三年

四月 《宣宗皇帝实录》告成。

1440年，庚申，明正统五年

二月 杨士奇、杨荣推荐翰林院侍讲学士马愉、曹鼐入内阁，参与机密，以防王振安插奸人。

三月 永乐年间，奉天、华盖、谨身三殿火后，仅稍加修葺。英宗即位，命宦官阮安与都督沈清、工部尚书吴中重建三殿，皆较前壮丽，并修缮乾清、坤宁二宫。

六月 王振喜僧道，京师僧道满街市，达二万二千三百余名。

十一月 河南僧人杨行祥冒充建文帝，下狱死。

1441年，辛酉，明正统六年

三月 兵部侍郎于谦巡抚山西、河南，政声颇佳，每入京师无私谒。王振怀恨在心，使人弹劾"谦以久不迁怨望，擅举人自代"，下法司论死。系狱三月，始释。

九月　奉天、华盖、谨身三殿，及乾清、坤宁宫修复完成。

十一月　因三殿落成，宴文武百官，大赦天下。永乐以来，宦官不得参与外廷宴，而王振非但可以参与，百官呼其为"翁父"。谄事王振者，无不擢升。先前，仁宗欲将京师回迁南京，命北京诸司仍称行在，今宫殿告成，定都北京不变，始去北京行在之称。

1442 年，壬戌，明正统七年

五月　立皇后钱氏。

十月　太皇太后张氏死，王振擅权益发无忌，陷害异己，左右朝政。

1444 年，甲子，明正统九年

七月　因驸马都尉石璟杖责家中宦官，王振怒其贱己同类，陷之下狱。

十月　王振威势日重，自都宪以下见其皆跪。监察御史李俨，在光禄寺监收祭物，不知王振经过。王振怒其不跪，将其下狱，谪戍铁岭卫。

1445 年，乙丑，明正统十年

正月　王振专权日甚，朝臣无敢言者。锦衣卫士卒王永心中不平，历数王振罪恶为书，张贴于城内。事发被捕，处磔刑。

七月　霸州知府张需，因宦官牧马扰民，笞其部属。宦官密告王振，王振遂下张需入锦衣卫狱，箠楚几死，然后戍边。

1446 年，丙寅，明正统十一年

正月　诏王振侄王林世袭锦衣卫指挥佥事官，并授太监曹吉祥等人之弟侄辈世袭副千户。宦官世袭，始于此。

1447 年，丁卯，明正统十二年

三月　国子祭酒李时勉不愿依附王振，乞致仕，朝官送行者三千人。

1449年，己巳，明正统十四年

六月 谨身殿火灾，延及寿天、华盖二殿，门俱毁。

七月 英宗亲征瓦剌。元亡后，蒙古瓦剌部不时引兵南下。是岁夏末，其首领也先拥众入犯大同，边报京师告急。王振建议英宗亲征，兵部尚书邝埜、侍郎于谦则力言"六师不可轻出"。英宗在王振挟持下，率大军五十万经居庸关北出，过怀来，至宣府，未及大同，兵已乏粮，倒毙满路。也先佯避，诱明军深入。

八月 英宗至大同，王振仍欲北行。镇守大同宦官密言王振，言"势决不可行"，前方败报踵至，王振始还师。至土木堡（河北怀来东），已近黄昏，众将建议入保怀来城，因王振押辎重尚未赶至，英宗在此等候。瓦剌军突然四面合围，明军人马饥渴，两日无计脱困。第三日，也先遣使求和，王振派人前去谈判，随之传令突围。大营一动，回旋间行伍已乱，未行三四里，瓦剌劲骑追至，明军仓促应战，死者过半。英宗突围不得出，下马蹲地而坐被俘。护卫将军樊忠，用铁锤杀死王振，言"吾为天下除此贼"。是役，明军死伤数十万，文武从征扈行大臣张辅、曹鼐等死难者五十余人。宦官喜宁投降也先，悉以明廷虚实相告。败讯传至京师，百官皆聚阙下恸哭，皇太后尽搜宫中宝物送也先，请赎还英宗。宣宗次子、英宗之弟郕王朱祁钰，奉皇太后之命监国，是为明代宗。有人认为，北京天数已尽，惟南迁可以纾难。兵部侍郎于谦，力主保卫北京，厉声曰："言南迁者，可斩也。京师天下根本，一动则大事去矣。独不见宋南渡事乎？请速召勤王兵，誓以死守。"皇太后擢于谦为兵部尚书，立皇子朱见濬为皇太子，改名见深，时年二岁，诛王振党羽。此刻，也先至宣府，知不可动，乃退去，又至大同。明大同守将郭登送金帛给也先，请赎回英宗。也先许诺贿至即归还英宗，后出尔反尔。

十月 也先诡称送还英宗，大举入犯北京。于谦分遣诸将，率京师军民二十二万人，列阵九门之外，自在德胜门外督师。也先至城下，索金帛数以亿计被拒，乃攻德胜门。明将石亨将其击败，转攻西直门，再败之。五天后，也先遁去，京师解围。

十二月 朱祁钰以皇太后为上圣皇太后，以生母贤妃吴氏为皇太后，立郕妃汪氏为皇后，徙英宗皇后钱氏为上皇后，别居仁寿宫。

明代宗景泰帝朱祁钰大事掠影
（1450-1457）

明代宗景泰帝朱祁钰御容

明兵部尚书于谦画像

北京明皇蜡像宫内，展示瓦剌军在北京城外抢掠情景。

明代宗确实不愿让明英宗回来。

见轧不出更多油水，瓦剌送还英宗回朝。

明代宗朱祁钰陵寝——景泰陵

1450 年，庚午，明景泰元年

闰正月　也先用叛阉喜宁计，扰宁夏。自土木之变，边将无敢与也先战。大同总兵郭登沙窝之役，全军为之一振。

二月　叛阉喜宁伏诛。

三月　瓦剌又扰边，山西朔州、阳和、偏头关、甘肃庆阳、宁夏等地所过残掠。

七月　明遣使赴瓦剌迎太上皇英宗。也先因景泰帝已即位，再留英宗无意义，将其放归明廷。景泰帝迎英宗于东安门，相互拜泣，推逊良久，送英宗至南宫。

1451 年，辛未，明景泰二年

二月　宦官兴安以皇后之命，度僧道五万余人。尚书于谦谏曰："今四方多流徙之民，三边缺战守之士，度僧道过多，恐乖国本。"

1452 年，壬申，明景泰三年

五月　废皇太子朱见深为沂王，立皇子朱见济为皇太子，废皇后汪氏，立太子生母杭氏为皇后。

1453 年，癸酉，明景泰四年

三月　宦官兴安佞佛，专擅甚于王振。

十一月　皇太子朱见济死。

1454 年，甲戌，明景泰五年

是岁皇帝无大事可叙。也先被杀，诸子离散，瓦剌部衰落，鞑靼势力复振。

1456 年，丙子，明景泰七年

五月　朝臣有言于谦权柄过重。宦官兴安曰："只说日夜与国家分忧，不要钱，不爱官爵，不问家计，朝廷正要用此等人。可寻一个来换于谦？"众皆默然。

十二月　景泰帝朱祁钰病重。

1457年，丁丑，明景泰八年天顺元年

正月 景泰帝病日重，诸臣请早定储位，未允。原大同总兵石亨与太监曹吉祥密谋，认为立太子不如请太上皇朱祁镇复位，可邀功赏。遂将朱祁镇拉上銮舆，从东华门夺门而入，至奉天殿落座，鸣钟鼓，启诸门。百官忽闻殿上喧嚣，无不惊愕。太常卿徐有贞出，称太上皇已复位，召诸臣入贺。百官震骇入谒，朱祁镇曰："卿等以景泰皇帝有疾，迎朕复位，其各任事如故。"景泰帝朱祁钰病卧御榻，闻钟鼓声大惊，问知是太上皇复位，连声曰："好！好！"朱祁镇改景泰八年为天顺元年，论夺门功，命徐有贞任兵部尚书，封石亨为忠国公，下于谦入狱，罪名为意欲迎外藩入继大统，后斩于市，开列于谦党人名单示天下。

二月 废景泰帝朱祁钰仍为郕王，迁于西内居住，是月十七日死，谥曰戾，毁所营寿殿，葬西山。石亨等肆意构陷罪名，杀于谦部下多人，皆忠勇之士。

三月 复立沂王朱见深为皇太子。

六月 下徐有贞入锦衣卫狱，因石亨、曹吉祥等与其相轧。

十月 祭葬王振，为其立祠。英宗渐对石亨恣横有所不满。释放文圭出狱，文圭乃建文帝幼子，被囚时才两岁，此时五十七岁。文圭初出，见牛马不识，未几卒。

明英宗天顺帝朱祁镇大事掠影
(1457—1464)

石亨是帮助明英宗朱祁镇重登皇位的人，朱祁镇对他曾极为信任，得以权倾朝野。后因培植党羽干预朝政，朱祁镇不能忍受，罢其职，石亨瘐死狱中。

孝庄钱皇后，明英宗原配，海州人，都指挥佥事（后封安昌伯）钱贵女。正统七年（1442）立为皇后。英宗被瓦剌部所俘，为迎英宗回朝，她把自己的全部资财捐出，每天悲哀哭泣，以致哭瞎了眼睛。宪宗即位，尊为皇太后，加"慈懿"徽号，死后葬裕陵。

协助明英宗朱祁镇复辟成功的太监曹吉祥，也落得兔死狗烹的下场。

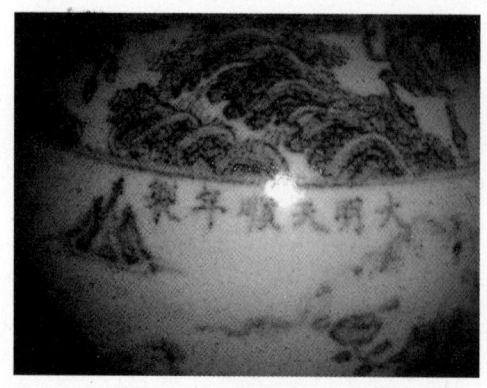

明天顺年制青花松竹梅笔洗

明英宗朱祁镇陵寝——裕陵

1458 年，戊寅，明天顺二年

八月　诏修《一统志》，命李贤为总裁官，书成凡九十卷。

十月　时锦衣校尉四出刺事（侦察事端），所到之处，官吏皆恐，多向其行贿，以求平安，虽皇亲国戚亦所不免。无贿者，则遭逮捕，每捕一人，必破数家。李贤请罢之，英宗不许，其势焰愈张。

1459 年，己卯，明天顺三年

八月　疑石亨与侄石彪内外为援，下石彪锦衣卫狱，并传谕锦衣卫，不得与文武大臣交通，违者依洪武间铁榜治罪。

十月　石亨以招权纳贿等罪，罢官闲居在家。允许冒充夺门有功而擢官者自首，敢隐者罪，四千余人自首。

1460 年，庚辰，明天顺四年

正月　英宗因石亨率众拥戴复位，起初无日不召石亨入朝，备极信任。石亨弟侄辈五十余人，皆冒功入锦衣卫，部曲亲故亦扬言夺门有功，得官者四千余人。石亨每朝觐英宗出宫，必让其徒众广为传播，以张声势。朝臣奔走恐后，竞相依附石亨，以行贿多寡，决定授职高低，行贿先后，决定得官迟早，时有"朱三千"、"龙八百"之说。石亨以宿怨残害忠良，冤狱屡兴，廷臣战栗。其侄石彪所蓄材官猛士不下数万，将帅半出其门。石亨又指使石彪谋镇大同，据此天下精兵处，权倾人主。英宗疑有异志，命群臣议石亨谋叛罪应斩，籍其家。

二月　石亨瘐死狱中，石彪弃市。

1461 年，辛巳，明天顺五年

七月　石亨败，曹吉祥不安，渐蓄异谋，家多藏甲，每日犒赏达官贵人，金钱谷帛任人所取。众人皆愿结为其死党，尽力谋反。遂决定，由太常寺少卿汤序择日拥兵入宫，废英宗帝位，而曹吉祥以禁兵呼应。怀宁伯孙镗、恭顺侯吴瑾获知此讯，密报英宗。曹吉祥知事发，杀数名大臣于朝房，纵火焚烧东西长安门，被孙镗率二千西征军击溃。英宗将曹吉祥、汤序等反臣尽行拿获，同磔于市，籍其家。

1462年，壬午，明天顺六年

九月　上视锦衣卫狱，以告讦者日众，所囚之人愈多，狱舍不能容，于城西武库隙地增置狱舍。

1464年，甲申，明天顺八年

正月　英宗病不起，命宦官牛玉执笔写遗诏，罢宫妃殉葬，传位于太子，死年三十八。太子朱见深时年十八，即帝位，是为宪宗纯皇帝，以明年为成化元年。

三月　毁英宗新设之锦衣卫狱。

七月　立吴氏为皇后，次月即废之。时宪宗十八岁，万贵妃年三十五，受宠擅为，吴皇后谪其过杖之，宪宗怒而废后。其父都督同知吴俊，亦连坐下狱戍边。

十月　立王氏为皇后。时万贵妃宠冠后宫，王皇后处之淡如，万贵妃虽屡谮之，而未奏效。始置皇庄，以抄没曹吉祥土地为宫中庄田，"皇庄"之名自此始。给事中齐庄言："天子以四海为家，何必与小民争利？"弗听。自是，众皇亲国戚，多夺民地为庄田。

明宪宗成化帝朱见深大事掠影
（1465—1487）

明宪宗成化帝朱见深御容

明宪宗极为恩宠比他年长十七岁的万贵妃,任其胡作非为。

明宪宗爱屋及乌,万贵妃宠监汪直竟得以监管指挥九边兵马。

明宪宗为于谦昭雪,其子婿等皆释戍放归。

明宪宗成化年间烧制的景德镇官窑青花瓷,以色泽柔和淡雅绝伦而著称,被推为明瓷之冠。这件小小的成化窑斗彩鸡缸杯,如今市场成交价已达两亿多元人民币。

明宪宗朱见深陵寝——茂陵

明朝皇帝差不多都爱绘画,这幅《一团和气图》,为明宪宗成化帝朱见深所绘,意在阐述三教合一思想。故宫博物院藏。

1465 年，乙酉，明成化元年

二月　为于谦昭雪，其子婿等皆释戍放归。

1466 年，丙戌，明成化二年

是岁皇帝无大事可叙。闰三月　江淮大旱，人相食。

1467 年，丁亥，明成化三年

八月　《英宗睿皇帝实录》告成。

1469 年，己丑，明成化五年

八月　皇亲国戚侵占民田，愈发肆无忌惮。诏以田归民，称"不忍夺小民衣食，附益贵戚"。

1470 年，庚寅，明成化六年

六月　万贵妃恃宪宗恩宠，奢靡无度。宦官梁芳、陈喜争进淫巧之物，奸人屠宗顺等献珍异宝石，皆厚酬之，糜帑百万计，并许以官爵。给事中邱弘上疏论其罪，请追还帑金，逮屠宗顺治罪，没其资以赈饥民，宪宗不许。邱弘又请驱逐京师数万游僧，以省冗食，报闻而已。

七月　纪妃生皇子，万贵妃妒，命太监张敏溺死，张敏藏之他处。时废后吴氏居西内，密知此事，哺养得全。

1471 年，辛卯，明成化七年

十二月　因宪宗不召见大臣，大学士彭时、商辂力请，方约召见。君臣未言几句，大学士万安便知趣顿首，呼万岁欲出，彭时、商辂不得已皆退。以至朝野传笑，谓之"万岁阁老"。宪宗自此不召见大臣。

1475 年，乙未，明成化十一年

四月　乾清宫火灾。

十一月　立皇子朱祐樘为皇太子，大赦天下。

1476年，丙申，明成化十二年

九月 始用万贵妃宠监汪直。汪直为大藤峡瑶民，年少黠谲，累迁御马监太监。宪宗因宠万贵妃，爱屋及乌，欲知晓外间事物，常令汪直易服密出伺察，人皆不知。

1477年，丁酉，明成化十三年

正月 置西厂。永乐中置东厂，命宦官缉访逆谋大奸，与锦衣卫成掎角之势。此时，又别设西厂刺事，所领缇骑倍于东厂，行动权远在锦衣卫之上。命锦衣卫百户韦瑛为心腹，屡兴大狱。自诸王、各镇总兵及全国各地官属，乃至闾阎细故，皆在其侦缉范围之内。汪直每出，随从甚众，官员见之避道。兵部尚书项忠未避，横遭迫辱。凡西厂所捕朝臣，不俟奏请，权焰熏灼，举国骚然。

五月 大学士商辂率众臣弹劾汪直："陛下委听断于直，直又寄耳目于群小，擅作威福，贼虐善良……近自直用事以来，人心疑畏，卿大夫不安于位，商贾不安于途，庶民不安于业，若不急去直，天下安危未可知也。"宪宗得疏，怒曰："用一内竖，何遽危天下？谁主此奏者？"商辂正色曰："朝臣无大小，有罪皆请旨逮问，直擅抄没三品以上京官，大同宣府边城要害，守备俄顷不可缺，直一日械数人。直不去，天下安得不危？"兵部尚书项忠，会同九卿亦弹劾汪直。宪宗不得已，命汪直归御马监，调韦瑛赴边守卫，将西厂诸校尉发回锦衣卫。

六月 因汪直等诬告，罢兵部尚书项忠为民。西厂虽罢，汪直受重用如故。御史戴缙深知帝意，上疏为汪直歌功颂德，宪宗遂复开西厂。商辂等请致仕，许之。商辂既去，诸臣更俯首听汪直命，无敢与抗。

1478年，戊戌，明成化十四年

五月 汪直力荐戴缙、王亿等佞幸之臣荣升佥都御史，朝野皆侧目，谓纪纲扫地。

六月 命汪直巡视辽东边，所过之处随意箠挞官吏，各级守将迎谒惟恐怠慢，汪直随从乘机勒索，远近骚然。

七月 江西人杨福貌似汪直，假冒汪直招摇撞骗，被福州镇守太监卢胜察觉，将其处死。

1479 年，己亥，明成化十五年

七月　命汪直巡视大同、宣府二镇，汪直一路俨然以圣上自居，以至到处传闻"今人但知汪太监也"。有人密报宪宗，宪宗始疑汪直。

闰十月　汪直巡视辽东，路上杀来朝入贡的部落贡使六十人，诬其是来窥边，引发辽东诸部报复。

1481 年，辛丑，明成化十七年

十月　宪宗宠信方士僧道，旁门左道之人授以高官，宪宗每日与其沉瀣一气，扶鸾作乩，沉醉佛事。

1482 年，壬寅，明成化十八年

三月　汪直因长年在外巡边，宠幸日衰。诸臣乘机向宪宗建言，称"东厂法制之善，人易遵循，西厂事出权宜，当革"，宪宗遂罢西厂。

1483 年，癸卯，明成化十九年

八月　东厂主事太监尚铭，揭发汪直所泄禁中秘语，宪宗不快，将汪直贬往南京御马监，并逐其党羽。

1487 年，丁未，明成化二十三年

正月　万贵妃暴卒。

八月　宪宗死，年四十一。

九月　皇太子朱祐樘即位，年十八，是为孝宗敬皇帝。以明年为弘治元年，贬逐宪宗诸佞幸。

十月　将宪宗宠信之禅师、真人、西番法王、国师等一千四百余人，驱逐出朝。

十二月　葬宪宗纯皇帝于茂陵。

明孝宗弘治帝朱祐樘大事掠影
（1488—1505）

附录一 明代皇帝大事掠影（1368—1644）

明孝宗朱祐樘御容

史载明孝宗是颇重声名的皇帝，在位十八年，社会矛盾缓和，人民生活改善，外无大的战争，内无大的动乱，名士能臣层出不穷，孝宗礼贤下士也传为美谈。

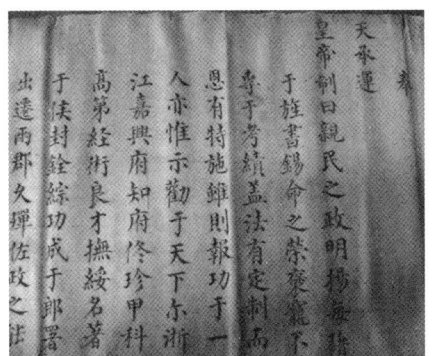

明孝宗朱祐樘御笔

明孝宗孝康敬张皇后年轻时候画像

《明孝宗宝训》书影

时人所绘，明弘治年间朝廷纲纪整肃。

明弘治通宝

明孝宗朱祐樘陵寝——泰陵

1488年,戊申,明弘治元年

正月 诏天下举异才。

1489年,己酉,明弘治二年

正月 收已死宦官田,赐百姓。

1491年,辛亥,明弘治四年

八月 《宪宗皇帝实录》告成。

九月 皇子朱厚照生。

1492年,壬子,明弘治五年

三月 立朱厚照为皇太子。

1497年,丁巳,明弘治十年

二月 孝宗自弘治八年后,视朝渐少。宦官李广,以擅长斋醮、烧炼之事受宠。

三月 孝宗从阁臣之请,召大学士徐溥、刘健、李东阳、谢迁于文华殿,与之议国事。自成化年宪宗召见彭时、商辂后,至此君臣始再相见。徐溥终其一生,仅此一召而已。命修《大明会典》。

1498年,戊午,明弘治十一年

十月 太监李广劝孝宗建毓秀亭于万寿山,亭成,幼公主死。未几,广宁宫(太皇太后宫)失火,太皇太后怒曰:"今日李广,明日李广,果然祸及矣!"李广惧而自杀。孝宗闻李广家存异书,派人赴其宅索之,得李广所受贿簿,多文武大臣姓名,上书馈黄白米各千百石。孝宗惊曰:"广食几何?乃受米如许!"左右曰:"隐语耳,黄者金,白者银也。"

十一月 给事中吴仕伟就李广赃案上疏,言"宦官不可用,乞尽召镇守中官还"。孝宗未从。

闰十一月 以上疏弹劾宦官之罪,下御史胡献、给事中胡易于狱。

1499 年，己未，明弘治十二年

九月　重建坤宁宫告成。

1500 年，庚申，明弘治十三年

正月　禁民间收鬻兵器。

1502 年，壬戌，明弘治十五年

十二月　《大明会典》修成，共一百八十卷。孝宗因病不朝。

1504 年，甲子，明弘治十七年

二月　申谶纬妖书之禁。

1505 年，乙丑，明弘治十八年

三月　孝宗宠纵外戚，皇后弟寿宁侯张鹤龄、建昌侯张延龄骄纵枉法，户部主事李梦阳上疏弹劾，反被下锦衣卫狱。谢迁力言李梦阳"赤心为国"，逾月释出，仍夺俸三月。

五月　孝宗病危，召刘健、李东阳、谢迁至乾清宫，言太子年十五，好逸乐，当辅教之。旋死，年三十六。朱厚照即位，是为武宗毅皇帝。

八月　朱厚照即位后，命随侍太监刘瑾掌钟鼓司。刘瑾与马永成、谷大用、魏彬、张永、邱聚、高凤、罗祥等八人，皆以旧恩得幸，时人谓之"八虎"。刘瑾尤狡狠，日导武宗游戏，不理政务。

十月　葬孝宗于泰陵。

明武宗正德帝朱厚照大事掠影
(1506—1521)

附录一 明代皇帝大事掠影（1368—1644）

明正德通宝

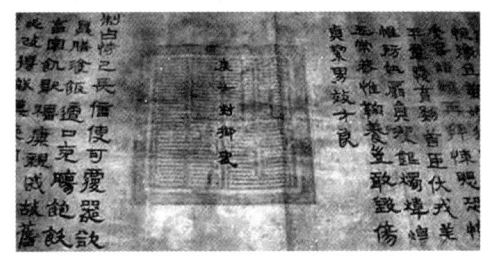

明武宗手书谕旨

明武宗极爱出巡，到处乱跑。

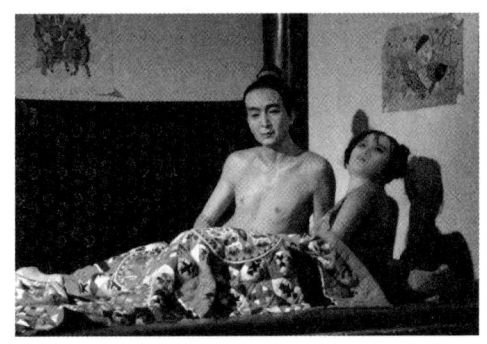

明代小说《金瓶梅》中不少淫乱情节，特别是被刊行本删除的19000余字，就是根据坊间来自豹房里的传闻为创作素材。

明武宗朱厚照陵寝——康陵

1506年，丙寅，明正德元年

正月 巡抚陕西左副都御史杨一清，奏弘治末年边备渐疏，请加修边墙（长城）。武宗从之。未几，刘瑾构陷杨一清，边墙仅成要害间四十里地。

二月 王璟、韩文、刘健等大臣，奏宦官主管畿辅皇庄扰民，请召还之。武宗未从。

五月 兵部尚书刘大夏奏江西、蓟州、陕西、山东镇守宦官极贪残，请按律惩治。武宗未从。刘大夏乞致仕，诸臣挽留，武宗不理。

六月 以刘瑾提督十二团营。

七月 刘瑾等"八虎"窃权，朝政日非，户库空虚。司礼监传旨武宗将大婚，需银四十万两。户部尚书韩文，请先发十万两。刘瑾命太监崔杲往南京织造采缎，群臣谏阻。武宗立夏氏为皇后。

十月 大学士刘健、谢迁及户部尚书韩文等，以刘瑾等"八虎"枉法，日进鹰犬、歌舞、摔跤之戏，导武宗玩耍，日玩不足，夜以继之，又增置皇庄，畿内大扰，请诛刘瑾等人。武宗见疏，惊泣不食。刘瑾等夜间围绕御榻，以首触地哭诉，进谗曰："欲制帝出入，故先去所忌。"武宗怒，命刘瑾掌司礼监，马永成、谷大用掌东、西厂，各据要津。刘健、李东阳、谢迁请求辞职，刘瑾矫旨许可刘、谢致仕，独留李东阳。自此，刘瑾更大肆刁难朝臣，杖贬日多，且开廷上脱衣杖责之始。

十一月 刘瑾恨户部尚书韩文，日伺其过，适有假银输入内库之事，加罪韩文，诏降一级致仕。刘瑾又恨李梦阳曾代韩文草拟请诛刘瑾疏，将其谪往山西，后勒令致仕。

1507年，丁卯，明正德二年

正月 刘瑾欲更窃朝权，每日安排诸多游戏，待武宗玩兴正浓时，取各司章奏呈上。武宗曰："用尔何为？乃以此一一烦我？"自此，刘瑾不复奏请，事无大小，任意剖断传旨而行。武宗多不知。

三月 总制三边右都御史杨一清，因忤逆刘瑾，托疾告老还乡，其修边墙事亦停。刘瑾宣布刘健、谢迁、韩文等五十三人为"奸党"，矫诏榜示朝堂，召群臣跪金水桥南听宣。并因谢迁故，不许其家乡浙江余姚人做京官。又令诸臣日后上朝，寅时入，酉时出，以困苦之。

四月　刘瑾势倾朝廷内外，公侯勋戚莫敢不敬。朝廷诸臣，更相率对其私谒跪拜。刘瑾不学无术，批答奏章持归私第，与妹婿孙聪及松江市侩张文冕相参决，词极鄙冗，再交亦粗鄙无学的吏部尚书焦芳，代为润色。凡内外所进章奏，先具红揭呈刘瑾，谓之"红本"，后经通政司转皇帝，称"白本"。

五月　剃度京师内外僧道四万人，徒耗民财，大臣谏而不从。

七月　《历代通鉴纂要》告成。

八月　于西华门外别筑宫院，造密室于两厢，勾连栉列，命曰"豹房"。初，武宗命宦官仿设市肆，在此营造民间生活诸相，以供朝夕混迹其中，自得其乐。武宗以为这里即是民间，若见哪位妇人貌美，往往醉宿其处。久之，京城及全国各地，无赖宵小见幸者，麇集于此。

1508年，戊辰，明正德三年

正月　翰林学士吴俨、御史杨南金，皆因不肯阿谀行贿刘瑾及其党羽，罢官为民。

六月　有匿名书信出在宫内御道旁，历数刘瑾罪恶。刘瑾矫旨，召百官跪于奉天门下自首，及日暮，下三百余人入锦衣卫狱，主事何钺等三人中暑死。次日，刘瑾获知此信系某太监所为，方将人放出。

八月　时东厂、西厂横行，官民皆为之侧目。刘瑾复立内厂，自领之，残暴酷烈尤甚。凡被施刑者，难得全尸，一家犯事，邻里皆坐。刘瑾还矫旨悉逐京师外来人口，命寡妇尽嫁，以致京师人心惶惶。刘瑾创"罚米法"，凡忤己者，罚米二百石至一千石，被罚者一百四十余人。御史彭程为官清廉，罄尽家产，不足赎罪，将惟一孙女卖掉，时人为之流涕。

九月　逮前兵部尚书刘大夏入狱，欲论死，因证据不足，戍之极边酒泉。刘大夏年已七十三，徒步荷戈，至大明门下叩首而去，观者叹息泣下。

1509年，己巳，明正德四年

正月　刘瑾盘查各省钱粮，以掩己劣迹。外臣朝觐至京，畏刘瑾虐焰，各敛金贿刘瑾，多至二万余两。诸官先向京师富户借贷，回任后加倍偿还，名曰"京债"。

二月　黜前大学士刘健、谢迁为民。

三月 《孝宗实录》告成。

四月 罢大学士王鏊。

六月 以吏部尚书刘宇兼文渊阁大学士，吏部侍郎张彩为吏部尚书，二人皆行贿刘瑾最勤，公然为刘瑾效命。公卿每见张彩，如见刘瑾般施礼。张彩好色，霸占某知府之妾。

十二月 刘瑾令追夺前致仕大学士刘健、谢迁及尚书马文升、刘大夏、韩文、许进等六百七十五人诰命、玉带、服物。

1510年，庚午，明正德五年

二月 以太监张永总管神机营。

四月 安化王朱寘鐇以讨刘瑾为名，据宁夏谋反。武宗命右都御史杨一清率师讨之，袭执朱寘鐇。诏太监张永，总制宁夏军务。

六月 武宗自称"大庆法王西天觉道圆明自在大定慧佛"。

八月 刘瑾于"八虎"中尤为蛮横。其统揽大权，其余七人有所请，皆不应允，咸怒之。刘瑾欲逐张永去南京，张永不忿，当武宗面痛殴刘瑾。武宗命谷大用置酒劝解，刘、张二人益不和。杨一清知张永与刘瑾有隙，遂劝张永除掉刘瑾。张永密奏刘瑾欲谋反，武宗此刻亦有疑于刘瑾，命将其捉拿，谪往凤阳闲住，犹未欲诛之。及籍其家，得金银数百万，珠玉宝玩无算，及衮衣、玉带、甲仗、弓弩诸违禁物，又日常所持扇内藏匕首，始令入狱。满朝文武请亟除之，都给事中李宪为刘瑾爪牙，此时亦弹劾刘瑾。刘瑾闻知，笑曰："宪亦劾我耶？"审讯之日，刑部尚书刘璟见刘瑾，犹嗫口不敢发声。刘瑾大声曰："公卿多出我门，谁敢问我？"驸马都尉蔡震曰："我国戚，得问汝。"使人抽刘瑾耳光，问："公卿皆朝廷用，何云由汝？汝何藏甲？"刘瑾答："以卫上（武宗）。"蔡震曰："何藏之密室？"刘瑾语塞。磔刘瑾于市，族人逆党皆诛贬。张彩毙命于狱，磔其尸。

1511年，辛未，明正德六年

二月 朱寘鐇伏诛。

1512年，壬申，明正德七年

九月 赐义子一百二十七人国姓朱。所谓"义子"，皆武宗所悦宦官、奴卒及亡虏。如太监钱宁曾依附刘瑾，得赐国姓为义子后，掌锦衣卫，名刺竟称皇庶子。

十一月 召都指挥佥事江彬入京师，充为义子。江彬出入豹房，与武宗同游，左右皆畏之。太监张永失宠。

1513年，癸酉，明正德八年

十月 以钱宁掌锦衣卫，太监张锐掌东厂，威势与钱宁相等，号称"厂卫"。

1514年，甲戌，明正德九年

正月 南京十三道御史，请旨裁抑宁王朱宸濠，武宗不理。乾清宫火灾，武宗正欲往豹房玩耍，回顾光焰烛天，笑谓左右曰："此是一棚大烟火也。"

二月 近幸钱宁、张锐、张雄每日诱导武宗乱逛，夜至教坊淫乐。

九月 武宗和老虎嬉闹时受伤，逾月未上朝。

十二月 乾清宫火后，重建费用需银百万两，加天下田赋，令一年内征齐。

是岁皇庄共占地三万七千五百多顷，遍布京畿。

1516年，丙子，明正德十一年

正月 元旦武宗受贺，百官终日空腹，散朝夜已深，竟相回家用餐，以致前仆后跌，互相践踏，右将军赵朗竟死禁门，其他臣僚或失簪笏，或毁衣裳。午门左右，吏觅其官，子呼其父，仆求其主，喧若闹市。御史程启充将此情据实奏报，武宗不理。

二月 给事中及御史上奏，言武宗近幸钱宁等在西安门外私建皇店、酒肆、义子府，请予禁止。武宗不理。

六月 遣太监往苏杭等处织造纱罗纻丝一万六千七百余匹，工部以该地连年荒乱，请减其数，武宗不听。

七月 镇守河南太监假进贡为名，肆意科取百姓。当地官员奏报，武宗未理。

八月 大学士杨一清受钱宁、江彬辈诬陷，致仕。

1517年，丁丑，明正德十二年

八月　江彬忌妒钱宁，欲导武宗外出巡幸，使其脱离钱宁控制，一再鼓吹宣府乐工中多美妇人，且可由此远观鞑靼边衅，瞬息驰骋千里，何必总居大内郁郁不乐，为廷臣所制。武宗认为主意甚好，与其微服溜出宫门，经昌平，至居庸关。巡关御史张钦见之大惊，将其劝回。几日后，趁张钦巡白羊口（今山西天镇西北），二人又疾驰出居庸关，并命太监谷大用守关，以阻廷臣追谏。

九月　武宗跟随江彬来到宣府，时常夜入百姓家，索取貌美女子，乐而忘归，称所到之处是"家里"。一路扰民，毁民房以供炊，以致市肆萧然，白昼闭户。武宗抵阳和（今山西阳高），自封"总督军务威武大将军总兵官"，命户部发银一百万两输宣府，以备赏劳。户部尚书石玠哭笑不得，未发此笔银两。武宗改口，说可以减半发来。

十月　鞑靼兵五万犯边，明军赴应州（今山西应县）阻敌。武宗率太监张永、魏彬、张忠、都督江彬等自阳和来援，追敌至朔州边，斩首十六级，所率官军死五十二人，重伤五百六十三人，以获大捷报向京师。武宗自称"威武大将军朱寿"，驻跸处称"军门"，还至大同。廷臣苦谏武宗回京，武宗不睬。

十一月　武宗还至宣府，并于该地过年，备戏剧女优，乐不思归。

1518年，戊寅，明正德十三年

正月　武宗自宣府还京，未过几日，又要去宣府，并至大同。

二月　武宗因太皇太后王氏死，自宣府还。

四月　武宗至昌平祭陵，遂至密云，下诏称"威武大将军总兵官朱寿统率六军"，命江彬为威武副将军，又想出京。

五月　武宗至喜峰口，欲召朵颜三卫将领来此赴宴，被廷臣谏止，始自喜峰口还宫。

七月　叙去年十月"应州大捷"之功，封江彬平房伯。

九月　江彬又导武宗至大同，武宗自封镇国公，岁支禄米五千石，令吏部执行，立即发给自己。

十月　经陕西榆林至绥德，宿总兵官戴钦家，奸纳其女。然后，由西安折往山西偏关。

十二月　抵太原，车驾所至，掠良家妇女数十车以随，途中日有死者，远近骚动，民皆逃匿。又大征女乐，纳太原府乐工杨腾妻刘氏而归。江彬与诸太监，对刘氏皆视之以母，称其"刘娘娘"。延绥总兵马昂之妹善歌，能骑射，懂外国语，已有孕在身，被召入豹房，马昂因此升右都督。武宗至马昂家，又见其妾杜氏貌美，欲带走。马昂面有难色，武宗怒，马昂急忙送上。武宗亦投桃报李，升其弟马炅为都指挥、马昶为守备。马昂大喜过望，再进美女四人谢恩。

1519年，己卯，明正德十四年

正月　武宗自太原至宣府。

二月　武宗还京，加封自己为"总督军务威武大将军太师镇国公"。将南巡，廷臣谏阻，下锦衣卫狱六人。群臣跪于午门外五日者，多达一百零七人，皆遭杖贬。武宗无奈，只得暂罢南巡。

六月　宁王朱宸濠袭封南昌，见武宗终年游幸，又无太子，乘间谋反，集兵十万从南昌出鄱阳湖，下九江、南康等地，欲攻占南京即帝位。武宗发兵平叛，仅四十三日便拿获宁王。

十一月　武宗过山东济宁，经徐州顺流而下，至淮安清江浦。途中，江彬告发钱宁曾与朱宸濠勾结，武宗遂籍其家。搜出玉带二千五百束，金十余万两，银三千箱，胡椒数千石，其他珍玩财货不可胜计。

十二月　武宗至南京。

是岁淮扬大饥，人相食。

1520年，庚辰，明正德十五年

三月　先是以"猪"音同国姓"朱"，禁养猪。大学士杨廷和请罢此禁，不理。不久，太常寺又奏，祭陵豕为必用之物，请弛其禁，从之。

闰八月　平定朱宸濠谋反，武宗欲自以为功，与众太监在南京身着戎装，树大旗，整军容，出城数十里，命将朱宸濠身上桎梏去掉，伐鼓鸣金再擒之，以示为己所俘。行献俘礼毕，始起驾北还。

九月　武宗自扬州至淮安清江浦，钓鱼时舟覆落水，左右将其捞出，自此得病。

十月　惩治朱宸濠余党，逮系多人。

十二月　武宗回京，朱宸濠伏诛。是日，大耀军容，将所俘朱宸濠部属数千人列道两旁，皆头悬白帜，数里不绝。

1521年，辛巳，明正德十六年

三月　武宗朱厚照死于豹房淫乐，年三十一，无子。皇太后张氏与杨廷和议，依兄终弟及祖训，迎兴王世子、宪宗之孙、孝宗之侄朱厚熜于安陆（今湖北钟祥）。兴王朱祐杬，为宪宗第四子，正德十四年死，谥曰献，故又称兴献王。罢武宗荒淫之政多项，下江彬等武宗宠幸之人于狱。

四月　朱厚熜自安陆至北京即位，是为世宗肃皇帝，改明年为嘉靖元年。杨廷和乘朱厚熜未至京师，革除先朝弊政，佞幸得官者一半斥去。世宗即位第六日，就要为生父兴献王朱祐杬上太上皇尊号，群臣认为不合礼仪，哭阙力争。因此下狱者一百三十四人，廷杖致死者十余人，另有谪戍及致仕而去者。

五月　世宗刚即位，即安排旧臣兴王府长史袁宗皋，为礼部尚书兼文渊阁大学士，参预机务。钱宁伏诛。

六月　江彬伏诛，革锦衣卫三万余人。

九月　葬武宗毅皇帝朱厚照于康陵。追尊兴献王为兴献帝，并多方寻找解释。诸臣心中不服。

明世宗嘉靖帝朱厚熜大事掠影
（1522—1566）

《嘉靖帝銮驾出警图》

明嘉靖二十九年（1550），俺答率鞑靼军入古北口，兵临北京城下。首辅严嵩，不准诸将出战，鞑靼军在京郊掠夺8日后撤兵。事后，严嵩包庇总兵仇鸾，杀兵部尚书，以推卸责任，史称"庚戌之变"。

明世宗皇帝日子当长了，经常不视朝，日事斋醮。

嘉靖官窑百鸟朝凤青花碗

明世宗朱厚熜陵寝——永陵

1522 年，壬午，明嘉靖元年

六月　禁宦官弟侄世袭锦衣卫官职。

1523 年，癸未，明嘉靖二年

二月　世宗欲追尊生父兴献王为兴献皇帝，遣宦官向毛澄长跪稽首，送上礼金，求其赞襄此举。毛澄愤然曰："老臣悖耄，不能隳典礼，独有一去不与议耳。"遂致仕离朝。

四月　世宗崇道士，用太监崔文之言，建斋醮于宫中，道士势力渐盛。杨廷和等大臣谏止，不听。

十二月　派太监往苏杭五府提督织造。大学士杨廷和等奏，各地水旱异常，百里之内断绝炊烟，百姓卖儿鬻女，若更遣官织造，恐激成他变。世宗不听。杨廷和等亦不奉命。

1524 年，甲申，明嘉靖三年

二月　英宗时，太皇太后委托内阁大学士等，对诸臣题奏本章拟出处理意见，交由皇帝裁定，开创明朝"票拟"制度。皇帝最后裁决意见，由司礼监秉笔太监以红笔批写于奏章上，称"批红"。秉笔太监成为皇帝代言人，甚至可以利用职权，改动内阁票拟。世宗鉴于武宗时宦官为祸，提高内阁地位，使阁臣朝位班次列于六部之上，首辅（首揆）大学士有票拟权，为实际上的丞相。由于首辅权重位尊，各派官僚无不呼朋引类，明争暗斗，谋取首辅位置。嘉靖朝大礼议之争，即为此种争夺之重大事件，实为世宗派新贵与武宗旧臣之间权势之争。世宗由藩王即帝位，出现继统（皇统继承）与继嗣（家系继承）的矛盾。世宗欲尊生父兴献王朱祐杬为帝，首辅杨廷和认为继统的同时要继嗣，应尊孝宗（武宗父）为皇考，生父兴献王为皇叔父。正德十六年七月进士张璁迎合世宗心意，上言："继统不继嗣，请尊崇所生。"世宗命群臣商议，杨廷和等皆不从，认为张璁之议是邪说。嘉靖元年正月末，世宗不得已，勉从众议，称孝宗为皇考，本生父母不称皇。

此时，张璁等人揣摩帝意，又挑起大礼议之争，上疏请改孝宗为皇伯考，兴献帝为皇考，重新立庙于大内。杨廷和以礼仪不合，累疏乞致仕。世宗正求之不得，许之。众臣忍无可忍，纷纷不惧下锦衣卫狱，大哭朝堂。世宗怒，杖死十六人，将一百三十四人系狱。至此,朝臣已基本换成世宗嫡系班底,遂明定孝宗为皇伯考,兴献帝为皇考,诏告天下。

十一月 先前所裁革锦衣官校等人十余万,求复职者日众,不允。

1525年,乙酉,明嘉靖四年

三月 皇伯母、孝宗皇后、昭圣皇太后所居仁寿宫火灾。

六月 《武宗毅皇帝实录》告成。

十二月 《大礼集议》告成。

1526年,丙戌,明嘉靖五年

六月 《恭穆献皇帝实录》告成。

七月 大礼议之争,凡未附合世宗心意者,或贬,或囚,或杀。

八月 以宗室蕃衍,禄米日增,岁征不足用,减少供给。

1527年,丁亥,明嘉靖六年

二月 兵部尚书张璁,忌恨正德朝尚存遗臣费弘时、杨廷和等,逼其致仕离朝。

十月 以张璁为礼部尚书兼文渊阁大学士,参预机务。诸翰林耻与其为伍,张璁深恨之,将翰林改官及罢黜者二十二人,致使翰林院几空。

十二月 因太监张永正德朝有功,置之闲散,诚为可惜,诏张永提督团营,兼管神机营操练。

1528年,戊子,明嘉靖七年

正月 考核天下巡抚官员。

二月 下诏重修长城,九边军镇告成。

三月 重新增订《大明会典》。

六月 《明伦大典》告成。

1529年,己丑,明嘉靖八年

八月 礼部给事中王准弹劾首辅张璁引用私人,天下畏之,莫敢讼言。世宗罢张璁。

十月　废除外戚封爵世袭之制。

1530年，庚寅，明嘉靖九年
七月　兵部主事赵时春，因上言"今之务最大者有四，即崇治本，信号令，广延访，厉廉耻，最急者有三，即惜人才，固边围，正治教"，被世宗下狱，黜为民。

1533年，癸巳，明嘉靖十二年
正月　复召张璁入阁。

1534年，甲午，明嘉靖十三年
正月　废皇后张氏，立德妃方氏为皇后。
五月　世宗称病，久不视朝。

1535年，乙未，明嘉靖十四年
七月　费弘时复入内阁，三月后卒。费曾三入内阁，佐武宗、世宗两朝十年，世宗赐银章曰"旧辅元臣"。

1536年，丙申，明嘉靖十五年
五月　拆宫中元朝时所建宫殿。世宗视佛牙佛骨为污秽之物，命焚之，并烧毁金银佛像一百六十九座，佛门函物一万三千余斤。
闰十二月　上月皇子生，喜道士邵元节祷祀有功，遂命邵元节为礼部尚书。严嵩此月入阁。

1537年，丁酉，明嘉靖十六年
十一月　下原昌国公张鹤龄入狱。

1538年，戊戌，明嘉靖十七年
四月　恢复各处镇守太监。有臣奏曰："前此罢革内官，中外臣民，一时称快。

因取矿一事，而欲并复镇守，诚恐黩货殃民，自此无已也。"世宗认为有理，却未予采纳。

1539年，己亥，明嘉靖十八年

二月 立皇子朱载壑为皇太子，皇子朱载垕为裕王，朱载圳为景王。

五月 世宗责首辅夏言"怠慢不恭"，令致仕。越数日，怒气消后，又谕留之。

1540年，庚子，明嘉靖十九年

六月 边储国用大窘，皆因户部尚书梁材不肯乱用公帑，深遭奸佞及世宗厌恶，迫其去职所致。嘉靖朝中期，大臣多谀帝取宠，惟梁材不肯俯就。

八月 世宗好神仙方术，有方士段朝用，以所炼白金器献上，称："以盛食物，供斋醮，神仙可致也。"世宗召见晤谈，段朝用又说"不死药可得"，世宗益悦。谕群臣："朕已令太子监国，己则专事奉道。"举朝愕不敢言。太仆卿杨最力谏，杖死于廷。自此，太子监国之议虽罢，世宗终日与道士来往，无敢谏者。

十一月 以道士陶仲文祈祷有功，进少保兼礼部尚书。

1541年，辛丑，明嘉靖二十年

二月 世宗经年不视朝，日事斋醮，大兴土木。严嵩等只顾谄谀，监察御史杨爵上疏谏之，世宗怒，下杨爵锦衣卫狱，拷打屡濒于死。以方士段朝用之术未能灵验，将其下狱。

九月 曾在大礼议之争中出力最多、深得世宗宠幸的权臣郭勋，被群臣抓住把柄，诱迫世宗将其下狱。是岁冬日，郭勋死狱中。

1542年，壬寅，明嘉靖二十一年

六月 严嵩忌恨夏言，谋代其首辅位置。

七月 夏言罢官。

八月 以礼部尚书严嵩为武英殿大学士，入内阁参预机务。严嵩无他才略，唯知一意媚世宗，窃权罔利。世宗极自信，刑戮果决。严嵩遂常因事激世宗怒，戕害他人，以成其私，遭其诛斥者难以胜计。

十月　世宗夜宿端妃曹氏处，宫女杨金英趁其熟睡，以丝带缢其颈上，误成死结，未能勒死。宫女张金莲知事不就，走告皇后。皇后赶来，解开丝带，世宗得甦。皇后命磔端妃曹氏、宁嫔王氏、宫女杨金英、徐菊花、邓金香、张春景、王玉莲等于市。史称"壬寅宫变"或"宫婢之变"。自此，世宗移住西苑，不复还大内。

1543年，癸卯，明嘉靖二十二年
二月　段朝用法术屡不灵验，已遭世宗厌恶，后怒其怙恶不悛，擅以私事杀人，遂下狱论死。

1544年，甲辰，明嘉靖二十三年
八月　严嵩妒翟銮在内阁位居其上，令人弹劾翟銮为子考进士作弊，劝世宗罢之。
十一月　鞑靼自万全侵入，掠蔚州，至于完县，京师戒严。鞑靼兵退，世宗以为是陶仲文引神仙护佑。自去年宫婢之变，世宗日求长生，君臣不相见，惟见道士陶仲文，称其为师而不呼名，加封为少师、少傅、少保。

1545年，乙巳，明嘉靖二十四年
二月　总督宣大兵部侍郎张汉下狱，谪戍远地。张汉曾上疏条陈选将、练兵、信赏、必罚四事，且请"申严军令，大将得专杀偏裨，而总督亦得斩大将。如此，则人知退怯必死，自争赴敌"。世宗不欲臣下自用，更不愿其有如此行事之权，听后反感。
六月　新太庙告成。
十一月　大学士许赞慑严嵩势焰不敢抗，又耻于不能参预票拟，乞致仕。

1548年，戊申，明嘉靖二十七年
三月　严嵩诬告总督陕西三边侍郎曾铣"掩败不闻，侵尅军饷巨万"，曾铣被斩。死后，家无余资，妻子远徙，天下冤之。
四月　原首辅夏言，被严嵩谗杀。

1550 年，庚戌，明嘉靖二十九年

五月　重修《大明会典》告成。

十月　刑部郎中徐学诗弹劾严嵩父子纳贿乱国等罪，陶仲文则向世宗称严嵩"孤立尽忠"，遂下徐学诗入狱，籍其家。

1551 年，辛亥，明嘉靖三十年

正月　锦衣卫官员沈炼，揭发严嵩十大罪，被杖杀。

1554 年，甲寅，明嘉靖三十三年

正月　以元旦贺表中失抬"万岁"二字，杖六科给事中张思静等于廷。世宗实则借此以怵人心，并钳人口。

1558 年，戊午，明嘉靖三十七年

三月　给事中吴时来等弹劾严嵩父子，被发配烟瘴卫所远戍。

1562 年，壬戌，明嘉靖四十一年

五月　严嵩专权二十年，吞没军饷，使战备懈弛，东南倭寇、北方鞑靼侵扰严重。文武官吏与之不合者，如主张收复河套之夏言、曾铣，抗倭有功之张经等，皆遭其杀害。严嵩年老，朝事尽归其子严世蕃（官至工部左侍郎）掌握，代严嵩票拟，卖官鬻爵，日纵淫乐。严嵩握权年久，遍插私人居要位要地，世宗亦厌之。世宗后渐亲近大学士徐阶。徐阶与严嵩同朝共事十余年，因善于迎合世宗心意，得以久安于位。此时，徐阶见有隙可乘，使御史邹应龙上表弹劾严世蕃。世宗命严嵩致仕，下严世蕃入狱。

八月　重录《永乐大典》。

九月　改奉天殿曰皇极殿，华盖殿曰中极殿，谨身殿曰建极殿。

十一月　世宗晚年，求方士方术益急，冀得长生，命御史等分行天下访之。

1565 年，乙丑，明嘉靖四十四年

三月　严世蕃伏诛。严嵩老病，寄食墓舍等死。

1566年，丙寅，明嘉靖四十五年

二月 户部主事海瑞因世宗二十余年不视朝，深居西苑，专意斋醮，廷臣无人敢谏，乃诀别妻子，抬一棺木，独上疏论之，下锦衣卫狱。修《承天大志》成。

十二月 世宗服方士所进金石药，药性燥烈而死，年六十。皇三子朱载垕嗣位，是为穆宗庄皇帝，改明年为隆庆元年。释海瑞出狱。下方士王金等入狱。释前因建言得罪世宗诸臣三十二人。大学士徐阶草拟遗诏，切中时弊，朝野感念。

明穆宗隆庆帝朱载坖大事掠影
(1567—1572)

附录一 明代皇帝大事掠影（1368—1644）

明穆宗隆庆帝朱载坖御容

孝安皇后陈氏，北京通州人，国子监监生陈景行之女，隆庆元年(1567)册立为皇后。陈氏无子，且多病，颇受穆宗冷落。隆庆二年，穆宗沉湎酒色，陈氏微谏，被责令迁居别宫。

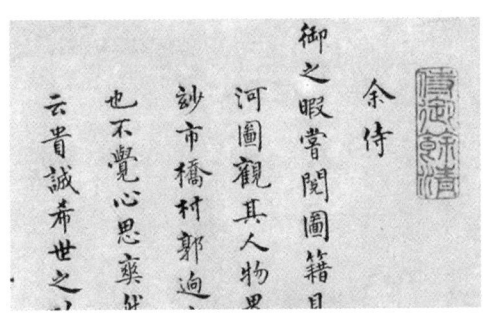

冯保是明代历史上一个著名的太监，一生陪伴了嘉靖、隆庆、万历三位皇帝。他最为得意的时候，要数隆庆年间，封为提督东厂兼管御马监。穆宗驾崩，冯保假传遗诏"阁臣与司礼监同受顾命"，与内阁首辅高拱、次辅张居正、高仪同为神宗顾命大臣。此为冯保书法。

明穆宗朱载坖陵寝——昭陵

1567 年，丁卯，明隆庆元年

正月　葬世宗于永陵。抚恤前朝因建言已死诸臣。

二月　以吏部侍郎陈以勤为礼部尚书兼文渊阁大学士，礼部侍郎张居正为礼部左侍郎兼东阁大学士，预机务。陈以勤、张居正，皆裕王府旧人。

四月　重录《永乐大典》告成。

1569 年，己巳，明隆庆三年

二月　罢宦官阅视京营旧例。

十二月　命东厂、锦衣卫刺部院事。

1572 年，壬申，明隆庆六年

五月　穆宗死，年三十六。死之日，斥司礼监秉笔太监孟冲，而以冯保代之。

六月　太子朱翊钧即皇帝位，时年十岁，是为神宗显皇帝，改明年为万历元年。冯保既掌司礼监，又督东厂，总理内外，权势益张。神宗登极时，冯保立御座旁不下，举朝大骇。首辅高拱见帝年幼，宦官专权，奏请将司礼权还于内阁，使人报张居正。张居正认同此议，私下却告知冯保，冯保诉与太后，谓高拱擅权，蔑视幼君。太后颁布懿旨，驱逐高拱。高拱既去，张居正为首辅。

七月　尊穆宗皇后为仁圣皇太后，神宗生母李贵妃为慈圣皇太后，后者徙居乾清宫，抚视幼帝。内由冯保主事，朝政悉委张居正。

九月　葬穆宗于昭陵。

十二月　张居正进《帝鉴图说》，言前史所载兴亡之迹，如听言纳谏，节用爱人，亲贤臣，远小人，忧勤惕厉，无不治者，反之则乱。并嘱讲官，稽古代天下之君撮其善可法者八十一事，恶可戒者三十六事，每事之前绘一图，取唐太宗"以古鉴之"之意为书名。

明神宗万历帝朱翊钧大事掠影
（1573—1620）

张居正用名将戚继光练兵,加强对鞑靼侵扰的防御。

万历通宝

明万历帝册封丰臣秀吉为日本国王的诏书

神宗宠郑贵妃,欲立郑贵妃于万历十四年所生皇子朱常洵为太子。内阁大学士申时行、王锡爵、王家屏等,皆请早立皇长子朱常洛为太子,朝廷出现"国本"之争。由于皇后无子,朱常洛与朱常洵皆为庶出,吏部郎中顾宪成为争"无嫡立长",触犯神宗,革职还乡。

明神宗朱翊钧陵寝——定陵

附录一 明代皇帝大事掠影（1368—1644）

1573 年，癸酉，明万历元年

正月　冯保指使混入宫禁的假太监王大臣，诬陷已罢官的高拱"谋大逆"，未能得逞。举朝多厌恶冯保恣肆，而不肖者因之日进。

十一月　张居正立章奏考成法，加强中央集权，群臣一时不敢饰非，政体为肃。

1574 年，甲戌，明万历二年

四月　诏内外官员行久任之法，知县必历官六年乃升知府，依此类推。

1577 年，丁丑，明万历五年

九月　张居正父丧，恐一旦离朝，会遭人算计，故未奔父丧。众官弹劾张居正"谋官忘亲"，多被杖贬。

是岁皇帝无大事可叙。

1578 年，戊寅，明万历六年

三月　张居正葬父归。

1581 年，辛巳，明万历九年

二月　张居正进《列朝宝训》、《列朝实录》。

是岁皇帝无大事可叙。

1582 年，壬午，明万历十年

六月　张居正卒。当年穆宗死，张居正与宦官冯保合谋驱逐高拱，代为首辅，因神宗年幼，国事由其主持，前后当国十年。他清查全国土地，推行一条鞭法，使财政状况改善，裁减冗员，减少支出，用名将戚继光练兵，加强对鞑靼侵扰的防御，用潘季驯治理黄淮水患，均卓有政绩。

十二月　冯保内倚太后，外倚张居正，专擅威福。神宗曾称其为"大伴"，颇惮之，有所赏罚，非经冯保首肯，不敢决定。神宗因被太后和张居正压制，心怀愤懑，及太后归政，张居正死去，冯保失所倚，犹肆横如故，神宗大怒，列其十二款大罪，谪往南京安置。张居正死后，朝中追劾其罪过之风潮，亦在酝酿之中。

1583 年，癸未，明万历十一年

三月　诏夺张居正生前上柱国、太师等官阶，再夺谥，斥其子为民，其所器重信任者，斥削殆尽。

1584 年，甲申，明万历十二年

二月　释建文帝诸臣外亲谪戍者后裔，诏除齐泰、黄子澄外，凡连坐方孝孺等建文帝旧臣而获罪者之后裔，俱免其罪，得还乡者三千余人。

四月　抄没张居正家。神宗好财货，专事聚敛。当时策划如何治冯保、张居正罪，惟言其家多藏金一事，最动帝听。命司礼监张诚往湖北江陵籍没张居正家，先录人口，后封其门，得黄金一万两，白银十余万两。张居正长子张敬修不胜拷掠，自缢死，其他十余人饿死。

1585 年，乙酉，明万历十三年

正月　海瑞革职闲居十六年，以七十二岁高龄召为南京佥都御史。

三月　神宗欲集宦官三千人，授以戈甲，操演宫中，谓之"内操"。因大臣力谏，罢之。

1586 年，丙戌，明万历十四年

二月　皇三子朱常洵生，册封其母郑贵妃为皇贵妃。

1587 年，丁亥，明万历十五年

十月　大学士申时行请发留中章奏。皇帝把臣下之章奏留于宫禁，不交部议，也不批答，称"留中"。

1588 年，戊子，明万历十六年

三月　诏改正《景皇帝实录》，削郕戾王荩号。

八月　神宗至天寿山阅寿宫，时年二十五岁。

1589 年，己丑，明万历十七年

三月　神宗视朝日少。

十二月　大理寺评事雒于仁疏献《四箴》，以规神宗之过，即嗜酒、恋色、贪财、尚气。神宗怒，留中十日。

1590 年，庚寅，明万历十八年

正月　神宗欲置雒于仁重典，阁臣申时行曰："此疏不可外发，恐外人信以为真，令雒于仁去位可也。"自是，章奏留中，遂成惯例。召申时行等至毓德宫，与皇长子见面，申时行请早定大计。神宗犹豫："当以后年册立，否则，俟皇长子十五岁举行。"

二月　神宗每遇讲期，多传免。自后，讲筵遂永罢。

1591 年，辛卯，明万历十九年

七月　谕廷臣，国事纷纭，致大臣争欲乞身求去，此后有相互肆行诬蔑者，重治。

九月　首辅申时行屡被弹劾，政令务求迎合帝意，不能有所匡正，致使法纪渐至不振。

1592 年，壬辰，明万历二十年

正月　诸臣上疏请立储，神宗顾左右而言他。给事中孟养浩以言建储，杖一百，除其名。同时斥谏官十一人，而谏者仍不断，各予夺职、谪边、削籍、停俸处分。

1593 年，癸巳，明万历二十一年

正月　诏封皇长子及皇三子、皇五子为王，举朝大哗，廷臣力言不可。

1594 年，甲午，明万历二十二年

二月　神宗宠郑贵妃，欲立郑贵妃于万历十四年所生皇子朱常洵为太子。内阁大学士申时行、王锡爵、王家屏等，皆请早立皇长子朱常洛为太子，朝廷出现"国

本"之争。由于皇后无子，朱常洛与朱常洵皆为庶出，吏部郎中顾宪成为争"无嫡立长"，触犯神宗，革职还乡。

1595年，乙未，明万历二十三年
十二月　大学士赵志皋极言章奏留中之弊，请尽付有司议行。神宗不理。

1596年，丙申，明万历二十四年
三月　乾清、坤宁两宫火灾。
闰八月　大学士赵志皋请"视朝，发章奏，罢采矿"，神宗不理。
十二月　大学士陈于陛因不能补救国事，积忧成疾而卒。

1597年，丁酉，明万历二十五年
六月　归极门起火，殃及皇极、中极、建极三殿，以及文昭、武成二阁。
是岁皇帝无大事可叙。

1599年，己亥，明万历二十七年
四月　御午门受献倭俘之礼。
闰四月　因诸皇子婚事，诏取太仓银二千四百万两，户部告匮，令严核天下积储，由是外帑日耗。

1601年，辛丑，明万历二十九年
十月　立皇长子朱常洛为皇太子，时年二十。同日，封诸子朱常洵为福王，朱常浩为瑞王，朱常润为惠王，朱常瀛为桂王。

1602年，壬寅，明万历三十年
二月　神宗暴病，撤矿监、税监。病愈又悔，税收残虐如故。重建乾清、坤宁二宫。
十二月　朝廷内外缺在编官员近两百人，吏部一再请求递补，神宗不理。

1603 年，癸卯，明万历三十一年

三月 吏部奏天下郡守缺位者几达一半，请予追补，神宗不理。大学士沈一贯奏，多年来大量章疏留中，致使政务荒怠，请尽速发还，神宗不理。

十二月 神宗召见皇太子，曰："近有捏造妖书者，离间我父子，动摇天下，已有严旨缉捕正法。"

1604 年，甲辰，明万历三十二年

二月 阁臣请补司道郡守及派遣巡按御史，神宗不理。

八月 满朝文武奏请"修举时政"，神宗降旨切责。

1605 年，乙巳，明万历三十三年

九月 昭和殿火灾，治宦官罪。

十一月 皇长孙朱由校生。

1610 年，庚戌，明万历三十八年

十一月 廷臣交攻，渐成朋党。神宗久未视朝，内外章奏悉留中不发，听之任之。

1611 年，辛亥，明万历三十九年

五月 首辅叶向高上疏，称阁臣至九卿台省曹署六部各司皆空，南京九卿亦仅存其二，封疆大吏去秋至今未补任一人，而神宗万事不理，天下长久如此，恐祸端一发不可收。神宗仍不理。

十月 户部尚书赵世卿请去职，连写十余份奏章，神宗不理。又上疏，并出城候命一年，仍未得命，径自返乡。神宗知，亦不罪。

1612 年，壬子，明万历四十年

正月 兵部请考选各地军政，不理。

二月 吏部尚书孙丕扬久怀去志，累疏至二十余通，既不得命，遂自行离朝。

三月 叶向高屡劝神宗力行新政，不理。叶向高无计可施，一再向神宗请求离职，神宗置若罔闻。

四月　南京各道御史联合上奏，称朝廷及地方大员缺位甚多，诸务废弛，皇帝深居宫中二十余载，未尝接见大臣，天下将有陆沉之忧。

1613年，癸丑，明万历四十一年

二月　叶向高主持会试，时内阁只剩叶向高一人，屡请增委阁臣，神宗仍不理。

1614年，甲寅，明万历四十二年

八月　叶向高因建言多不用，乞致仕六十余次，至此方得离职归乡。

1615年，乙卯，明万历四十三年

五月　"梃击案"发生。蓟州男子张差，持梃（枣木棍）入皇太子朱常洛所居慈庆宫，伤守门太监李鉴。被执后，供系郑贵妃手下宦官庞保、刘成指使，时人遂怀疑郑贵妃与其兄郑国泰欲谋杀太子。神宗乃于慈庆宫召大学士方从哲、吴道南及文武诸臣入觐，言不得离间朕及皇太子，时神宗不见群臣已二十五年。神宗与皇太子不愿深究此事，以疯癫奸徒之罪杀张差于市，毙庞保、刘成于内廷了事。

1616年，丙辰，明万历四十四年

是岁爱新觉罗·努尔哈赤于赫图阿拉（今辽宁新宾西）即大汗位，建元天命，国号大金，史称后金。神宗无大事可叙。

1617年，丁巳，明万历四十五年

是岁北京、山东、河南、陕西、湖广、福建、广东先后告灾，有司请赈，神宗不理。

1618年，戊午，明万历四十六年

三月　努尔哈赤征明，临行书七大恨告天，率步骑围抚顺城。

是岁神宗无大事可叙。

1619 年，己未，明万历四十七年

六月　努尔哈赤攻陷辽东重镇开原，神宗怠事如故。

九月　百官跪伏文华门外，请神宗临朝"召见廷臣，而商战守方略"。抵暮，遣宦官谕诸臣退，军机要务废弛如故。

1620 年，庚申，明万历四十八年

七月　神宗死，年五十八。

八月　朱常洛即位，是为光宗贞皇帝，诏改明年为泰昌元年。光宗在位仅一月即死，后遂以万历四十八年八月以后，为泰昌元年。

九月　神宗死后，郑贵妃恐光宗恨己，进珠玉及美姬八人讨好光宗，请朱常洛册立宫中女官李选侍为皇后，李选侍亦为郑贵妃求封皇太后。光宗以为皆系先帝遗命，诏阁部议之。群臣皆表反对。此后，与"梃击案"、"移宫案"并称晚明三大案的"红丸案"发生。光宗病重，司礼监秉笔兼掌御药房太监崔文升下泻药，病益剧，昼夜三四十起。鸿胪寺丞李可灼进红丸，称仙药。光宗服二丸即死，年三十九。廷臣大哗，疑郑贵妃指使下毒。光宗死，皇长子朱由校当立。李选侍仍居乾清宫，与心腹宦官魏进忠（魏忠贤原名）勾结，利用朱由校年幼之际，图专大权。朝臣杨涟、左光斗等知其有诈，迫使李选侍移居宫妃养老之处哕鸾宫，是为"移宫案"。朱由校即帝位，是为熹宗哲皇帝，以明年为天启元年。封乳母客氏为奉圣夫人，其子亦授官位。魏忠贤兄授锦衣卫千户职。

十月　葬神宗于定陵。

明光宗泰昌帝朱常洛大事掠影
（1620）

（泰昌帝史称"一月天子"，事迹见明万历四十八年八九月间记叙。）

附录一 明代皇帝大事掠影（1368—1644）

"一月天子"明光宗泰昌帝朱常洛御容

明光宗泰昌帝朱常洛陵寝——庆陵

明熹宗天启帝朱由校大事掠影
（1621—1627）

附录一 明代皇帝大事掠影（1368—1644）

忠奸颠倒，法度无存，常为国祚转移的征兆，熊廷弼被屈含冤而死，就是大明天启朝元气将竭的讯号。

天启通宝

魏忠贤生祠遍天下

明熹宗朱由校陵寝——德陵

1621年，辛酉，明天启元年

正月　赐乳母客氏田二十顷，为护坟香火费。

二月　言官请究"梃击"、"红丸"、"移宫"三案，魏忠贤忌之。

闰二月　除齐泰、黄子澄戚属戍籍。

五月　魏忠贤本不识字，不得为司礼监秉笔太监，因勾结客氏，谋得此职。熹宗对其深信不疑。熹宗喜操斧锯凿髹之事，每引绳削墨做木工活计，魏忠贤便来奏事。熹宗厌之，曰"朕已悉矣，汝辈好为之"，魏忠贤遂得擅作威福。

九月　葬光宗于庆陵。

十月　叶向高还朝，入阁为首辅。

十二月　吏部尚书周嘉谟被魏忠贤排挤罢官。

1622年，壬戌，明天启二年

三月　大学士刘一燝遭魏忠贤构陷，罢去。魏忠贤劝熹宗选武阉，在宫内练火器，又日引熹宗沉溺倡优声伎、狗马射猎。不久，宫内武装太监已达万人，铳炮之声喧震不绝。

五月　为张居正昭雪，抚恤方孝孺遗嗣。

1623年，癸未，明天启三年

正月　诏礼部尚书顾秉谦、侍郎朱国祯及魏广征为礼部尚书、东阁大学士，参预机务。顾、魏二人庸劣无耻，魏忠贤得为羽翼，势益张。二人曲事讨好魏忠贤，俨然如魏奴仆，为魏控揽政柄开道。

四月　刑部尚书王纪为魏忠贤所逐，大学士朱国祚上疏相救，魏忠贤不悦，朱国祚遂致仕。

五月　魏忠贤与客氏肆恶多端，虑被后妃告发，矫旨令光宗选侍赵氏自尽。幽囚裕妃张氏于别室，绝其饮食。天雨，裕妃匍伏屋檐，求水活命，不得而死。皇后张氏有孕，因曾向熹宗告发客、魏二人，客氏密布心腹宫人，以计使之堕胎。又乘熹宗郊游，杀其所宠冯贵妃。慧妃范氏，遭客魏构陷失宠，成妃李氏为之乞怜，客魏幽囚成妃于别宫。成妃为免亦饥渴而死，预备食物于壁间，半月未死，被斥为宫女。

七月 《光宗实录》告成。

十二月 魏忠贤以司礼监秉笔太监领东厂事，严刑残酷，厂卫之毒造极。

1624 年，甲子，明天启四年

六月 左副都御史杨涟弹劾魏忠贤二十四罪，魏惧甚，求助于韩爌，韩爌不应，遂趋熹宗前泣诉。熹宗懵然莫解，安慰魏忠贤，斥责杨涟。御史黄尊素、李应升、给事中魏大中、兵部尚书赵彦等七十余人，亦交相弹劾魏忠贤不法，且劾及客氏。国子监祭酒蔡毅中，率师生千余人，亦请追究魏忠贤罪。熹宗皆不纳。魏忠贤虽怒，此时尚不敢遽兴大狱，因畏廷臣知纲纪者尚多，仅请熹宗传旨切责。惟欲借工部郎中万燝立威，矫旨廷杖一百，斥为民。魏忠贤并令众太监先至万燝家中，捽而殴之，及至阙下，气息奄奄，杖毕绝而复甦，群阉又复践踩。四日后，万燝卒。

七月 叶向高屡与魏忠贤抗争，被阉党指为东林党魁，私宅遭阉党聚围，大肆诟辱。叶向高遂乞归。

十月 御史崔呈秀巡按淮扬贪污严重，左都御史高攀龙揭发之，吏部尚书赵南星议戍之，崔呈秀夜走魏忠贤处，叩头乞哀，愿为养子。魏忠贤被廷臣交攻，正思得外廷援助，对其相见恨晚，遂合谋矫旨责赵南星等朋谋结党，赵南星、高攀龙被迫引退。

十一月 吏部侍郎陈于廷、左都御史杨涟，皆因反对魏忠贤，削职为民。

魏忠贤还因杨涟劾己，韩爌不援，欲夺其首辅秉笔之权，韩爌遂致仕。魏忠贤见大学士孙承宗安边功高，欲引为同党，命宦官前去拉拢，孙承宗未理。孙承宗还以贺圣寿为名，请入朝面奏，欲痛陈魏忠贤之罪。魏惧孙承宗拥兵在外，将清君侧，绕御床哭，求熹宗下旨，阻孙承宗来京。孙承宗至通州，被熹宗止返。

1625 年，乙丑，明天启五年

二月 翰林院检讨丁乾学等八人，因讥魏忠贤事发，削职为民。

三月 魏忠贤兴大狱，矫旨逮捕杨涟等六人下狱，赵南星等十五人削籍，严刑拷打。杨涟之死，土囊压身，铁钉贯耳，最为惨毒。左光斗、魏大中，亦皆体无完肤。越数日，始报熹宗，三人尸体俱已溃烂，不可辨识。其后，袁化中、周朝瑞、顾大章等，亦惨死狱中。

四月 重修《光宗实录》。削大学士刘一燝职。

七月 原大学士韩爌削籍。辽东经略熊廷弼，因阉党向其索取辽东军饷不得，被诬告冤杀，传首九边。

九月 赐魏忠贤金印，印文为"顾命重臣"，赐客氏金印，印文为"钦赐奉圣夫人"，金印各重二百两。

十月 孙承宗因忤魏忠贤去职。中书舍人吴怀贤，因赞同杨涟弹劾魏忠贤二十四大罪疏，下狱拷打致死。扬州知府刘铎书扇赠游僧，因扇上有句"阴霾国是非"，魏忠贤认为谤讪时政，将刘铎下狱杖杀。

十二月 榜东林党人姓名于天下。前吏部尚书赵南星谪戍代州。

1626年，丙寅，明天启六年

正月 修《三朝会典》。该书为魏忠贤党羽顾秉谦、黄立极、冯铨等编撰，计二十四卷，辑万历、泰昌、天启三朝关于梃击、红丸、移宫三案之示谕、奏疏、档册加按语而成。旨在阿谀魏忠贤，诬陷东林党人，作一网打尽之用。

二月 魏忠贤复起大狱，逮前应天巡抚周起元、吏部主事周顺昌、左都御史高攀龙、御史李应升、周宗建、黄尊素等东林党人。高攀龙闻讯投水死，周起元等死狱中。魏忠贤派缇骑赴苏州逮捕周顺昌，激起当地民变，民变首领颜佩韦、马杰、沈扬、杨念如、周文元五人为保护百姓，挺身投案被杀。当地民众将五人合葬于虎丘山旁，称"五人之墓"。

三月 设各边镇监军太监，以太监刘应坤镇守山海关。

闰六月 始建魏忠贤生祠，务求精巧，仿宫殿九楹，仪如王者，几遍天下。魏忠贤雕像以沉香木为之，腹中俱以金玉珠宝充填，凡疏辞一如颂圣。督饷尚书黄运泰，为迎魏忠贤像，五拜五稽首，称其"九千岁"。许多朝臣公开拜魏忠贤为父，自称干儿义孙，一时坊间有"五虎"、"五彪"、"十狗"、"十孩儿"、"四十孙"之称。

八月 努尔哈赤死，皇太极嗣大汗位，改明年为天聪元年。

十月 进魏忠贤爵为上公，赐诰券。

1627年，丁卯，明天启七年

四月 前刑部侍郎王之寀忤魏忠贤，下狱瘐死。

七月　魏忠贤忌在辽东苦战的巡抚袁崇焕，罢其职。

八月　熹宗死，年二十三。信王朱由检嗣位，改明年为崇祯元年。

十月　罢崔呈秀。以浙江巡抚潘汝祯首创建魏忠贤生祠，革职。

十一月　安置魏忠贤于凤阳，寻命逮治。魏忠贤闻讯，自缢死。崔呈秀闻之，亦自缢死。罢各边镇守太监。免天启年间被难诸臣罪，释其家属。

十二月　诛客氏及魏忠贤侄魏良卿，其亲属无问老少皆斩。下曾助魏为虐之人于狱，命毁各地魏忠贤生祠。

明思宗崇祯帝朱由检大事掠影
（1628-1644）

附录一 明代皇帝大事掠影（1368—1644）

明思宗朱由检御容

明兵部尚书杨嗣昌像

李自成破洛阳，杀福王。

清军入北京后，多尔衮命全体官民为明崇祯帝服丧多日。

清朝入主北京后，将崇祯帝葬在明十三陵陵区西南隅的鹿马山南麓，这里原只是崇祯帝田贵妃的陵墓，更名为"思陵"。

1628年，戊辰，明崇祯元年

正月　鉴于魏忠贤之祸，诏"中官非奉命不得出禁门"。磔魏忠贤及其死党崔呈秀尸。

二月　禁章奏冗蔓啰嗦。

三月　葬熹宗于德陵。恤天启朝被冤陷诸臣杨涟、左光斗、魏大中、周顺昌等。

四月　以袁崇焕为兵部尚书，督师蓟辽。

五月　毁《三朝会典》。

六月　阉党许显纯伏诛，冯铨、魏广微削籍。

十二月　前大学士韩爌还朝，复职仍为首辅。

1629年，己巳，明崇祯二年

正月　定魏忠贤逆案，阉党自崔呈秀以下分为六等：一曰"首逆同谋"，立斩；二曰"交结近侍"，秋后处决；三曰"交结近侍次等"，充军；四曰"谄附拥戴"，充军；五曰"交结近侍又次等"，坐徒三年，贬为民；六曰"交结近侍减等"，革职闲住。

五月　议改历法，以徐光启、李光藻主持，征天主教耶稣会传教士意大利人龙华民、德意志人汤若望参与，采取西法，后编成《崇祯历书》。

十一月　京师戒严，山海关总兵赵率教疾驰三昼夜回救京师，至遵化战死。大同总兵满桂入援。诏前大学士孙承宗为兵部尚书视师通州。袁崇焕回援京师解围。

十二月　思宗中皇太极反间计，下袁崇焕于锦衣卫狱。大学士成基请慎重处理。总兵祖大寿在旁股栗，惧并诛，率兵返回辽东。

1630年，庚午，明崇祯三年

正月　大学士韩爌为袁崇焕恩师，因袁崇焕下狱，亦罢官。

八月　杀袁崇焕，兄弟妻子流放三千里外，籍其家，无余资，天下冤之。自袁氏死，边事无人，危亡之征已见。

1631年，辛未，明崇祯四年

正月　赈陕西延绥饥民，以缓解高迎祥、李自成起义之势。

九月　陕北形成人人思乱、揭竿斩木、处处皆兵之局面。总督陕西三边军务侍郎杨鹤主张"剿抚并用"，被劾"主抚误国"，下狱论戍。复遣太监监察边镇。

十一月　思宗重用太监张彝宪，张彝宪势焰踞尚书之上，又故扣边镇军器不发。众官弹劾张彝宪，被斥。

1632年，壬申，明崇祯五年
七月　命太监曹化淳提督京营戎政。

1633年，癸酉，明崇祯六年
正月　诏曹文诏节制山陕诸将，讨伐义军。

二月　山东登州游击孔有德，投降后金。

六月　命太监高起潜监视辽东兵饷。太监张彝宪请催天下欠赋一千七百余万石，给事中范淑泰谏言民贫盗起，欠赋勿再督追，思宗不听。

1634年，甲戌，明崇祯七年
正月　辽东广鹿岛副将尚可喜，投降后金。

七月　后金兵至宣府，趋应州，掠大同，京师戒严。

是岁京师饥荒严重，御史龚廷献绘《饥民图》奉上。

1635年，乙亥，明崇祯八年
正月　高迎祥、李自成集义军十三家七十二军首领于河南荥阳，共商战略，兵威大振。

十月　皇太极掠山西多处，致书恫吓喜峰等口明军守将。

是岁明廷派洪承畴、卢象升率部剿高迎祥、李自成义军，战况酷烈。

1636年，丙子，明崇祯九年
三月　张献忠部义军纵横湖北。

四月　皇太极改后金国号为清，改后金天聪十年为清崇德元年。

六月　清兵入喜峰口，又至居庸关，连陷昌平等十六城，逾月退走。

七月　以兵部尚书张凤翼督师，太监高起潜监军。唐王朱聿键闻清兵入犯，欲起兵勤王，勒令其退回原地，废为庶人。

十月　宣大总兵杨嗣昌为兵部尚书。

1637 年，丁丑，明崇祯十年

正月　张献忠入安徽、湖广等地。

闰四月　任熊文灿为兵部尚书。

五月　李自成入川。

1638 年，戊寅，明崇祯十一年

八月　清军攻北京，下畿辅四十八县，会于通州。洪承畴入卫京师，时清军已入山东。

十二月　清军大举入攻内地，兵部尚书杨嗣昌、监军高起潜掣肘总督宣大山西军务卢象升，既不应援，又不供饷，一再贻误军机。卢象升率五千残卒，在巨鹿与清军激战，全军尽没。

1639 年，己卯，明崇祯十二年

正月　清军破济南。

五月　张献忠入湖广、四川界。

六月　明廷向各地增赋一千六百七十万石，民不聊生，纷纷加入义军。

1640 年，庚辰，明崇祯十三年

三月　罢各镇监军太监。

是岁李自成义军已到百万之众。

1641 年，辛巳，明崇祯十四年

正月　李自成破洛阳，杀福王。

二月　张献忠破襄阳，杀襄王。

三月　杨嗣昌畏罪自杀。清军攻锦州，辽东重镇皆失。

六月　两畿、山东、河南、浙江、湖广旱蝗严重，饥民纷纷举事。

八月　明军松山之战惨败，死五万三千余人。

十一月　李自成破南阳，杀唐王。

1642年，壬午，明崇祯十五年

二月　洪承畴降清。

三月　祖大寿降清。

四月　思宗遣使与清议和，未果。

九月　李自成掘黄河，灌开封城。

十一月　清军分道入塞，夺占河北、山东、江苏多地。

1643年，癸未，明崇祯十六年

正月　李自成在襄阳建政，亦设吏、户、礼、兵、工、刑六部，并建府州县等地方政权。

四月　清军逼近京师，首辅周延儒不得已，自请督师，至通州不敢战，罢官赐死。

五月　张献忠在武昌称大西王。

七月　京师大疫流行，死者无数。

十月　李自成破西安，改名长安，号"西京"。

1644年，甲申，明崇祯十七年

三月　李自成经大同，历宣府，破居庸，至都下，攻入北京。思宗自缢死。

是岁其他大事，见《清世祖顺治帝福临大事掠影》之元年所叙。

附录二

清代皇帝大事掠影
(1644–1911)

清太祖武皇帝努尔哈赤大事掠影
（1616—1626 年）

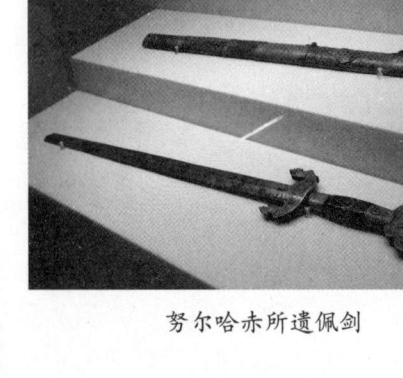

努尔哈赤所遗佩剑

与明朝有杀祖杀父之仇的建州左卫都指挥使努尔哈赤，以祖父遗甲十三副起兵。

努尔哈赤首先创建满洲八旗，皇太极继位后，为扩大兵源，在满洲八旗的基础上，创建了蒙古八旗和汉军八旗。蒙古八旗，旗色、官制与满洲八旗相同，惟地位略低于满洲八旗，而高于汉军八旗。

后金第一座都城——辽宁抚顺赫图阿拉城

沈阳清太祖努尔哈赤陵寝——福陵

1616年，丙辰，后金天命元年，明万历四十四年

正月　努尔哈赤于赫图阿拉（今辽宁新宾）即大汗位，时年五十八。建元天命元年，国号大金，史称后金。后金后改为清，努尔哈赤是为清太祖武皇帝。

七月　努尔哈赤遣扈尔汗、费扬古征东海萨哈连部，招降其各路首领。

1617年，丁巳，后金天命二年，明万历四十五年

是岁后金招降东海沿边诸部。

1618年，戊午，后金天命三年，明万历四十六年

三月　努尔哈赤征明，临行书七大恨告天，率步骑围抚顺城。

十月　东海虎尔哈部来降。

十二月　明辽东经略杨镐遣使，打探努尔哈赤虚实。

1619年，己未，后金天命四年，明万历四十七年

三月　萨尔浒之战，后金大获全胜，战略上从防御转入进攻。

六月　努尔哈赤率兵六万攻陷开原。

七月　后金克铁岭。

八月　后金灭叶赫。

1620年，庚申，后金天命五年，明万历四十八年

八月　努尔哈赤征明，抵沈阳北门。

1621年，辛酉，后金天命六年，明天启元年

三月　辽阳、沈阳陷于后金。

1622年，壬戌，后金天命七年，明天启二年

正月　广宁之战后金重创明军，夺占广宁、义州四十余城。

三月　努尔哈赤命皇子八人俱为和硕贝勒，共议国政。

1623 年，癸未，后金天命八年，明天启三年

正月 蒙古喀尔喀五部归顺努尔哈赤。

1624 年，甲子，后金天命九年，明天启四年

二月 后金与科尔沁蒙古结盟。

1625 年，乙丑，后金天命十年，明天启五年

三月 努尔哈赤初都辽阳，称东京，迁都沈阳，后称盛京。

1626 年，丙寅，后金天命十一年，明天启六年

正月 努尔哈赤率军十余万攻宁远，明宁远军民誓死固守孤城，以红夷巨炮将其击退。努尔哈赤负重伤，退往沈阳，于是年病死。

八月 努尔哈赤死后，第八子皇太极嗣汗位，改明年为天聪元年，是为太宗文皇帝。

清太宗文皇帝皇太极大事掠影
(1627-1643)

范文程较早感到明朝灭亡的危机，1618年在努尔哈赤攻下抚顺时，与兄长一起投靠后金。他得到努尔哈赤和皇太极父子二人重用，为满清征讨明朝做出了卓越贡献。

朝鲜国王李倧向皇太极跪拜图

后金所铸货币

沈阳清太宗皇太极陵寝——昭陵

1627 年，丁卯，后金天聪元年，明天启七年

正月　皇太极遣使致书袁崇焕，言修好事，索欲甚奢。袁崇焕回书责之。

四月　皇太极致书袁崇焕，辞多恫吓。

六月　后金兵围锦州，损失甚重。

1628 年，戊辰，后金天聪二年，明崇祯元年

五月　后金攻掠明边，并致书明将，言修好事。

九月　皇太极亲率大军攻察哈尔，大掠而还。

1629 年，己巳，后金天聪三年，明崇祯二年

正月　皇太极命四大贝勒按月分值，掌理机务。

四月　后金命史官记注本朝政事。

十月　后金兵分三路攻明，皇太极亲征。

1630 年，庚午，后金天聪四年，明崇祯三年

正月　皇太极喀喇沁部上奏明思宗，请仍修好。

1631 年，辛未，后金天聪五年，明崇祯四年

正月　后金红衣大炮制成。

七月　后金设六部，每部以贝勒分领。

八月　皇太极亲攻大凌城。

1632 年，壬申，后金天聪六年，明崇祯五年

三月　后金定仪仗制度。

四月　皇太极亲攻察哈尔。

1633 年，癸酉，后金天聪七年，明崇祯六年

八月　后金攻山海关。

十月　皇太极遣使，宣布法令于外藩诸国。

1634 年，甲戌，后金天聪八年，明崇祯七年

二月 后金定丧葬法。

四月 后金改汉世职官名为国语（满语）。录取满、蒙、汉军举人，共十六名。

七月 皇太极率军攻至宣府、应州，明京师戒严。

1635 年，乙亥，后金天聪九年，明崇祯八年

二月 后金重编蒙古诸旗，亦为八旗，兵一万六千八百四十人。

十月 皇太极致书明喜峰等口守将，再恫吓之。

1636 年，丙子，后金天聪十年清崇德元年，明崇祯九年

二月 后金定帽顶制，以示级别。

三月 后金改文馆为内三院，即内国史院、内秘书院、内弘文院。

四月 皇太极建国号为清，改后金天聪十年为清崇德元年。

十一月 《清太祖武皇帝实录》告成。

十二月 皇太极率军亲征朝鲜。

1367 年，丁丑，清崇德二年，明崇祯十年

正月 朝鲜降清。

七月 清颁满、蒙、汉字历。

1638 年，戊寅，清崇德三年，明崇祯十一年

二月 皇太极亲征喀尔喀蒙古。

五月 修盛京。

六月 清改蒙古衙门为理藩院。皇太极谕礼部："有效他国衣冠束发裹足者，重治其罪。"

八月 清攻明，至通州。

1639 年，己卯，清崇德四年，明崇祯十二年

正月 清军破济南。

六月　清分设汉军八旗，兵数二万四千零五十人，皆为降清之明军。

1640 年，庚辰，清崇德五年，明崇祯十三年
四月　皇太极视师义州——今辽宁义县。

1641 年，辛巳，清崇德六年，明崇祯十四年
三月　清军攻锦州。
八月　松山之战，清军大胜明军。

1642 年，壬午，清崇德七年，明崇祯十五年
二月　洪承畴降清。
三月　祖大寿降清。
四月　与明议和。
十一月　清军分道入塞。

1643 年，癸未，清崇德八年，明崇祯十六年
三月　皇太极责朝鲜助明。
八月　皇太极死，子福临嗣位，是为世祖章皇帝。睿亲王多尔衮、郑亲王济尔哈朗辅政。改明年为顺治元年。

清世祖顺治帝福临大事掠影
(1644-1661)

附录二 清代皇帝大事掠影（1644—1911）

顺治帝福临亲政后御容

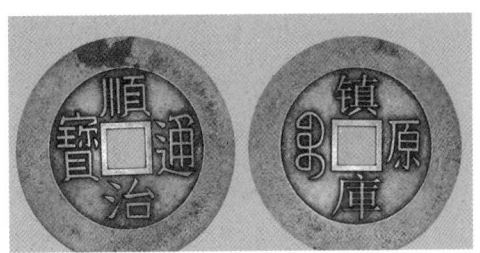

汉文顺治通宝

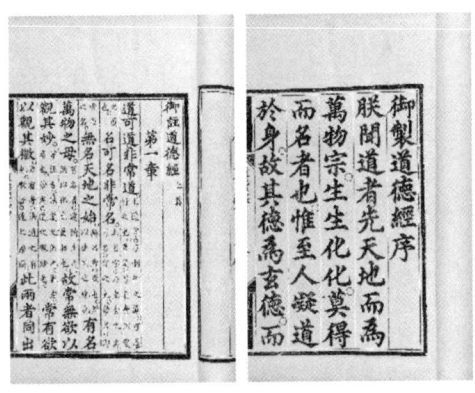

福临亲撰《御制道德经序》

满文顺治年号银花钱

顺治帝福临与来京入觐的达赖喇嘛晤谈，别看顺治帝年轻，又是满人，论佛学造诣，不比达赖差。

清世祖福临陵寝——孝陵

1644 年，甲申，清顺治元年，明崇祯十七年

正月　顺治帝福临在盛京（今辽宁沈阳）御殿受贺，时年六岁，以郑亲王济尔哈朗和睿亲王多尔衮辅政。

二月　李自成攻陷太原，明廷颁诏天下勤王。

三月　明朝臣奏请迁都南京，崇祯帝称"国君死社稷"，严拒迁都之议。

李自成军攻占外城，崇祯帝出玄武门（今神武门），登煤山（今景山），遥望烽火遍城郊，回乾清宫。是日晚，崇祯帝逼周皇后自缢，剑砍长女乐安公主臂，又杀妃嫔数人。次日晨，李自成军攻破内城，崇祯帝于煤山自缢死。

五月　清军进北京，原明朝文武官员出城五里外跪迎。多尔衮命兵部传檄天下：剃发降顺者，地方官各升一级；故明诸王归顺者，不夺其爵；各衙门官员等，俱照旧录用。初四日，多尔衮命官民等为明崇祯帝服丧。后造陵墓，葬之以礼，是为思陵。

六月　多尔衮与诸王贝勒大臣等议，以"燕京势踞形胜，自古兴王之地，有明建都之所"，议定迁都北京。

十月　福临在紫禁城太和门告祭天地宗社，即皇帝位，"号曰大清，定鼎燕京，纪元顺治"。

1645 年，乙酉，清顺治二年

五月　紫禁城太和殿、中和殿、保和殿重建工程动工，乾清宫竣工。

六月　严谕军民剃发令颁布。

1646 年，丙戌，清顺治三年

十月　紫禁城太和殿、中和殿、体仁阁等重建告成。

1647 年，丁亥，清顺治四年

十一月　紫禁城午门五凤楼告成。

1648 年，戊子，清顺治五年

三月　降济尔哈朗为郡王，幽系皇太极长子和硕肃亲王豪格。

七月　初设六部汉尚书职。

八月　禁民间养马及收藏兵器，允满汉官民联姻嫁娶。

1649 年，己丑，清顺治六年，

六月　禁诸王及满洲大臣干预各衙门政事。

1650 年，庚寅，清顺治七年

七月　多尔衮以京师"夏月溽暑难堪"，议在塞外建城避暑。

十二月　多尔衮病死于喀喇城，追尊为成宗义皇帝。

1651 年，辛卯，清顺治八年

正月　多尔衮死后，其同母弟英亲王阿济格图谋摄政，被幽禁削爵赐死。福临御太和殿受贺，始亲问政，颁诏全国。

二月　清廷暴多尔衮罪于天下。

八月　顺治帝娶蒙古科尔沁昊克善亲王女博尔济锦氏为皇后。

九月　承天门重建工程竣工，改名为天安门。

1652 年，壬辰，清顺治九年

正月　改订宗室王公封爵制：宗室王公子年至十五岁以上者，和硕亲王一子袭封亲王，其余俱封郡王；郡王一子袭封郡王，其余俱封贝勒；贝勒以下不准袭封，贝勒之子封贝子等。

十二月　顺治帝在南苑行宫，接见西藏达赖五世阿旺罗桑嘉措。

1653 年，癸巳，清顺治十年

二月　少詹事李呈祥因奏"部院衙门，应裁去满官，尚任汉人"一疏，以攻击满官罪，流放尚阳堡。

三月　命八旗各设宗学，隶宗人府，选满洲生员为师。凡未封宗室子弟十岁以上者，俱入学，习满文。

八月　顺治帝废皇后博尔济锦氏，贬为静妃。

1654年，甲午，清顺治十一年

三月 吏部尚书、大学士陈名夏，以阿附摄政王多尔衮，怀奸结党，曾言"留发复衣冠，天下即太平"等罪，处绞。顺治帝第三子玄烨生，母佟佳氏。

九月 设十三衙门，复设尚方司，共为十四衙门。

1655年，乙未，清顺治十二年

正月 谕吏部："惟贤才难得，政事需人，必舍短以取长，宜计功而忘过。"

六月 诏紫禁城后山名为景山，西华门外台名为瀛台。严申海禁，"沿海省份，应立严禁，无许片帆入海，违者立置重典"。立十三衙门铁牌，禁宦官干政。

十二月 颁行《满文大清律》。

1656年，丙申，清顺治十三年

闰五月 顺治帝先是在位育宫（保和殿）居住十年，乾清宫等自顺治十年秋始修。该月，乾清宫、乾清门、坤宁宫、坤宁门、交泰殿及景仁、永寿、承乾、翊坤、钟粹、储秀诸宫成。福临遂于七月初六日移居乾清宫，并祭告天地，颁诏天下。

九月 谕今后大学士不得参与议政王大臣会议。

十二月 册封内大臣鄂硕女董鄂氏为皇贵妃。

1657年，丁酉，清顺治十四年

三月 命直省学臣搜求遗书。

1658年，戊戌，清顺治十五年

三月 内监吴良辅因交结官员伏诛，原大学士陈之遴因贿结吴良辅革职流徙。

七月 设殿阁大学士数名，官阶仅为正五品。

1659年，己亥，清顺治十六年

闰三月 定惩治贪官例，凡贪污赃银至十两者，杖责四十板，流徙，不准折赎。

1660年,庚子,清顺治十七年

五月　俄国使臣佩尔菲利耶夫和阿布林至京,顺治帝因其"表文矜夸",未予接见。

八月　皇贵妃董鄂氏死,追封为皇后。

1661年,辛丑,清顺治十八年

正月　顺治帝死于养心殿,在位十八年,年二十四岁。下遗诏十四条罪己,以子玄烨嗣位,明年改元康熙,遗命内大臣索尼、苏克萨哈、遏必隆、鳌拜辅政。后谥章皇帝,庙号世祖,康熙二年六月初三日葬于孝陵。

二月　清廷以顺治帝遗诏,历数委用太监之过,革去十三衙门,重申宦官永不许干政。

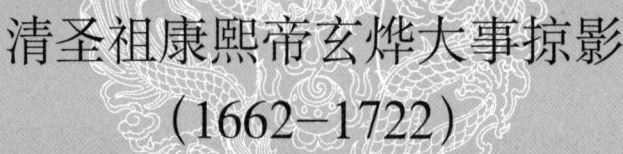

清圣祖康熙帝玄烨大事掠影
（1662—1722）

附录二 清代皇帝大事掠影（1644—1911）

长城，反映了中国古代中原农耕文明同草原游牧文化之间的对立和冲突。历代封建王朝所谓大一统局面，长期受制于长城之设。这一千古未变的"内中国而外夷狄"（李世民语）的政治格局，最终为清朝所打破。康熙帝决策废长城，从此长城南北不再有内外之别，不再有华夷之辨，真正使"中国"有了当代中国的涵义。

康熙年间，施琅在维护国家统一、促进台湾的回归方面，为中华民族做出了重大贡献。

康熙帝戎装像

康熙帝使用过的西方近代计算工具

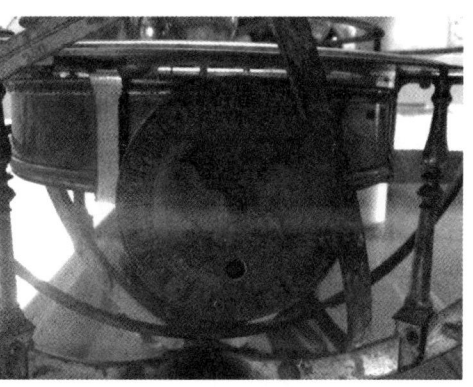

玄烨酷爱学习，内容包括来自西方的科技知识。宫中欧洲传教士曾为其仿制铜镀金十位盘式手摇计算机。

康熙帝东巡谒祖图

此系珐琅彩花卉瓶。珐琅彩是康熙年间出现的新型瓷器品种,将中国传统制瓷工艺与由法国传入的画珐琅技法相融合而成。因它属于宫廷垄断产品,未能走向民间,传世作品数量极少,愈显珍贵。

康熙帝玄烨死后,被后世子孙当作神灵礼拜,这是供奉在紫禁城外福佑宫内的"圣祖仁皇大成功德佛"神牌。

清圣祖玄烨陵寝——景陵

端门广场上陈列的"武成永固大将军炮"。康熙年间比利时传教士南怀仁奉命为清廷铸造火炮,武成永固大将军炮便是其中最优秀的炮式之一。此炮于康熙二十八年(1689)铸造完成,是一尊铜炮,重3吨,炮长310厘米,口径12.5厘米,用药5斤,生铁炮子10斤。炮身全部铜绿,纹饰精美,底部左右有满汉铭文。

1664 年，甲辰，清康熙三年

四月　辅臣鳌拜与内大臣费扬古有隙，以费扬古为太祖守陵怨望，其子倭赫冲撞御马罪，矫旨将费扬古及其子倭赫、尼堪、萨哈连俱绞死，房屋籍入鳌拜弟穆里玛家。

是岁皇帝无大事可叙。

1666 年，丙午，清康熙五年

八月　给事中张维赤疏请玄烨亲政，报闻。

十二月　康熙帝未允所奏，鳌拜矫旨擅杀大学士苏纳海、总督朱昌祚、巡抚王登联。

1667 年，丁未，清康熙六年

七月　玄烨御太和殿受贺，宣恩诏十七条。始御乾清门听政，后日以为常。鳌拜奏辅臣苏克萨哈二十四罪，应凌迟处死，康熙帝不允所请。鳌拜攘臂御前，强奏累日，竟坐苏克萨哈处绞，其子内大臣查克旦凌迟，叔弟侄无论成年未成年皆斩决，家产籍没，妻孥入官。

九月　命纂修《清世祖章皇帝实录》。

1668 年，戊申，清康熙七年

三月　谕吏部："今在京各部院满汉官员，俱论资俸升转，虽系见行之例，但才能出众者，常以较量资俸，超擢无期。此后遇有紧要员缺，着不论资俸，将才能之员，选择补用。"停止叩阍之例，内外官民果有冤抑，照例于通政使司登闻鼓衙门告理。

九月　秘书院侍读学士熊赐履，闻车驾将巡边，疏请收回成命。康熙帝谕："今览诸臣前后各疏，称今岁灾变甚多，不宜出边，以致兵民困苦。朕思诸臣抒陈忠悃，直言进谏，深为可嘉，已允所请，停止边外之行。以后国家紧要重大事情，如有未当，务将所见直陈，朕不惮更改。"

1669年，己酉，清康熙八年

五月 辅臣鳌拜多年结党擅权，势焰嚣张，恣意妄为，贪聚贿赂，且以康熙帝年幼，独揽国事，肆行无忌。康熙帝得太皇太后懿旨，与辅臣索额图谋划，伺鳌拜入见时，命卫侍将其擒获，交付议政王等勘审。议将鳌拜革职、籍没、拘禁，鳌拜子那摩佛免死拘禁，鳌拜弟穆里玛、侄塞本得及鳌拜党羽大学士班布尔善、吏部尚书阿思哈、兵部尚书噶褚哈等立斩，辅臣遏必隆因谄附鳌拜罪，削去太师、公爵封号，余俱降革有差。

六月 鳌拜弟内大臣巴哈革职为民。

七月 准苏克萨哈案内文武被谪官员恢复原职。为苏纳海、朱昌祚、王登联昭雪。

十一月 太和殿、乾清宫告成，玄烨御殿行庆贺礼，由武英殿移居乾清宫，并颁恩诏十五款。

1670年，庚戌，清康熙九年

三月 先是满大学士、尚书、左都御史俱系一品，汉大学士原系五品，谕将满汉官员品级划一，满汉大学士、尚书俱定为二品。

九月 以天文关系重大，必选择得人，专心学习，方能通晓精微，命各旗选取十人，交钦天监，与汉天文生一同学习。严禁内外官员馈送。

十月 以图海、巴泰为中和殿大学士兼吏部尚书，索额图、李霨为保和殿大学士兼户部尚书，杜立德为保和殿大学士兼礼部尚书，对喀纳为文华殿大学士兼刑部尚书，折库纳、熊赐履为翰林院掌院学士。

1671年，辛亥，清康熙十年

正月 审计直省官员，计贪酷官十员，贪官一百一十九员，酷官四员，疲软官八十五员，不谨官一百二十一员，年老官二百三十五员，有疾官一百三十八员，才力不及官一百四十员，浮躁官五十六员，俱处分如例。先是因满官不通汉语，内外各衙门俱设通事，此时满洲官员已懂汉语，将通事悉罢之。

九月 康熙帝东巡，自京起行，谒福陵昭陵，御盛京清宁宫。寻自盛京东巡，召见宁古塔将军巴海，谕曰："罗刹（俄罗斯）虽云投诚，尤当加意防御，操练士马，整备器械,毋堕狡计。"十一月回京。

1672年,壬子,清康熙十一年

正月 新疆准噶尔蒙古首领噶尔丹遣使进贡。

四月 命侍卫吴丹、学士郭廷祚阅视河工,绘图进览。

十二月 允裕亲王福全奏请辞职,又允庄亲王博果铎、惠郡王博翁果诺、温郡王孟峨奏请辞职。谕讲官等曰:"从来与民休息,道在不扰。与其多一事,不如省一事。朕观前代君臣,每多好大喜功,劳民伤财,紊乱旧章,虚耗元气,上下讧嚣,民生日蹙,深为可鉴。"

1673年,癸丑,清康熙十二年

正月 康熙帝于南苑大阅八旗官兵。

二月 削湖广总督张长庚太子少保衔,以其任巡抚时捏报垦荒政绩。

三月 康熙帝见时雨未足,亲往城外查看麦禾。

五月 考察直省督抚,浙江总督刘兆麒、两江总督麻勒吉、湖广巡抚徐化成等,俱降二级调他处。

六月 康熙帝赐诸王、贝勒、大学士、六部、院、司、寺、监、科、道等官员宴,并赏荷泛舟。禁止八旗佐领下奴仆随主殉葬。

七月 平西王吴三桂、靖南王耿精忠,上疏请求撤藩。康熙帝命户、兵二部确议。

八月 遣官察看地方,考虑如何安插吴三桂、耿精忠及早就请求撤藩的平南王尚可喜。

十一月 时平西王吴三桂镇云南,平南王尚可喜镇广东,靖南王耿精忠镇福建,称之为三藩。三藩各拥重兵,自雄一方,横征暴敛,尾大不掉。上疏请求撤藩,实乃虚情假意,以探朝廷态度而已,见正中康熙帝下怀,遂举兵反叛。吴三桂杀云南巡抚朱国治,拘礼部侍郎折尔肯,传檄远近,自称天下都招讨兵马大元帅,以明年为周王元年,改元绍武,蓄发易衣冠,旗帜皆白。贵州巡抚曹申吉、提督李本深,云南提督张国柱,皆从之。报闻京师,举朝震动。杨起隆伪称故明皇室朱三太子,召集明朝遗老遗少,约于京城内外放火举事,建元广德,事泄被捕。

时京城九门昼闭，四处严缉，百姓惊恐，纷避西山。康熙帝削吴三桂爵封，停撤尚、耿二藩，宣示天下，发兵讨逆。

1674 年，甲寅，清康熙十三年
二月　广西将军孙廷龄叛清。
三月　耿精忠叛清。
五月　康熙帝次子胤礽出生，其母皇后何舍里氏产后死。
九月　诏虽当此多事之秋，仍当每日进讲，学经莫辍。
十二月　陕西提督王辅臣叛清。

1675 年，乙卯，清康熙十四年
三月　察哈尔蒙古和硕亲王布尔尼叛清，败死。
十二月　立胤礽为皇太子，时年二岁，是为清立皇太子之始。

1676 年，丙辰，清康熙十五年
二月　谕曰："嗣后经筵讲章，称颂之处，不得过为溢辞，但取切要，有裨实学。"尚可喜长子尚之信叛清，投靠吴三桂。
五月　康熙帝两度接见俄国来使尼果赖，拒绝其无理要求，要俄方勿扰边陲，交还叛将根特木尔。
六月　王辅臣降，命复其原官，加太子太保，擢靖寇将军，立功赎罪。
七月　大学士熊赐履票拟疏误，革职。
九月　广西提督马雄叛清，后又归降。
十月　耿精忠降，留其靖南王爵，命从征郑成功之子郑经，图功赎罪。
十二月　诏许尚之信降，赦免其罪，令立功自效。

1677 年，丁巳，清康熙十六年
五月　读《孟子》，谕曰："君子进，则小人退，小人进，则君子退，君子小人，势不两立。"
十月　明宗室朱统锠起事于福建，败之。

1678 年，戊午，清康熙十七年

正月 诏举博学鸿儒，谕凡有学行兼优、文词卓越之人，不论已仕未仕，在京三品以上及科道官员，在外督抚布按，各举所知。一时因此获荐者，七十七人。

三月 吴三桂称帝于衡州。

闰三月 郑经踞厦门，不时犯扰濒海地方，严申海禁。命内大臣喀代、尚书马喇，往科尔沁等四十九旗会盟。

六月 因大旱，康熙帝步祷天坛祈雨。

八月 吴三桂病死，孙吴世璠于云南嗣立。

十月 康熙帝第十一子（序齿为皇四子）胤禛出生，母乌雅氏。

1679 年，己未，清康熙十八年

三月 召试内外诸臣荐举博学鸿儒一百四十三人于体仁阁，取彭孙遹等五十人，授翰林职，命皆入史馆，纂修《明史》。

四月 旱甚，康熙帝步祷天坛祈雨。

五月 命内阁学士徐元文为监修总裁官，翰林院掌院学士叶方霭、右庶子张玉书为总裁，编修《明史》。

十二月 太和殿火灾，正殿被毁。

1680 年，庚申，清康熙十九年

八月 赐尚之信死。

十一月 以贻误军机罪，惩治满洲文武官员多人。

1681 年，辛酉，清康熙二十年

二月 直隶巡抚于成龙至京陛见，康熙帝召至懋勤殿，称其为"清官第一"。

九月 康熙帝巡视近畿，询问灾情，又召于成龙至行宫，密询百姓生业及地方事宜。

十月 清军攻占昆明，吴世璠自杀，传首京师，将吴三桂骸骨分发各省。至此，三藩之乱平定。

十一月 琉球国中山王遣使入贡请封。

1682年，壬戌，清康熙二十一年

正月 诏将耿精忠革去王爵，凌迟处死。其子耿显祚处斩，部将白显忠、曾养性、刘进忠俱凌迟，祖宏勋处斩。

四月 康熙帝因云南平定，谒陵祭告祖先，启銮东巡。先至盛京，祭福陵昭陵，旋出抚顺，至吉林乌喇，泛舟松花江上，赐乌喇将军巴海等宴，兵丁皆赐银两。以制造火炮精坚之功，加封南怀仁工部侍郎衔。遣使往封尚贞为琉球国中山王。尚阳堡流犯王廷试之子王德麟叩阍，乞以身代父受刑，诏其父子俱系读书人，一并发回原籍。

八月 俄国侵扰黑龙江一带，恃雅克萨（今俄罗斯阿尔巴津）为据点，杀掠不已。遣副都统郎琰等前去巡察。

九月 诏每日御朝听政，春夏在辰初时刻，秋冬在辰正时刻。

十二月 考察直省官员，定贪酷官四十员，不谨官五十一员，疲软官一百五十一员，年老官一百二十九员，有疾官六十一员，不及官一百六十三员等，分别处分如例。定三亲王贻误军机罪，大将军安亲王岳乐罚俸一年，大将军康亲王杰书削去军功罚俸一年，大将军简亲王喇布削去王爵。增强黑龙江边防守御。

1683年，癸亥，清康熙二十二年

正月 遣使册封黎维正为安南国王。

五月 割据台湾的郑成功孙郑克塽遣官至京，请照琉球、高丽等外国例称臣入贡，发服依旧。康熙帝诏"台湾贼，皆闽人，不得与琉球、高丽比，如果悔罪，剃发归诚"，命施琅尽速进兵台湾。

六月 施琅率水师克澎湖。

七月 郑克塽遣官呈降表。

八月 施琅抵达台湾鹿耳门，郑克塽等剃发受诏，缴册印降。自郑成功入台，至此二十二年，清终于统一台湾。

1684年，甲子，清康熙二十三年

三月 清查各省钱粮。

四月 台湾设一府三县。先是施琅疏奏："台湾地数千里，人民数十万，弃之必为外国所据,请设镇守官弁。"朝臣李光地,则主张"迁其人,弃其地"。康熙帝采纳施琅奏议。

五月 命纂修《大清会典》。推举清廉官员,如直隶巡抚格尔古德、灵寿知县陆陇其等七人。

六月 暹罗国遣使入贡,准在广东登岸贸易。

十月 康熙帝首次南巡,至济南,登泰山,阅河工,与河道总督靳辅论治河方略。临视天妃闸,次高邮湖,登岸巡堤,问民疾苦。又渡扬子江,至焦山、金山,驻苏州,至虎丘。翌年初一日至江宁,遣官祭祀明孝陵。初四日回銮,过曲阜,书"万世师表"额。二十九日,还至京师。开海禁,违禁将硝黄、军器等物私载出洋贸易者,仍照例处分。

十二月 命都统瓦山往黑龙江,与当地守将详议攻取雅克萨事宜。授郑克塽公衔,隶上三旗,并拨给房田。命于成龙经理黄河入海口,浚疏年久沙淤壅塞的黄河故道。

1685 年,乙丑,清康熙二十四年

正月 命都统彭春领兵,攻取雅克萨。

三月 诏修《赋役全书》。

四月 命满汉人民皆可出洋贸易。

五月 收复被俄国侵占二十年之久的雅克萨城。

1686 年,丙寅,清康熙二十五年

二月 清军撤离雅克萨后,俄军又盘踞这里,命黑龙江将军萨布素再予往征。重修《清太祖高皇帝实录》告成。

三月 命纂修《大清一统志》。

九月 历时两年之久的雅克萨之战,以清军获全胜告终。

1687 年,丁卯,清康熙二十六年

十二月 康熙帝祖母、太皇太后博尔济锦氏(孝庄)死。

是岁康熙帝主要关注于两事,治理黄淮河务,掌控喀尔喀蒙古各部,令其罢

兵息争。

1688年，戊辰，清康熙二十七年

二月 大学士明珠因"指麾票拟，市恩立威，连结党羽，贩鬻官爵，任意派缺，交结靳辅，牵制言官，意毒谋险"等八款罪，革职。比利时人、钦天监监正兼工部右侍郎南怀仁死，予以祭葬。原亲王以下、奉恩将军以上官员，子年十五概予袭封，改为年至二十，且须系文艺骑射优者。

三月 遣使同俄国勘定边界。处罚治黄不力官员。

七月 召见收复台湾有功之臣施琅，嘱"自此宜益加敬慎，以保功名，从来功高者，往往不克保全始终，皆由未能敬慎之故"。

1689年，己巳，清康熙二十八年

正月 康熙帝第二次南巡，驻平原，免山东明年地丁额赋，阅中河，免江南积欠地丁钱粮二百二十余万两，渡钱塘江，至会稽山，往江宁，阅高家堰河工，三月十九日还京师。

四月 遣使谕噶尔丹曰："战争非美事，辗转报复，将无已时，仇敌愈多，亦不能保其常胜，是以朕欲尔等解释前仇，互市贸易，安居辑睦，永息战争。"遣使往尼布楚，与俄使谈判划界，行前授意，清廷底线为"以额尔古纳为界"。

七月 《中俄尼布楚条约》签订。

1690年，庚午，清康熙二十九年

二月 京师八旗役仆四五千人，因未得朝廷给米一石的赏赐，齐集天安门外长跪请愿。及闻康熙帝在御花园中散步，有人闯至御花园门外高喊，几酿大变。为首者斩，余众驱散。

四月 《大清会典》告成。

七月 康熙帝初征噶尔丹，因其以追击土谢图汗和哲卜尊丹巴为名，入犯内地。

八月 乌兰布通一役，噶尔丹兵败远遁。

1691 年，辛未，清康熙三十年

三月　满译《通鉴纲目》告成。

五月　康熙帝亲往多伦诺尔，与喀尔喀蒙古各部汗会盟，使之降附于清。谕曰："昔秦兴土石之工，修筑长城。我朝施恩于喀尔喀，使之防备朔方，较长城更为坚固。"

是岁审计全国人丁户口二千零三十六万三千五百六十八人，田地五百九十三万余顷，征银二千七百三十七万余两，米豆麦六百九十五万余石，草二百零八万余束，茶十五万余引，行盐四百三十三万余引，征课银二百六十九万余两，铸钱二亿八千九百九十二万。

1692 年，壬申，清康熙三十一年

正月　发生日蚀，钦天监占验，未据实以报。谕曰："自古帝王于不肖大臣正法者颇多，今设有贪污之臣，朕得其实，亦必置之重典。此皆悉于人事，凡占候当直书其占语，今钦天监往往揣度时势，附会陈说，可传谕之。"

四月　召近臣入瀛台内丰泽园，观看所种御稻长势。

八月　清廷使者在哈密被噶尔丹部属杀害，谕曰："噶尔丹阳奉阴违，全弃誓言，生事起衅，彰彰明矣。"

十二月　命于成龙为河道总督。

1693 年，癸酉，清康熙三十二年

二月　以贵州巡抚卫既齐妄杀苗民，虚报功绩，启衅边疆，发往黑龙江为民。

八月　因广西、四川、贵州、云南四省俱属边地，土壤硗瘠，民生艰苦，蠲免明年应征地丁银米。

十月　俄使入贡。谕曰："外藩朝贡，虽属盛事，恐传至后世，未必不因此反生事端。总之，中国安宁，则外衅不作，故当以培养元气为根本要务耳。"

1694 年，甲戌，清康熙三十三年

正月　嫌于成龙于河工事妄行陈奏，前后互异，命革职留任，戴罪图功。修陕西延绥至甘肃嘉峪关三边长城。

五月　察噶尔丹遣二千余人进贡请安,阳为修好,潜作窥探,令止于归化城（今内蒙古呼和浩特）。康熙帝巡阅畿辅河堤。

十二月　闽浙总督朱宏祚上奏,有"闽省地瘠民佻"之语。谕责曰："岂福建全省之人,尽皆佻薄乎？"以其谬言陈奏,命降四级调用。

1695年,乙亥,清康熙三十四年

正月　总漕兴永朝奏请丈量湖南土地。恐州县官乘机加赋,因谕曰："治国之道,莫要于安民。"

二月　诏责噶尔丹："嗣后若仍怙非不悛,蔑视前谕,尔永勿上疏、遣使、贸易。"

五月　为八旗无房兵丁建房。

八月　密谕蒙古科尔沁土谢图亲王沙律,设诱歼噶尔丹之计。

1696年,丙子,清康熙三十五年

二月　康熙帝再次亲征噶尔丹。

四月　康熙帝驻西巴尔台,调集后续大军。

五月　昭莫多之战,清军大捷。

六月　康熙帝还京。

七月　命修《平定朔漠方略》。

十一月　噶尔丹使人纳款请降,康熙帝令其亲自来降,否则继续征讨。

1697年,丁丑,清康熙三十六年

正月　谕明代史事："观《明史》洪武、永乐所行之事,远迈前王。我朝现行事例,因之而行者甚多。且明代无女后预政、以臣凌君等事,但其末季坏于宦官耳。且元人讥宋,明复讥元,朕并不似前人,辄讥亡国也,惟从公论耳。"

二月　康熙帝三征噶尔丹。

三月　诏许达赖喇嘛六世仓央嘉措坐床。

闰三月　噶尔丹败死。

五月　康熙帝回京师。

七月　重修太和殿告成。

1698年，戊寅，清康熙三十七年

三月　以湖广、江西、江南、浙江、广东、广西、福建、陕西、山西米价腾贵，诏禁造酒。康熙帝行经浑河（永定河）灾区，见百姓以水藻为食，亲尝后知百姓艰苦，命于成龙浚河筑堤，绘图呈览。

是岁惩治多起暴敛贪婪案。

1699年，己卯，清康熙三十八年

二月　康熙帝第三次南巡，阅高家堰，察归仁堤，又巡黄河堤，用水平仪亲做测量，复渡黄河，阅新埽，于五月十七日还宫。

五月　黑龙江将军萨布素逢迎康熙帝近侍，命降五级调用。

六月　谕大学士等："原任左都御史郭琇，前为吴江知县，居官甚善，百姓至今称颂。其人亦有胆量，无朋比。"因补授湖广总督。

十月　康熙帝阅视永定河工。

1700年，庚辰，清康熙三十九年

正月　湖南、湖北钱多价低，命暂停铸钱。

三月　陕西多名官员贪污赈济灾民银两，或斩监候，或革职降级。四川巡抚于养志与提督岳升龙互相讦告，俱革职。

四月　康熙帝再巡永定河，命皇长子胤禔总领王公贝勒及八旗兵丁，前往挑浚下桩。

七月　策妄阿喇布坦派兵往青海，理藩院以为无关宏旨。谕曰："此事目前观之，虽属甚小，将来大有关系。"

九月　谕兴修水利不可太骤，须因地制宜。

十月　命各级官吏以风闻关系民生者入奏，"倘怀私怨，互相朋比，受嘱托者，国法自在"。

1701年，辛巳，清康熙四十年

三月　总督河工大臣张鹏翮，请将康熙帝治河敕谕纂集成书，永远遵守。礼部议允。康熙帝谕大学士："朕以河工紧要，凡前代有关河务之书，无不披阅。大约

泛论则易，而实行则难。河性无定，岂可执一法以治之？惟委任得人，相其机宜，而变通行之，方有益耳。今不计所言所行，后果有效与否，即编辑成书，欲令后人遵守，不但后人难以做行，揆之己心亦难自信。……今河工尚未告竣，遽纂成书可乎？"

四月　大臣王新命监修永定河误工，冒领银两，斩监候。

五月　毁西山碧云寺前明太监魏忠贤墓碑。

七月　领侍卫内大臣费扬古患病，康熙帝亲往视疾。

十二月　靖海侯施琅之子施世纶，居官聪毅果决，摧抑豪猾，"百姓与生员讼，彼必庇护百姓，生员与缙绅讼，彼必庇护生员"，由淮扬道升任湖南布政使。

1702年，壬午，清康熙四十一年

正月　诏修国子监。谕大学士等："朕观诸臣任科道时多有敢言，沽直声，以得升迁者。及为大僚，辄不敢言，问以小事，皆云不知，前后顿不相符。"

闰六月　限外任官所带家口额数，多带者降一级调用。

八月　擢浙江布政使赵申乔为浙江巡抚。谕大学士曰："浙江布政使赵申乔居官甚清，所有家人仅十三人，并无幕客，办事皆躬亲，火耗分厘不肯取，其陛辞奏云'到任不做好官，请置重典'，今观其居官若此，真能践其言矣。"

九月　康熙帝第四次南巡启行，因皇太子胤礽染疾，自德州回京。

1703年，癸未，清康熙四十二年

正月　康熙帝第四次南巡启行，三月回京。

三月　张鹏翮治河有功，康熙帝阅后称赞。

五月　大学士索额图不顾康熙帝警告，私议国政，结党妄行，欲助皇太子胤礽潜谋大事。胤礽渐失父意，索额图交宗人府拘禁，并死于幽所。余党亦俱幽禁。

七月　诏截漕米五十万石，赈济山东灾民。

九月　甘肃巡抚齐世武，勒令地方为己立德政碑。谕曰："凡居官果优，纵欲禁止百姓立碑，亦不能止，如劣迹昭著，虽强令建碑，后必毁坏。闻昔日屈尽美为广西巡抚，回京时百姓怨恨，持锹镢锄其迹，庶民之心，岂能强致耶！"命齐世武降五级留用。

1704 年，甲申，清康熙四十三年

六月　统一全国量器。

九月　遣侍卫拉锡等赴青海探察黄河源头，绘图呈览。

十一月　严禁各地滥造御书楼、御书亭等，以其"殊属糜费"，"致重民累"，不肖官员借机"加倍私派，科敛肥己"。

十二月　淮湖广各府州县苗人通文义者，与汉民一体应试。

是岁始修《佩文韵府》。

1705 年，乙酉，清康熙四十四年

二月　康熙帝第五次南巡。行前谕工部，此行仍以察验河工为重，"至于山东省荐饥之民，并于沿途亲行周览焉"。后于闰四月二十九日回宫。

十一月　新修国子监告成。

是岁惩治挟私诬劾者多人，以及贩卖私盐获赃者。

1706 年，丙戌，清康熙四十五年

三月　以台湾旱灾，钱粮全行蠲免。命各省建育婴堂。

六月　诏修太祖、太宗、世祖三朝《功臣传》。

九月　昆明人李天极伪称前明桂王之孙，谋劫省城，事泄被杀。

十月　谕武英殿殿试读卷官等："今天下太平日久，曾经战阵大臣已少，知海上用兵之法者益稀，日后台湾不无可虑。"

1707 年，丁亥，清康熙四十六年

正月　康熙帝第六次南巡，舟泊清河运口，阅武家墩及溜淮套，次江宁，历苏州，驻杭州，五月二十二日还京。

五月　弛限大船出洋之禁。

七月　谕曰："今巡行边外，见各处皆有山东人，或行商，或力田，至数十万人之多。"

十一月　免江浙等地旱灾钱粮。

是岁《全唐诗》成书。

1708年，戊子，清康熙四十七年

六月 《清文鉴》告成。《清文鉴》为满文分类辞典，三十六部，二百八十类，二十一卷，共一万二千余条。

七月 《平定朔漠方略》成书。

九月 康熙帝行围布尔哈苏台，召皇太子，集诸王大臣谕曰："胤礽不法祖德，不遵朕训，惟肆恶虐众，暴戾淫乱，难出诸口，朕包容二十年矣。乃其恶愈张，缪辱在廷诸王、贝勒、大臣、官员，专擅威权，鸠聚党与，窥伺朕躬，起居动作，无不探听。朕思国惟一主，胤礽何得将诸王、贝勒、大臣、官员，任意凌虐，恣行捶挞耶？……更可异者，伊每夜逼近布城，裂缝向内窃视。从前索额图助伊潜谋大事，朕悉知其情，将索额图处死。今胤礽欲为索额图复仇，结成党羽，令朕未卜今日被鸩，明日遇害，昼夜戒慎不宁。似此之人，岂可付以祖宗宏业？"康熙帝且谕且泣，谕毕痛哭仆地。当日即执胤礽，命诛索额图之子格尔芬、阿尔吉善及胤礽亲信多人。康熙帝废太子后，犹愤懑不已，六夕不安寝。及还京，在上驷院旁设毡帐，命胤礽居之，后幽禁于咸安宫。并以废太子事，告天地、太庙、社稷，宣示天下。

十月 朱三太子案结，此人实名王士元，凌迟处死。

十一月 胤礽被废后，谕"诸阿哥中如有钻营谋为皇太子者，即国之贼，法断不容"。皇长子胤禔不知好歹，奏称皇八子胤禩甚好，康熙帝以为系胤禩指使，将其锁拿。皇十四子胤禵愿保胤禩，康熙帝震怒，出所佩刀欲诛胤禵，众皇子跪抱劝止，遂命诸皇子齐挞胤禵。又疑胤禔希冀皇太子位，革其王爵，幽系府内。康熙帝废皇太子后，无一日不流涕，召满汉文武诸臣齐集畅春园，命举奏皇太子。阿灵阿、鄂伦岱、揆叙、王鸿绪等私相计议，与诸大臣暗通消息，书"八阿哥（胤禩）"三字于纸，交内侍转奏。内侍传旨称："尔等其各出所见，各书一纸，尾署姓名，奏呈朕览，将裁定之。"不久，释废太子胤礽于禁所，复胤禩贝勒衔。

1709年，己丑，清康熙四十八年

正月 以大学士马齐暗中聚众、举奏胤禩为皇太子，命严行拘禁。谕责佟国维荒诞之言："舅舅（佟国维）年老之人，屡向朕所遣人云：'我夫妻每日祝天求佛，愿皇上万寿。'朕思自五帝以至今日，尚未及万载，朕何敢侈望及此？此皆以荒诞不实之言欺朕，朕不信也。……嗣后舅舅及大臣等，惟笃念朕躬，不于诸王阿哥中结为党羽，谓皆系吾君之子，一体看视，不有所依附，而陷害其余，即俾朕躬。"

三月 自上年九月废皇太子胤礽之后，康熙帝愧愤忧疾，诸皇子谋争储贰，众大臣结党依附。康熙帝遂决定，胤礽复立为皇太子，胤祉、胤禛、胤祺等皇子封为亲王，胤祐、胤䄉为郡王，胤禟、胤䄔、胤䄘为贝子。革职浙江布政使黄明，以其诈财殃民，绞监候。

十一月 谕明季宫廷荒唐事迹，认为"总由生于深宫，长于阿保（太监乳母）之手，不知人情物理故也"。

1710年，庚寅，清康熙四十九年

三月 再封达赖六世。

九月 户部历任尚书、侍郎一百余人，共侵蚀草豆银六十余万两，命俱勒限赔完。

1711年，辛卯，清康熙五十年

正月 康熙帝巡视京师通州河堤，亲操仪盘度量。

八月 雍亲王第四子弘历生，母钮祜禄氏，后为清高宗乾隆帝。

1712年，壬辰，清康熙五十一年

二月 两江总督噶礼与江苏巡抚张伯行互参，二人皆被解职。谕滋生人丁永不加赋。

四月 原刑部尚书齐世武受贿三千两，原步军统领托合齐受贿二千四百两，原兵部尚书耿额受贿一千两，俱绞监候。

五月 禁山东民众往返口外。

九月 上谕："皇太子胤礽，自复立以来，狂疾未除，大失人心，祖宗宏业，断不可托付此人。朕已奏闻皇太后，着将胤礽拘执看守。"

1713年，癸巳，清康熙五十二年

正月 江南科场案结，作弊贪渎官员或斩立决，或绞监候，或枷责革职。册封

班禅五世罗桑意希为"班禅额尔多尼"。

二月 顺天乡试又有人作弊，事发论死。

1714年，甲午，清康熙五十三年

三月 王鸿绪进《明史列传》，尔后《明史》即以此为底本。

四月 两江总督噶礼淫奢无度，其母曾向康熙帝面陈噶礼之贪状，噶礼竟谋杀其母，其母报康熙帝，令噶礼自尽。

1715年，乙未，清康熙五十四年

三月 策妄阿喇布坦兵犯哈密，康熙帝命肃州总兵路振声往救。

十月 谕大学士等："各处奏折所批朱笔谕旨，皆出朕手，无代书之人。此番出巡，朕右手病，不能写字，用左手执笔批旨，断不假手于人。"山西太原知府赵凤诏，受赃银十七万四千余两，斩立决。

1716年，丙申，清康熙五十五年

十月 限制出海贸易，谕曰："海外如西洋等国，千百年后，中国恐受其累。此朕逆料之言。"

是岁《康熙字典》成书，共收字四万七千零三十五个。

1717年，丁酉，清康熙五十六年

三月 分兵攻策妄阿喇布坦。

四月 广东碣石总兵陈昂上奏："天主一教，设自西洋，今各省设堂，招集匪类。此辈居心叵测，目下广州城，设立教堂，内外布满，加以同类洋船丛集，安知不交通生事？乞敕早为禁绝，毋使滋蔓。"从之。

十一月 严查白莲教徒。

1718年，戊戌，清康熙五十七年

正月 翰林院检讨朱天保，奏请复立胤礽为皇太子，严审后斩。

三月 修筑浙江海宁等处海塘。

十月　命固山贝子胤䄔为抚远大将军，征讨策妄阿喇布坦。升年羹尧为四川总督。命皇七子胤祐、皇十二子胤祹、皇十八子胤祄分理正蓝旗、正白旗、正黄旗三旗事。

1719年，己亥，清康熙五十八年
二月　册封黎维祹为安南国王。《皇舆全览图》成书，历时三十余年，经大规模全面实测后，采用经纬图法梯形投影绘成，是首部用新法测绘的中国地图集。

是岁《骈字类编》成书。

1720年，庚子，清康熙五十九年
八月　清军入拉萨。

十一月　册封李昀为朝鲜国王。以隆科多为理藩院尚书，仍管步军统领事务。

十二月　群臣以康熙帝御极六十年，恭请行庆贺典礼，不许。

1721年，辛丑，清康熙六十年
三月　诸臣请上尊号，谕曰："从来所上尊号，不过将字面上下转换，此乃历代相沿旧习，特以欺诳不学之人主。以为尊称，其实何尊之有！……本朝受命以来，惟以爱养万民为务……朕每念及此，惟当修省图治，加惠黎元，有何庆贺？"

五月　直隶、山东、河南、山西等地旱灾，发四省常年仓储米谷一千二百四十八万余石，遣官平粜分赈。

1722年，壬寅，清康熙六十一年
正月　举行千叟宴，召满汉文武官员及致仕斥退人员年满六十五岁以上者，共一千零二十人，宴于乾清宫前。

十一月　康熙帝不豫，自南苑回驻畅春园。初九日，命皇四子雍亲王胤禛恭代祀天。十三日丑刻，康熙帝病危，命贝勒胤禩、十三阿哥胤祥、大学士马齐、尚书隆科多总理事务，召抚远大将军十四阿哥胤䄔与胤礽之子弘皙二人驰驿来京。戌刻，死。康熙帝在位六十一年，享年六十九，后谥仁皇帝，庙号圣祖。雍正元年九月初一日，葬于景陵。二十日，胤禛御太和殿，诏告天地、宗庙、社稷，布告

天下，以明年为雍正元年。

十二月 封贝勒八阿哥胤禩为和硕廉亲王，十三阿哥胤祥为和硕怡亲王等，胤祥总理户部三库事务。以辅国公延信为西安将军，仍署抚远大将军印务。限各省三年，补足所欠亏空。

清世宗雍正帝胤禛大事掠影
(1723–1735)

雍正帝御宝玺文

雍正帝以狂妄等罪削胤䄉爵位，将其押回京城，拘禁在景山寿皇殿，命他面对先帝画像自我忏悔。乾隆帝登极后，才释放了他。

雍正帝登基以后，于政务之暇精研禅宗心法，被公认为是中国帝王中唯一真正亲参实悟直透三关的大禅师。特别是那三句关于"前后际断"、"大死大活"、"任运现成"的独家偈语，别具慧解，对近三百年来的禅门影响颇大。

雍正通宝

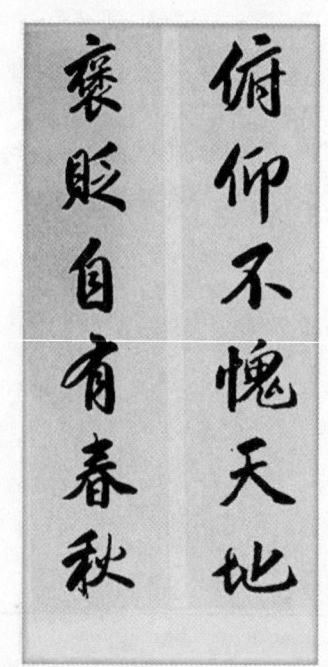

雍正帝爱搞文字狱，常以此联语自许。

附录二 清代皇帝大事掠影（1644—1911）

雍正朝青花瓷

雍正朝粉彩

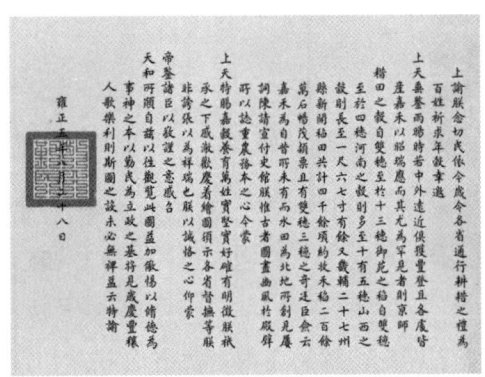

雍正帝颁布重农谕旨

雍正帝命川陕总督年羹尧为抚远大将军，率军进驻西宁。

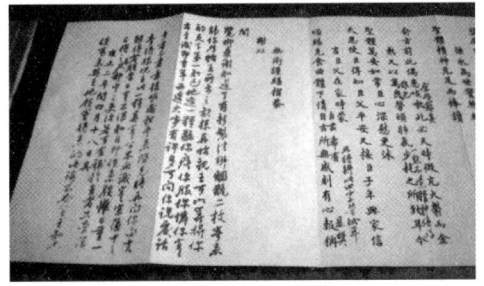

雍正帝在年羹尧奏折上的朱批

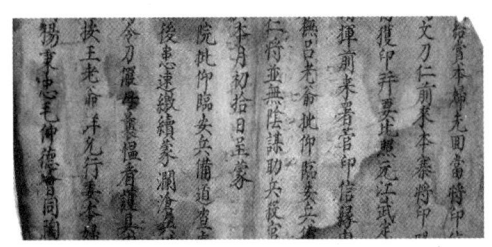

改土归流，就是把少数民族土司管理的方式，变成汉族式的官员管理方式。土司即原民族的首领，流官由中央政府委派。改土归流，有利于消除土司制度的落后性，同时加强中央对西南一些少数民族聚居地区的统治。

清世宗胤禛陵寝——泰陵

353

1723年，癸卯，清雍正元年

正月 雍正帝连颁十一道谕旨，严饬文武各官不得逢迎意旨、暗通贿赂、侵渔克扣、废弛营伍、亏空库银、贪利废法。

二月 河道总督陈鹏年居官廉干，素得民心，积劳成疾，殁于工所，命予谥典。其葬归时，绕棺哭者数万人。命各科道官每日一人上一密折，一折只言一事，其所言果是，命即施行，如未甚切当，则留中不发。命在京部院衙门，复行三年，考察之例。

三月 撤回驻藏官兵。定各省督抚兼衔例。

四月 谕户部："惟开垦一事，于百姓最有裨益。嗣后各省凡有可垦之处，听民相度地宜，自垦自报，地方官不得勒索，胥吏亦不得阻挠。"命各省总兵俱以折子奏事。

五月 谕斥贝子胤䄉："贝子胤䄉原属无知狂悖，气傲心高，朕惟欲慰我皇妣太后之心，着晋封胤䄉为郡王。伊从此若知悔改，朕自叠沛恩泽，若怙恶不悛，则国法具在，朕不得不治其罪。"

六月 命整饬畿甸地方，谕直隶巡抚李维钧曰："畿甸之内，旗民杂处，向日所在旗人横暴，小民受累。地方官虽知之，莫敢谁何，朕所稔悉。尔当奋勉整饬，不必忌旗汉冰炭之形迹，不可畏惧王公勋戚之评论，即皇庄内有扰害地方者，毋得姑容，皆密奏以闻。"

七月 命隆科多、王顼龄等监修《明史》。康熙帝时，每于万寿圣节，京师及各省均设道场，诵经祝寿。谕曰："于朕诞日，毋得建立祝寿道场。"

八月 雍正帝御乾清宫西暖阁，召王大臣及文武诸臣入，面谕："今躬膺圣祖付托神器之重，安可怠忽，不为长久之虑乎？当日圣祖因二阿哥之事，身心忧悴，不可殚述。今朕诸子尚幼，建储一事，必须详慎，此时安可举行？然圣祖既将大事付托于朕，朕身为宗社之主，不得不预为之计。今朕特将此事亲写密封，藏于匣内，置之乾清宫正中世祖章皇帝御书'正大光明'匾额之后，乃宫中最高之处，以备不虞。诸王大臣咸宜知之。"命诸臣退，仍留总理事务王大臣，将密封锦匣置于"正大光明"匾后。

十月 派兵征青海罗卜丹藏津，以年羹尧为抚远大将军。

十二月 复禁天主教。册立嫡福晋那拉氏为皇后。

1724 年，甲辰，清雍正二年，

正月 授岳钟琪为奋威将军。

二月 以前明藩裔直隶真定知府朱之琏，为一等侯世袭，回京居住，令其每年春秋二季往祭明陵。

四月 敦郡王胤䄉被削爵拘禁。

闰四月 续修《清会典》。

五月 永禁外省文武大臣来京陛见时带食物进献。定青海善后事宜十三条。

六月 命八旗不得擅自殴死奴仆，违者治罪。设井田安置无业旗人。

七月 命郡王胤祹往遵化守景陵。

九月 准山西摊丁入亩。禁毁回教清真寺。

十一月 命追补户部亏空。

1725 年，乙巳，清雍正三年

三月 发银二十九万余两，兴修浙江、江南海塘。

四月 从云贵总督高其倬疏请，在云南苗人聚居之处改土归流。

六月 升雍亲王府为宫殿，赐名雍和宫。

十二月 降黜年羹尧为杭州将军，其子年富、年兴俱褫职。又罗织其大逆之罪五，欺罔之罪九，僭越之罪十六，狂悖之罪十三，专擅之罪六，贪黩之罪十八，侵蚀之罪十五，忌刻之罪六，残忍之罪四，共九十二款，命年羹尧自裁，其父年遐龄、兄年希尧夺官免罪，子年富立斩，诸子年十五以上者戍边，族中文武官员俱革职，幕客皆坐斩。修直隶河防水利。

1726 年，丙午，清雍正四年

正月 谕斥廉亲王胤禩"希冀非望，狂悖已极"，命革去黄带子，赐名"阿其那"，圈禁高墙。胤禩对此早有准备，封廉亲王之日，曾向道贺者云"何喜之有，我头不知落于何日"，并焚毁皇考御批等。

五月 禁锢胤禟于寿皇殿，其党鄂伦岱、阿尔松阿俱立斩。改胤禟名为"塞思黑"，拘于保定。因胤禟在给胤䄉的书札内，有"机会已失，悔之无及"等语。

九月 内阁学士兼礼部侍郎查嗣庭，向来趋附隆科多，典试江西出题讥刺时事，日记中有抨击文字之祸等字眼，革职死于狱，命戮尸枭示，其子坐死，家属流放。

十一月　因以文字获罪之汪景祺、查嗣庭皆浙江人，命将浙江乡试、会试停止，"俟风俗渐趋淳朴，再降谕旨"。

1727年，丁未，清雍正五年

七月　查有人诬谤岳钟琪案，认为"其罪可胜诛乎"。已革贝勒苏努让其子信从天主教，谕令悛改。苏努称"愿甘正法，不肯改易"，斩立决。

九月　令嗣后惟一品官员之家，许用黄铜器皿，余者一概禁止。

十月　列隆科多大罪四十一款，永远禁锢。隆科多于翌年六月死于禁所。

十一月　复鳌拜一等公爵，令其孙达福承袭。

十二月　斥大将军延信为阿其那党羽，与隆科多一处监禁。

1728年，戊申，清雍正六年

二月　定四川苗疆善后事宜。

三月　谕割肝救母死者，不加旌表。

五月　定中俄《恰克图条约》。

七月　河南孟津农民翟世友，路拾陕西三原人秦泰买棉花遗银一百七十两，后遇原主奉还，并不受谢。命给七品顶戴，赏银一百两，并给匾立碑，以正人心，厚风俗。

八月　命自明年起，恢复浙江乡试会试。

十一月　命各省修志。

十二月　召民赴宁夏垦田。

1729年，己酉，清雍正七年

正月　命各省州县岁举老农，给以顶戴荣身，以劝民务本力田。命修整自京师至江南大道。

二月　命彻查江南苏、松两地历年所欠钱粮，达一千六百余万两。

三月　命傅尔丹率师往征准噶尔汗噶尔丹策零。

四月　谕回民虽"留遗家风土俗"，亦应"从俗从宜"。

五月　浙江人吕留良图谋复明，有《吕用晦文集》传世。湖南人曾静科试不第，心怀怨恨，读吕留良遗著受其影响，遣学生张熙致书川陕总督岳钟琪，劝其同谋举事。岳钟琪密折奏闻，诏曾静、张熙解京。朝廷以大逆之罪，将吕留良戮尸枭示，其子吕毅中斩首，曾静、张熙释放，以做反面教材。

六月　始设军机处。谕曰："两路军机，朕筹算者久矣。其军需一应事宜，交与怡亲王、大学士张廷玉、蒋廷锡密为办理。"工部主事陆生柟作《通鉴论》十七篇，其论君主曰"人愈尊，权愈重，则身愈危，祸愈烈，盖可以生人、杀人、赏人、罚人，则我志必疏，而人畏之者必愈甚，人虽怒之而不敢泄，欲报之而不敢轻，故其蓄必深，其发必毒"，并有论及建储、兵制、相臣等语，因之被杀。

九月　颁行《大义觉迷录》，将吕留良、严鸿逵等言论，曾静、张熙等口供，刊刻成书，颁行天下，令每学宫各贮一册。康熙帝《治河方略》一书编成。

十一月　发户部帑银一百万两，修高家堰堤工。

1730 年，庚戌，清雍正八年

四月　命改定大学士为正一品，尚书为从一品。

五月　怡亲王胤祥死。不准禁回教，谕曰："回民之在中国，其来已久。伊既为国家编氓，即皆为国家赤子也。……至回民之自为一教，乃其先代相沿之土俗，亦犹中国之大，五方风气不齐，习尚因之各异，其来久矣。历观前代，亦未通行禁约，强其划一也。"

十月　庶吉士徐骏诗文有讥讪语，斩立决，文稿尽焚。

十一月　户部钱粮亏空二百五十余万两，至此俱已补足。

1731 年，辛亥，清雍正九年

二月　大将军岳钟琪奏准噶尔军机事十六条，雍正帝谕曰："岳钟琪所奏十六条，朕详细披览，竟无一可采之处。"

十二月　严禁铁器出洋。《清圣祖仁皇帝实录》告成。

1732 年，壬子，清雍正十年

正月　命云贵、广西总督鄂尔泰为保和殿大学士兼兵部尚书。

三月　铸"办理军机印信",并通知各省及西、北两处军营。

四月　兴办云南水利。

十月　命将岳钟琪革职,交兵部拘禁。

是岁会计全国各省丁口田地数,人丁户口二千五百四十四万二千六百六十四户,田地八百八十一万余顷,征银三千零八万余两,铸钱九亿一千零一十七万余。

1733年,癸丑,清雍正十一年,

二月　封皇四子弘历为和硕宝亲王。

四月　命在京三品以上官员及外省督抚,荐举博学鸿词,召试授职,循康熙十七年故事。

五月　续修《清会典》告成。

九月　总兵曹勷领兵哈密,纵敌失机,命于军前枭示。

1734年,甲寅,清雍正十二年

二月　遣使封黎维祐为安南国王。

三月　工部尚书范时铎,以溺职革退。

十一月　胤禔死于禁所。

1735年,乙卯,清雍正十三年

四月　《清圣祖仁皇帝御制文集》书成。

八月　二十一日,雍正帝不豫,二十二日大渐,二十三日死。遗命皇四子宝亲王弘历嗣位,庄亲王胤禄、果亲王胤礼、大学士鄂尔泰和张廷玉四人辅政。雍正帝在位十三年,享年五十八,谥宪皇帝,庙号世宗,乾隆二年三月葬于泰陵,遗诏张廷玉、鄂尔泰将来配享太庙。

九月　弘历御太和殿,告天地、宗庙、社稷,宣示天下,以明年为乾隆元年。

十月　释圈禁宗室。命收回《大义觉迷录》,将曾静、张熙锁拿解京,磔于市。大将军傅尔丹、岳钟琪、石云倬、马兰泰以失误军机罪,斩监候。

十一月　赏已革宗室阿其那(胤禩)、塞思黑(胤禟)子孙红带子,收入《玉牒》。

十二月　命纂修《八旗氏族通谱》。谕审案不许株连妇女。《明史》告成。

清高宗乾隆帝弘历大事掠影
(1736–1795)

 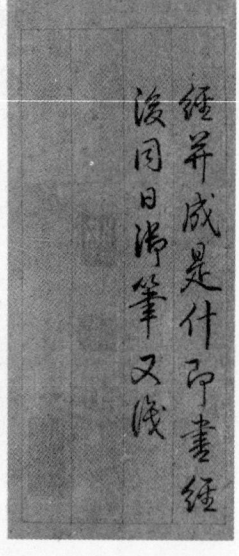 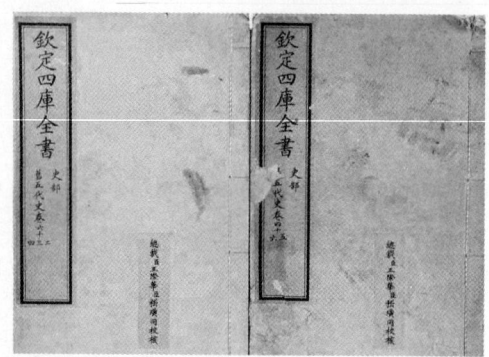

清代，各级官员知道乾隆帝有写经文的习惯，纷纷献上一些具有特殊意义的写经材料。图为在两广总督杨廷璋进献的广州光孝寺千年菩提树叶上，乾隆帝书写的《般若波罗蜜多心经》，并于卷首墨绘观音大士坐像，卷尾绘韦驮像。

《四库全书》是在乾隆帝主持下，由纪昀等360多位高官、学者编撰，3800多人抄写，耗时13年编成的丛书，分经、史、子、集四部，故名四库。共有3500多种书，7.9万卷，3.6万册，约8亿字，基本上囊括了中国古代所有图书，故称"全书"。

清平定大小金川之役后，阿桂献俘京师报捷。

乾隆帝戎装像

附录二 清代皇帝大事掠影（1644—1911）

宫廷画师所绘乾隆帝日常生活剪影

乾隆帝就是在这里宴见从俄罗斯万里归来的土尔扈特部首领渥巴锡汗。

乾隆帝首次南巡异常兴奋，舟中饮酒失态，皇后富察氏激切进谏，弘历加以诟谇，皇后羞愤投水死。

乾隆帝弘历从"有益国治"出发,对喇嘛教尤为礼遇,因为这牵涉蒙古、西藏等全民信佛的边远地区与中央王朝的关系,对巩固边疆、统一国家有特殊意义。图为乾隆帝身着佛装像。

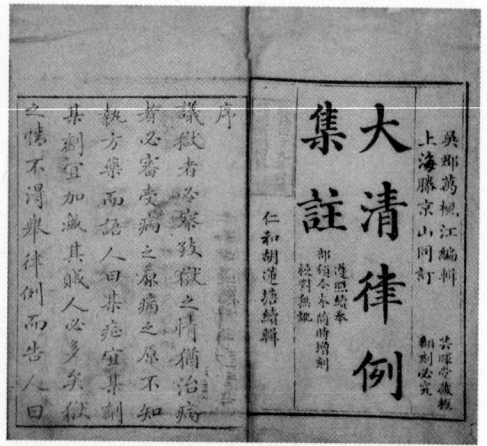

《大清律例》告成。

乾隆帝弘历陵寝——裕陵

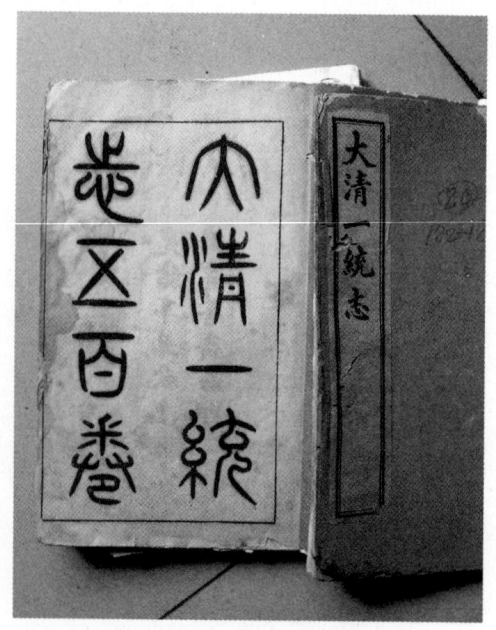

《大清一统志》成书

1736年，丙辰，清乾隆元年

正月 准噶尔汗噶尔丹策零遣使入觐。

二月 命原吏部尚书杨名时入宫，教皇子读书，侍值南书房。

三月 释汪景祺、查嗣庭兄弟族属回籍。颁《十三经》、《廿一史》于各省府学、书院及府州县学。兵部尚书傅鼐奏称，今科会试各省年老举人，八十岁以上刘起振等三人，七十五岁以上冯应龙等五人，七十岁以上李琬等三十五人。

六月 禁各州县乡村私造鸟枪。定江南水利岁修章程。原甘肃巡抚许容以隐匿灾荒等罪，革职解京。以京师为辇毂之地，五方之人云集辐辏，命于外城街巷各设栅栏，以司启闭，并由步军统领分派兵役看守。

七月 乾隆帝于乾清宫西暖阁，召总理事务王大臣及九卿等，宣谕密书建储谕旨，藏于"正大光明"匾后。追谥明建文帝为恭闵惠皇帝。先是，雍正帝因康熙后期法网渐弛，加意振饬纲纪，但政令竣厉，中外骚然。乾隆帝即位后，欲拯其弊。四川巡抚王士俊密折言："近日条陈，惟在翻驳前案。"甚至对众扬言："只须将世宗时事翻案，即系好条陈。"乾隆帝闻奏震怒，命将王士俊斩监候，后释。

九月 御试博学鸿词一百七十六人于保和殿，授刘纶等十五人官。

1737年，丁巳，清乾隆二年

四月 疏浚清口及江南运河。免直隶、山东灾民地丁钱粮。裁革广东加征杂税。

六月 免江南未完民欠。

八月 永定河决口，命大学士鄂尔泰往勘。

十月 已致仕安西镇总兵张嘉翰，坐剥削军需罪，斩监候。

十一月 命仍设军机处，以大学士鄂尔泰、张廷玉、尚书讷亲、海望等为军机大臣。

1738年，戊午，清乾隆三年

二月 挑浚江南淮扬运河告成。

四月 停止各省督抚向来进贡方物之例。

八月 修川陕间南北栈道，以便行人。

十月 皇次子永琏死，因其曾被秘密建储，将密藏匾后之旨取出。

十二月 《八旗通志》书成。

1739 年，己未，清乾隆四年

三月 以直隶、江苏、安徽三省遭灾，免赋银二百五十万两。

十月 宗人府议奏庄亲王允禄与弘晳、弘升、弘昌、弘晈等结党营私，往来诡秘，命将诸人免去亲王、贝勒、贝子爵封。

1740 年，庚申，清乾隆五年

二月 四川道御史褚泰坐收贿银五百两，绞监候。

五月 定蒙古王、贝勒、贝子、公、台吉等源流档册家谱，每五年，缮写进呈一次。

七月 乾隆帝召问江苏布政使徐士林："何以用人？"奏曰："工献纳者，虽敏非才，昧是非者，虽廉实蠹。"授徐士林江苏巡抚。

十一月 重修《大清律例》告成。《大清一统志》成书。

1741 年，辛酉，清乾隆六年

正月 谕在京官员，三年考察一次，"举一人，使众知其劝，退一人，使众知其儆"，用以澄清吏治，整饬官场。

三月 兵部尚书兼九门提督鄂善受贿银一千两，乾隆帝亲讯之，垂泪颁谕，令其自裁。

五月 礼部侍郎吴家骐告假回籍收受盘费银，革职。

七月 山西学政喀尔钦以贿卖生童等罪，处斩。乾隆帝初举木兰秋狝，自圆明园启銮，至热河避暑山庄。此后每年如此。

十二月《清世宗宪皇帝实录》告成。《蒙古律例》书成。

1742 年，壬戌，清乾隆七年

二月 以拔贡六年一举，为期太近，人愈多而缺愈少，改十二年举行一次。

十一月 谕禁兵丁与民会盟结党。

1743 年，癸亥，清乾隆八年

二月　考选御史，试以时务策。杭世骏策称："意见不可先设，畛域不可太分，满洲贤才虽多，较之汉人仅十之三四。天下巡抚，尚满汉参半，总督则汉人无一焉。何内满而外汉也？三江两浙，天下人才渊数，边隅之士，间出者无几。今则果于用边省之人，不计其才，不计其操履，不计其资俸，而十年不调者，皆江浙之人，岂非有意见畛域？"乾隆帝降旨诘问，杭世骏被革职。

六月　以种烟耗农功、妨地利，谕除城堡间隙之地和近城畸零菜圃地外，其野外土田阡陌相连之处，概不准种烟。

七月　乾隆帝自热河往盛京，至十月还京师。

十月　定大臣乞休举贤自代例，谕："昔萧何相汉，终举曹参，羊祜佐晋，亦进杜预。荐贤自代，青史称焉。……以明岁为始，凡大臣自陈乞罢者，令各举德行才能堪以自代之人，随疏奏闻。"

1744 年，甲子，清乾隆九年

是岁皇帝无大事可叙。《八旗满洲氏族通谱》书成。

1745 年，乙丑，清乾隆十年

八月　乾隆帝行围至塞外乌里雅苏台，赐蒙古亲王、额驸、台吉宴，九月还京师。

九月　命禁用非法刑具。

1747 年，丁卯，清乾隆十二年

七月　禁年少宗室等乘轿，以戒希图安逸。

1748 年，戊辰，清乾隆十三年

正月　封十四皇叔胤禵为郡王，上朝如故。

二月　乾隆帝东巡起行，历曲阜，过泰安，驻济南，三月还京师。

三月　乾隆帝东巡回驻德州，于舟中宴饮逸乐。皇后富察氏激切进谏，乾隆帝加以诟谇，皇后羞愤投水死。皇太后得闻临视，悲恸良久。

四月 命大学士讷亲为经略大臣，驰往四川大金川军营，平定当地土司莎罗奔作乱。

七月 浙江巡抚常安，贪婪索财，论绞。

九月 湖广总督塞楞额，违制在皇后丧期剃头，令其自尽。命采集西洋、缅甸、暹罗及海外诸国书籍，缮写进呈，交四译馆校勘。

十二月 定三殿三阁大学士满汉各二员，三殿即保和殿、文华殿、武英殿，三阁即体仁阁、文渊阁、东阁。川陕总督张广泗贻误军机，斩之。大学士讷亲，亦因征剿无方，用其祖遏必隆遗刀，于营门当众斩之。

1749年，己巳，清乾隆十四年

正月 金川事平，封傅恒忠勇公、岳钟琪三等公并加兵部尚书衔。

十二月 《五朝本纪》书成。

1750年，庚午，清乾隆十五年

二月 策凌病故，褒以"王奋身血战，再挫天骄，震威绝徼，为国家长城"。策凌乃蒙古喀尔喀部人，成吉思汗直系后裔，娶康熙帝女和硕纯悫公主，出征准噶尔立有战功，生前授亲王。

四月 雍正帝遗言张廷玉死后配享太庙，为汉人仅有。乾隆帝觉张廷玉对己不恭，命罢其配享太庙。

六月 禁蒙古人与汉人通婚。

1751年，辛未，清乾隆十六年

正月 乾隆帝首次南巡，南至杭州，五月初四日还京。免江苏、安徽、河南、甘肃额赋，共银三百四十七万二千余两，粮一百余万石。

三月 以驻藏大臣纪山失职，对珠尔默特那木札勒曲意逢迎，任其恣肆乱谋，赐自裁。

闰五月 命绘苗、瑶、黎、僮等族衣冠、形貌图，呈览存备。

七月 改天坛祈谷坛大飨殿名，为祈年殿。

十月 复各省督抚提镇冬季行围例。

1752 年，壬申，清乾隆十七年
十二月　命福建巡抚陈宏谋勿究捕天主教民。

1753 年，癸酉，清乾隆十八年
三月　改八旗军器每年查验一次为三年查验一次。
四月　西班牙国遣使奉表，并贡方物。
五月　裁钦天监满汉监副各一员，增西洋监副一员。
七月　禁将《水浒传》、《西厢记》等汉文话本译成满文。
十一月　江西生员刘震宇所著《治平策》中，有"更易衣服制度"之语，命斩之。
十二月　宠臣孙嘉淦死。孙为山西兴县人，幼家贫，耕且读。后成进士，官任吏部尚书，直言不阿。其居官，素以八约自戒："事君笃而不显，与人共而不骄，势避其所争，功藏于无名，事止于能去，言删其无用，以守独避人，以清费廉取。"

1754 年，甲戌，清乾隆十九年
十一月　厄鲁特蒙古阿睦尔撒纳兵败内附，乾隆帝赐宴抚慰，封其为亲王。
十二月　两路出兵，征准噶尔达瓦齐部。

1755 年，乙亥，清乾隆二十年
三月　已故大学士鄂尔泰门生、曾任翰林学士兼广西学政胡中藻，著《坚磨生诗钞》。谕曰："'一把心肠论浊清'，加'浊'字于国号之上，是何肺腑？""至其所出试题内，考经义有'乾三爻不象龙'说……乾隆乃朕年号，龙与隆同音，其诋毁之意可见！"胡中藻以悖逆讥讪罪，下狱弃市。将鄂尔泰撤出贤良祠。鄂尔泰之侄巡抚鄂昌，以胡中藻为世谊，往来唱和，在诗中称蒙古为胡儿，令其自尽。自胡中藻诗狱兴，讦告诗文之事纷起。
四月　致仕大学士张廷玉遗疏报闻，仍命配享太庙。
五月　准噶尔达瓦齐和罗卜藏丹津被押解至京，乾隆帝午门受献俘礼，皆赦其死。
六月　以准噶尔蒙古业已平定，大军撤回。
八月　阿睦尔撒纳逃归准噶尔作乱，乾隆帝命再征讨。

1756 年，丙子，清乾隆二十一年

二月　准八旗家奴出旗为民。

八月　乾隆帝木兰秋狝至波罗河屯行殿，宴赏准噶尔杜尔伯特部台吉伯什噶什，旋授盟长。

九月　乾隆帝在热河宴见土尔扈特部贡使吹扎布。

1757 年，丁丑，清乾隆二十二年

正月　乾隆帝第二次南巡，南至杭州，五月回京。

九月　原任湖南布政使杨灏侵扣银三千两，斩首。

1758 年，戊寅，清乾隆二十三年

正月　发兵赴新疆，征讨集众为乱的大小和卓。

是岁全国各省绿营兵丁，共置六十四万三千三百四十五人。

1759 年，己卯，清乾隆二十四年

五月　修浚京城内外河渠。

七月　清军抚定喀什噶尔和叶尔羌，大小和卓经营之"巴图尔汗国"亡。

八月　回疆事悉平。

1760 年，庚辰，清乾隆二十五年

三月　移民实边，主要为新疆方向。

十月　皇十五子颙琰生，即后之嘉庆帝，母魏佳氏。

十二月　乾隆帝在瀛台宴见回疆叶尔羌、喀什噶尔、阿克苏、和阗、乌什、库车、沙雅尔、赛里木、拜城等地入觐贵族。

1761 年，辛巳，清乾隆二十六年

正月　紫光阁落成，命画大学士傅恒等人功臣像于内，前后凡三举，共一百三十五人。

1762 年，壬午，清乾隆二十七年

正月 乾隆帝第三次南巡，至杭州、江宁，五月还京师。

1763 年，癸未，清乾隆二十八年

正月 乾隆帝宴见爱乌罕、巴达克山、霍罕、哈萨克、奇奇玉斯诸部使臣于紫光阁。

五月 圆明园失火。以果亲王弘瞻开设煤窑、占夺民产、贩卖人参、干预朝政等罪，命革去王爵，永远停俸，以观后效。

是岁官修《皇清职贡图》书成。

1764 年，甲申，清乾隆二十九年

十一月 协办大学士兼户部尚书兆惠死，乾隆帝亲临其府赐祭。命配享太庙。

1765 年，乙酉，清乾隆三十年

正月 乾隆帝第四次南巡。

八月 钦定巡查与俄疆界条例。

十一月 命各省修理城垣，定期五年，一律告竣。

1766 年，丙戌，清乾隆三十一年

四月 苏州同知段成功，在山西阳曲县任内侵贪库银一万两，处斩。

七月 上年南巡至杭州，宴游纵欢，皇后那拉氏劝止，至泣下，怒而剪发。乾隆帝不快，令其先程回京。那拉氏十四日死，命以妃礼葬之。

十二月 刊刻《清会典》告成。

是岁会计全国民数谷数，共大小男妇二亿零八百零九万五千七百九十六口，存仓米谷一千六百九十六万余石。

1767 年，丁亥，清乾隆三十二年

三月 云贵总督杨应琚剿缅孤军深入受挫，令自尽。

四月 再禁将军、大臣调任时擅带兵弁。

七月　命军前奏事仍用满文。

九月　以福建巡抚李因培办理冯其柘亏空一事徇庇回护，赐自尽。

1768 年，戊子，清乾隆三十三年

正月　《御批历代通鉴辑览》告成。

四月　参赞大臣额勒登额征缅失机，处死。

七月　以翰林院侍读学士纪昀（晓岚）向前盐运使卢见曾私通消息，致其寄顿赀财，将纪昀发往乌鲁木齐效力。

八月　同俄恢复恰克图互市。

九月　各地喧传有人偷割发辫，命将两江总督高晋、江苏巡抚明德、山西巡抚彰宝、安徽巡抚冯钤、浙江巡抚永德和原浙江巡抚熊学鹏，交部严加议处。

1769 年，己丑，清乾隆三十四年

六月　以钱谦益所著《初学集》、《有学集》中有诋谤语，命将其书版及印行之书悉数汇齐，送京销毁，违者治罪。

1770 年，庚寅，清乾隆三十五年

正月　《平定准噶尔方略》书成。

二月　贵州巡抚良卿受贿，致仓银累年亏空二十八万余两，命于省城正法。

1771 年，辛卯，清乾隆三十六年

九月　土尔扈特台吉渥巴锡回归入觐，乾隆帝撰《御制土尔扈特全部归顺记》，封渥巴锡为卓里克图汗。

十月　纪昀被宥，授翰林院编修。

十二月　以辽、金、元三史所载人名、地名多承讹袭谬，辗转失真，命将三史中人名、地名、职官、氏族等译音，厘正划一。

1772 年，壬辰，清乾隆三十七年

正月　建乌鲁木齐城，以索诺木策凌为乌鲁木齐参赞大臣，德云为领队大臣，俱受伊犁将军节制。

五月　兵败小金川墨垄沟，命将四川总督桂林褫职逮问。命户部尚书福康安军机处学习行走。

七月　云南布政使钱度贪赃，被斩。

1773 年，癸巳，清乾隆三十八年

正月　以阿尔泰于小金川之事措置不当，贻误军机，令其自尽。

二月　开四库全书馆，命各省督抚会同学政，搜辑古今群书，将各书叙列、目录、朝代、作者、提要等具奏，以便阅览。派军机大臣为总裁，拣选翰林官三十员专司纂辑，开馆纂修。命将汉文、蒙古文《大藏经》悉心校核，译成满文。

六月　命编《日下旧闻考》，辑有关北京史料，分星土、世纪、形胜、宫室、城市、郊坰、京畿、侨治、边障、户版、风俗、物产、杂缀十三门，四十二卷。

1774 年，甲午，清乾隆三十九年

正月　诏凡异姓人歃血为盟、焚表结拜兄弟者，照谋叛未行律，为首者绞监候，为从者减一等，若聚至二十人以上，为首者绞立决，为从者发极边充军。

四月　命名武英殿《四库全书》活字版为武英殿聚珍版，简称殿版。

六月　以浙江宁波天一阁范懋柱家所进之书最多，命赏《古今图书集成》一部。

八月　命各省督抚加紧采访遗书。谕云："并不见奏及稍有忌讳之书，岂有裒集如许遗书，竟无一违碍字迹之理？况明季末，造野史者甚多，其间毁誉任意，传闻异词，必有抵触本朝之语。正当及此一番查办，尽行销毁，杜遏邪言，以正人心而厚风俗。"

1775 年，乙未，清乾隆四十年

十月　定以后巡察盛京、黑龙江、吉林等处，每五年一次。

闰十月　以广东东莞人陈建所著《皇明实纪》一书，"内多悖逆字句，应行销毁"。

十一月　命盛京、吉林、黑龙江将军，将三省名山大川、古人遗迹、城名变更、道里远近等，详对满洲档册、志书和实录，逐一详查，绘图呈览。后将该书定名为《盛京吉林黑龙江等处标注战迹舆图》。定官员失察流民严处例。

1776年，丙申，清乾隆四十一年

正月 追谥明末殉难诸臣，如史可法、刘宗周、黄道周等。又命追谥明靖难之时为建文帝仗节死者。将副都统和珅一族，抬入满洲正黄旗。

三月 命户部侍郎和珅在军机处行走。

十一月 命销删"抵触本朝"书籍。对明末刘宗周、黄道周、熊廷弼、叶向高、杨涟、左光斗等人书籍，谕曰"所有触碍字样，固不可存，然只须删去数卷，或删去数篇，或改定字句，亦不必因一二卷帙，遂废全部"。实际上，当时全国各地大肆焚删明末书籍。

十二月 命国史馆编列《贰臣传》谕："盖崇奖忠节，即所以风励臣节也。因思我朝开创之初，明末诸臣，望风归附。如洪承畴以经略丧师，俘擒投顺；祖大寿以镇将罹祸，带城来投。及定鼎时，若冯铨、王铎、宋权、谢升金之俊、党崇雅等，在明俱曾跻显秩，入本朝仍忝为阁臣。至若天戈所指，解甲乞降，如左梦庚、田雄等，不可胜数。盖开创大一统之规模，自不得不加之录用，以靖人心而明顺逆。今事后平情而论，此等人者，皆以胜国臣僚，乃遭际时艰，不能为其主临危授命，辄复畏死幸生，腼颜降附，岂得复谓之完人？即或稍有片长足录，其瑕疵自不能掩。……朕思此等大节有亏之人，不能念其建有勋绩，谅于生前，亦不因其尚有后人，原于既死。今为准情酌理，自应于国史内，另立《贰臣传》一门，将诸臣仕明及仕本朝各事迹，据实直书，使不能纤微隐饰。"

1777年，丁酉，清乾隆四十二年

八月 命大学士满桂、于敏中等纂修《满洲源流考》。

1778年，戊戌，清乾隆四十三年

正月 乾隆帝阅《实录》，感睿亲王多尔衮于开国之时，统众入关，成一统之业，厥功最著，而身后蒙不白之冤，削夺封号，于心不忍。命追复睿亲王封爵，补入《玉牒》，后人袭封。并复豫亲王多铎原封，又以礼亲王代善后改封康亲王，郑亲王济尔哈朗后改封简亲王，肃亲王豪格后改封显亲王，克勤郡王岳托后改封平郡王，俱配享太庙。

九月 准西洋人进京效力。乾隆帝北巡盛京谒陵还，有生员于兴隆道旁进递呈词，陈请建储、立后、纳谏、施德四事，将其斩首。宣谕至乾隆六十年内禅："朕历览诸史，今古异宜，知立储之不可行。盖一立太子，众见神器有属，幻起百端。弟兄既多所猜嫌，宵小且从而揣测。其懦者，献媚逢迎，以陷于非；其强者，设机媒孽，以诬其过。往往酿成祸变，遂至父子之间，慈孝两亏，家国大计，转滋罅隙。且太子之名，盖自周始，《礼记》因有《文王世子》之篇，其后遂相沿袭。然至幽王时，太子宜臼即以谗废。后世若汉武帝立太子据，致有巫蛊之祸；唐太宗立太子承乾，竟以谋逆废黜。即明洪熙为太子时，汉王高煦百计相倾，东宫诸臣接踵下狱，幸而洪熙谨慎，得以保全，然以忧谗畏讥成疾，在位不克永年。至于立嫡立长，尤非确论。汉文帝最贤，并非嫡出，使汉高祖令其嗣位，何至有吕氏之祸？唐太宗为群雄所附，使唐高祖不立建成而立太宗，则无玄武门之变。明永乐以勇略著闻，使明太祖不立建文而立永乐，则亦无金川门之难。我朝家法，皆未豫定储位。皇祖时曾立理密亲王为皇太子，后以怙终废，遂不复建储，而属意于我皇考。雍正元年，皇考亲书朕名，缄藏于乾清宫'正大光明'匾内，而不豫宣示。及朕缵承洪绪，效法前徽。昔皇祖御极六十一年，予不敢相比。若邀穹苍眷佑，至乾隆六十年，予寿八十有五，即当传位皇子，归政退闲。昔唐宣宗闻裴休立储之请，曰'若立太子，则朕为闲人'，又宋仁宗储位既定，郁郁不乐，宋英宗立太子后，泫然泣下，皆朕所嗤鄙。曾于批阅《通鉴辑览》时，评斥其非，安肯蹈其庸陋之见乎？"

十一月　惇妃将宫内使女毒殴致死，着降为嫔，并罚银给死者父母殓埋。已故江苏东台举人徐述夔，遗诗中有"明朝期振翮，一举去清都"、"大明天子重相见，且把壶儿搁半边"句，以其影射讥刺，将徐述夔及其子徐述祖（已死）戮尸，其孙徐食田论斩。失察之江苏布政使陶易斩监候，已故礼部尚书沈德潜亦与此事牵连，命将其御赐碑移除，磨毁碑文，撤出乡贤祠。

1779年，己亥，清乾隆四十四年

二月　命辑录《明季奏疏》，永为殷鉴。

八月　命和珅在御前大臣任上学习行走。宁寿宫成，预为乾隆帝归政后退闲颐养之所。

十一月　原吉林将军富椿调补杭州将军后，不训练兵丁，反自求逸乐，每日嗜酒、听曲、看戏，命革职。

1780 年，庚子，清乾隆四十五年

正月　乾隆帝第五次南巡，五月回京。

二月　命大小金川"番众概行剃发"。

三月　文华殿大学士、云贵总督李侍尧纳贿勒索，侍郎和珅查办得实。谕曰："李侍尧身为大学士，历任总督，乃负恩婪索，盈千累万，甚至向属员变卖珠子，赃款狼藉，如此不堪，实朕梦想不到。"和珅奏请斩监候，廷议改斩立决，诏定斩监候。以和珅为户部尚书。

五月　和珅之子赐名丰绅殷德，指为十公主额驸。

七月　班禅额尔德尼六世入觐。

十二月　先是鳌拜被康熙帝宣示二十四款大罪拘禁，后雍正帝复其一等公世袭罔替，今乾隆帝再宣示鳌拜罪状，停其爵号，以令大臣擅权弄法者戒。

1781 年，辛丑，清乾隆四十六年

二月　《四库全书总目提要》缮进。

三月　《平定两金川方略》书成。

四月　休致大理寺卿尹嘉淦，派子为其父尹会一请谥，并请从祀文庙。以其狂妄，交部议罪，后绞立决。

七月　暹罗求买铜器，未许。

1782 年，壬寅，清乾隆四十七年

正月　拨库银七万两，于盛京建文溯阁，以贮藏《四库全书》。

七月　编辑《河源纪略》，但误以星宿海西南阿勒坦噶达素齐老上之天池为黄河源。

九月　建杭州文澜阁，为贮藏《四库全书》之所。

是岁官修《皇舆西域图志》成书。

1783年,癸卯,清乾隆四十八年

三月 黄河新开河竣工。

五月 予袁崇焕裔孙官职。谕曰:"朕披阅《明史》,袁崇焕督师蓟辽,尚能忠于所事。而其时主阍政昏,不能罄其忱悃,以致身罹重辟,深可悯恻。"令将其入继为嗣之五世孙袁炳,照熊廷弼裔孙之例,酌授官职。福康安与其弟福隆安、福长安同值军机处,占军机大臣六人之半,兼领兵、工、户三部,势炎倾朝。

七月 乾隆帝第四次东巡盛京。

十月 诏将历代册立太子事迹有可鉴戒者,辑成《古今储贰金鉴》一书。依《贰臣传》例,编写《逆臣传》,如将吴三桂等概行编入。

1784年,甲辰,清乾隆四十九年

正月 乾隆帝第六次南巡,历泰安,经曲阜,至杭州,驻江宁。四月二十三日回京。

三月 福建钦赐进士郭钟岳年届一百零四岁,至浙迎銮,赏给国子监司业职衔。

1785年,乙巳,清乾隆五十年

正月 乾隆帝御极五十年庆典,举行千叟宴,宴亲王以下暨士商兵民等年六十以上者三千人。

十月 命释李侍尧出狱,旋命署湖广总督。

十二月 续修《清一统志》告成。

1786年,丙午,清乾隆五十一年

六月 御史曹锡宝参劾和珅家人不法,和珅巧为掩饰。曹锡宝以妄奏罪,革职留任。

七月 命和珅为文华殿大学士,管户、吏两部事务,仍兼步军统领。

1787年,丁未,清乾隆五十二年

六月 准汉人娶蒙古妇女为妻。

1788 年，戊申，清乾隆五十三年

七月　廓尔喀举兵侵藏，命遣军击之。

1789 年，己酉，清乾隆五十四年

二月　新疆和阗领队大臣格绷额受贿，处斩。

六月　封阮光平为安南国王。

十一月　封皇六子永瑢为质亲王，皇十一子永瑆为成亲王，皇十五子颙琰为嘉亲王。

1790 年，庚戌，清乾隆五十五年

正月　以乾隆帝年届八旬，命普免全国钱粮。

五月　准士子阅钞《四库全书》。

六月　册封孟陨为缅甸国王。

八月　十三日，乾隆帝八十岁生日，御太和殿受贺。

1791 年，辛亥，清乾隆五十六年

二月　礼部侍郎尹壮图奏各省督抚声名狼藉，吏治废弛。乾隆帝览奏大怒，认为此乃妄言，将尹壮图革职留用。

1792 年，壬子，清乾隆五十七年

十月　乾隆帝作《十全武功记》，命以满、汉、蒙、藏四种文体，建碑勒文。"十功者，平准噶尔为二，定回部为一，扫金川为二，靖台湾为一，降缅甸、安南各一，即今二次受廓尔喀降，合为十。"

十一月　颁金贲巴瓶制，抽签以定达赖喇嘛转世人选。

1793 年，癸丑，清乾隆五十八年

正月　颁《钦定西藏章程》。

二月　两江总督福崧被劾婪索银两，命逮至京师，后于途中正法。或谓福崧封疆有政声，忤和珅，为其所陷，和珅以蜚语激乾隆帝怒。

八月　乾隆帝在热河避暑山庄接见英使马戛尔尼一行。马戛尔尼要求允英在北京驻员照顾商务，并设立商馆，在宁波、天津、广东等地停泊交易，听任英人传教等。乾隆帝以其不识天朝体制，妄行乞请，严加拒绝。赐马戛尔尼等筵宴及优加赏赉后，让其回国。

十一月　令永远停止捐纳，即不能再拿钱买官，朝廷也不再卖官。谕忧"生之者寡，食之者众"，称"康熙四十九年，民数二千三百三十一万二千二百余名口，因查上年各省奏报，民数共三亿七百四十六万七千二百余名口。较之康熙年间，计增十五倍有奇。……以一人耕种，而供十数人之食，盖藏已不能如前充裕。且民户既日益繁多，则庐舍所占田土，不啻倍蓰。生之者寡，食之者众，于闾阎生计，诚有关系。若再因岁事屡丰，粒米狼戾，民情游惰，田亩荒芜，势必至日食不继，益形拮据。朕甚忧之"。

1794 年，甲寅，清乾隆五十九年

八月　乾隆帝以明年御极六十年，命普免各省钱粮。

1795 年，乙卯，清乾隆六十年

九月　乾隆帝御勤政殿，召见皇子皇孙及王公大臣，诏立皇十五子嘉亲王颙琰为皇太子，以明年为嗣皇帝嘉庆元年，届期归政。

清仁宗嘉庆帝顒琰大事掠影
（1796—1820）

附录二 清代皇帝大事掠影（1644—1911）

清朝到乾隆末期，已出现衰败征兆。乾隆帝通过南巡、办"千叟宴"，彰显太平盛世，耗费巨大，致使财政亏空，社会矛盾尖锐。嘉庆帝登基后，财政状况未见好转，即使搬倒和珅这个大贪官，也不过是解了燃眉之急。

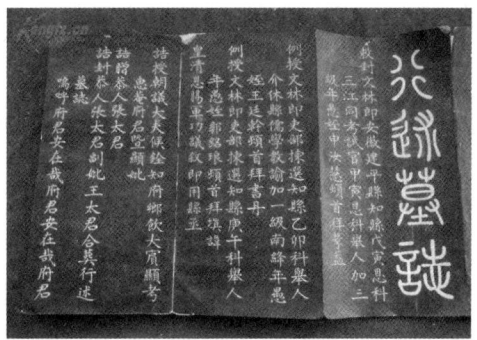

嘉庆庚申教匪作乱，山西介休县丞李府君捐银八千两助军，获朝廷嘉奖。

嘉庆帝罪己诏

嘉庆帝拒见英使图

嘉庆通宝

嘉庆帝陵寝——昌陵

1796年，丙辰，清嘉庆元年，

正月 乾隆帝御太和殿，举行内禅礼，授玺。颙琰即皇帝位，尊弘历为太上皇，训政，颁诏天下。白莲教多处起事，命湖广总督毕沅、湖北巡抚惠龄率军往击之。

二月 嘉庆帝御乾清门听政，居圆明园则御勤政殿。

十一月 拨库银四百万两，分解湖北、湖南，以备军需。江西巡抚陈淮居官贪黩，串通舞弊，革职逮问。

1797年，丁巳，清嘉庆二年

四月 自白莲教起义以来，拨解各省军饷达三千余万两。

十月 乾清宫失火，革罚太监多名。

1798年，戊午，清嘉庆三年

正月 以剿除白莲教无力，革除额勒登保等多位官员爵封。

1799年，己未，清嘉庆四年，

正月 太上皇弘历死，享年八十九，在位六十年，太上皇训政三年，谥纯皇帝，庙号高宗，葬于裕陵。自此，嘉庆帝颙琰始亲政。嘉庆帝在潜邸时，即知和珅弄权，积怨满朝野，即位后以太上皇尚在，不便遽发。及弘历死，宣布和珅罪状曰："朕于乾隆六十年九月初三日，蒙皇考册封皇太子，尚未宣布谕旨，和珅于初二日在朕前先递如意，以拥戴自居，大罪一……"历数和珅大罪，共计二十款。此后又查出，另有大罪两款。命和珅狱中自尽。大学士福长安阿附和珅，命其诣和珅死所跪视，并革职下狱籍家。宣谕廷臣："凡为和珅荐举及奔走其门者，悉不深究，勉其悛改，咸与自新。"

二月 谕军机大臣等："自剿办（白莲教）以来，时日已阅三年，经费则数逾七千万。"以查抄和珅家人呼什图粮食一万一千余石，分赈文安、大城二县灾民。

四月 京师城内戏园，一概永远禁止，不准复行开设。

六月 遣使册封尚温袭琉球国中山王。江苏巡抚宜兴任性骄矜，日在醉乡，听任家人勒索属员，解任查审。经略大臣勒保剿匪无功，夺职斩监候。

八月 翰林院编修洪亮吉，奏请"今日皇上当法宪皇帝之严明，使吏治肃而民乐生",被斥为"妄测高深,意存轩轾,狂谬已极",革职遣戍伊犁。

1800年,庚申,清嘉庆五年
九月　遣使往封李玜为朝鲜国王。

1801年,辛酉,清嘉庆六年
正月　自嘉庆元年以来,军饷拨解银至一亿两,命清厘稽核军需。

三月　诏嗣后挑选八旗秀女,公主之女,着停挑选。

九月　命续修《大清会典》。

1802年,壬戌,清嘉庆七年
三月　英吉利船泊广州口外零丁洋,欲登澳门借房居住。谕曰"有犯必惩,切勿姑息,无隙莫扰,亦勿轻率",不许其登岸居住。

四月　谕今后在京部院大臣简放督抚者,除有兵差、案差外,不准请带所属官员,违例交部议处,以肃政体,而杜弊端。

十一月　江西巡抚张诚基冒功邀恩,绞监候。

1803年,癸亥,清嘉庆八年
闰二月　民人陈德混入东华门,绕至神武门,潜匿顺贞门。嘉庆帝进宫斋戒,将入顺贞门时,陈德持小刀突前行刺,伤定亲王绵恩及御前侍卫丹巴多尔济,为侍卫擒捕。御前其他百余人,皆袖手旁观。经审讯,陈德未吐露其主使及同谋者。陈德及其子,后被斩首。

四月　改安南为越南。

是岁除湖北、陕西、福建三省未经查报,其他各省共计男妇三亿零二百二十五万零六百七十三名口,存仓米谷三千零五十四万余石。

1804年,甲子,清嘉庆九年
二月　查镶黄旗汉军秀女内,有十九人缠足,并穿宽大衣袖,命永遵祖制,勿得任意改装。

九月　白莲教起义失败，其余部仍坚持斗争多年。

1805 年，乙丑，清嘉庆十年
二月　英吉利商船进表贡物，伴有兵船四艘。
四月　禁西洋人刻书传教。
七月　嘉庆帝往盛京、兴京谒陵。
十一月　禁西洋教士赴各地传教。

1806 年，丙寅，清嘉庆十一年
正月　越南擅将永隶中国版图之云南临安府属六勐地方划去，命照会越南国王阮福映，严行惩办之。
四月　命在康熙、乾隆两朝编纂《皇清文颖》的基础上，续编该书。
九月　直隶官员私刻假印，重领冒支，挖改库收，销毁借案，虚收虚抵，侵亏帑银三十一万余两，直隶总督、藩司等降革有差，侵银万两以上者斩首，万两以下者遣戍黑龙江。

1807 年，丁卯，清嘉庆十二年
二月　申禁朝臣与诸王交接往来。
三月　《清高宗纯皇帝实录》告成，共一千五百卷。
九月　禁八旗抱养民子为嗣，以防紊乱旗籍。

1808 年，戊辰，清嘉庆十三年
七月　英吉利商船带兵驶入广东香山鸡颈洋面，公然登岸，侵踞澳门东西炮台，要求在澳门屯驻。谕守将对其严加诘责，令其驶出。
十二月　钦差大臣广兴受命赴河南、山东、广东办案，婪贿鬻狱，威吓取索，奢靡浪费，革职伏法。行贿者巡抚长龄、阮元及布政使齐布森等，俱降职有差。

1809 年，己巳，清嘉庆十四年
五月　以官员遣人呈端阳节请安折，命嗣后各省将军、副都统等，惟当实心任事，黜浮华而归淳朴，似此无谓之折，永行禁止。定《民夷交易章程》，嗣后各国护货兵船，俱不许驶入内港，洋商销货后，即依限回国，澳门不许西洋人再行添造房屋等。

1810年，庚午，清嘉庆十五年

正月　谕各部院堂官将其行走人员，三年期满，核实甄别，分别去留，无涉冒滥。

三月　查禁鸦片，谕内阁："鸦片烟性最酷烈，食此者能骤长精神，恣其所欲，久之遂致戕贼躯命，大为风俗人心之害，本干例禁。……着督抚关差查禁，断其来源，勿得视为具文，任其偷漏。"

五月　筹办直隶水利。

七月　直隶永定河溢，河道王念孙革职严议。吉林将军秀林侵蚀参银三万余两，革职赐死。

十二月　《剿平三省邪匪方略》书成。

1811年，辛未，清嘉庆十六年

二月　以军机处为枢密重地，大员子弟不准充补军机章京。

七月　禁西洋人潜往内地，并禁止民人私习天主教。

1812年，壬申，清嘉庆十七年

三月　嘉庆帝御南苑晾鹰台，大阅八旗官兵。

1813年，癸酉，清嘉庆十八年

六月　禁宗室与汉人联姻。

七月　严禁贩食鸦片。

九月　天理教首领林清，得内监策应，派数十人冲入紫禁城东西华门。其中一部攻隆宗门，入内右门，至御膳房，并攻至养心门外。时嘉庆帝木兰秋狝回至燕郊，不在宫内。皇次子旻宁闻警，令紧闭宫门。王大臣等，率健锐营、火器营军入神武门。天理教徒寡不敌众，相继被杀。林清后在宋家庄就擒，磔死。嘉庆帝见变生肘腋，诏曰："然变起一时，祸积有日。当今大弊，在因循怠玩，以至酿成汉唐宋明未有之事。"命将步军统领玉麟等，以懈弛门禁罪夺职。封旻宁为智亲王。

1814年，甲戌，清嘉庆十九年

正月　因军事、河工等项费用均超出常年经费之外，支出浩繁，财政竭绌，命暂复开捐纳例。禁私运银两出洋。

闰二月　纂辑《全唐文》告成。

十二月　订整饬洋行规程。

1815年，乙亥，清嘉庆二十年

三月　定禁鸦片令。

十月　西洋人兰月旺违禁潜入内地，远历数省，收徒传教，于湖南耒阳缉获，处死。

十二月　查禁闻香教，将其教首凌迟处死。

1816年，丙子，清嘉庆二十一年

正月　禁内监呈递诸王奏事，以防宦官与外廷交接。

五月　严申保甲制，命全国遍行保甲，十家为牌，互相稽查，遇有可疑，即行首报，窝匿不告，同牌连坐。

七月　责令英使回国，以其不行三跪九叩礼。

1817年，丁丑，清嘉庆二十二年

正月　令白莲教徒交出经卷，具结呈悔，天主教徒交出十字架、图像等，具结投悔，免其治罪。

三月　以天津为畿辅左腋，拱卫京师，东接盛京，形势紧要，设天津水师。

九月　宗室海康和宗室奉恩将军庆遥习天主教，约于嘉庆十八年九月十五日起事。旧案败露，谕曰"自开国以来，从未有如海康、庆遥之自外生成者"，着将海康、庆遥各带往其祖父坟前绞死。

1818年，戊寅，清嘉庆二十三年

四月　诏投匿名文书者绞死。惟关系国家重大事务者，密行奏闻，候旨待办。

七月　嘉庆帝巡盛京，十月回京师。

1819年，己卯，清嘉庆二十四年

正月　嘉庆帝以本年六十生辰，颁诏天下，普免各省积欠。封皇四子绵忻为瑞亲王。

闰四月　贝子、二等侍卫德麟（福康安子），御殿时值班迟到，并服食鸦片，革职爵，责四十板，在家管押。民人成德征乘值班官兵睡觉时，入神武门，进景运门，至内右门，被盘获，命将有关官兵议处。

五月　申禁旗人抱汉人及户下人之子为嗣。宗室犯事先摘顶戴，与平民一体长跪听审。

七月　查各在职及闲散之王公贝勒等，每日差人侦探公事，如召见起数、人名等，以便趋奉钻营。着将礼亲王麟趾、肃亲王永锡、庆郡王永璘等，俱各罚俸。

1820年，庚辰，清嘉庆二十五年

正月　以盛京官兵演围弄虚作假事，谕饬之。

三月　上年八月木兰秋狝时，随营携带钤用之兵部行印，在巴克什营帐房中因书吏俞辉庭熟睡而被窃。行印遗失后，俞辉庭用备匣加封顶充，并贿兵部堂书鲍幹含混接受。当月，司官未开匣验视即入库，鲍幹又装点似在库被窃，以图卸责，致使失印半年之久始败露。命严行查询，将八十六岁之兵部尚书明亮降五级，其他各有关官员俱或降或革。

六月　禁宗室王公等纳民女为妾，违者一经查出，即行革爵。

七月　嘉庆帝木兰秋狝，自圆明园起行。二十五日，嘉庆帝死于避暑山庄，享年六十一，在位二十五年，谥睿皇帝，庙号仁宗，次年三月葬于昌陵。

八月　旻宁即皇帝位，是为宣宗成皇帝，以明年为道光元年。

九月　豫亲王福兴强奸婢女，致其自缢身死，革去王爵，圈禁三年。

十月　命定《六部律令》，以整饬部务。

是岁《嘉庆重修一统志》成书。

清宣宗道光帝旻宁大事掠影
（1821—1850）

附录二 清代皇帝大事掠影（1644—1911）

英国国会为维持其鸦片贸易，悍然通过对华战争法案。

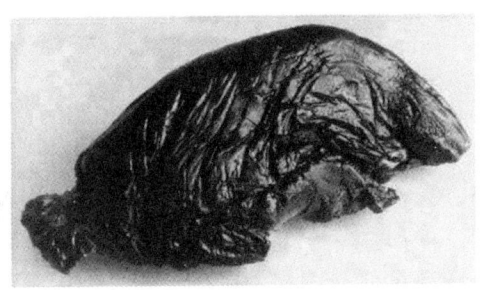

鸦片，俗称"阿片"、"阿芙蓉"、"大烟"、"烟土"。草本类植物罂粟未成熟果实用刀割后流出的汁液经风干后浓缩加工而成的褐色膏状物，为生鸦片，生鸦片经加热煎制，便成熟鸦片，俗称"烟膏"，供人吸食。其主要害人成分，为吗啡、可待因等，含量可达10%至20%。

鸦片贸易对中华民族及大清国运的戕害，无法估量。

林则徐虎门销烟，标志着中国近代史的开端。北京天安门广场人民英雄纪念碑基座四周浮雕内容伊始，以及碑文中所谓"由此上溯到一千八百四十年"之语，都是在指这一事件。

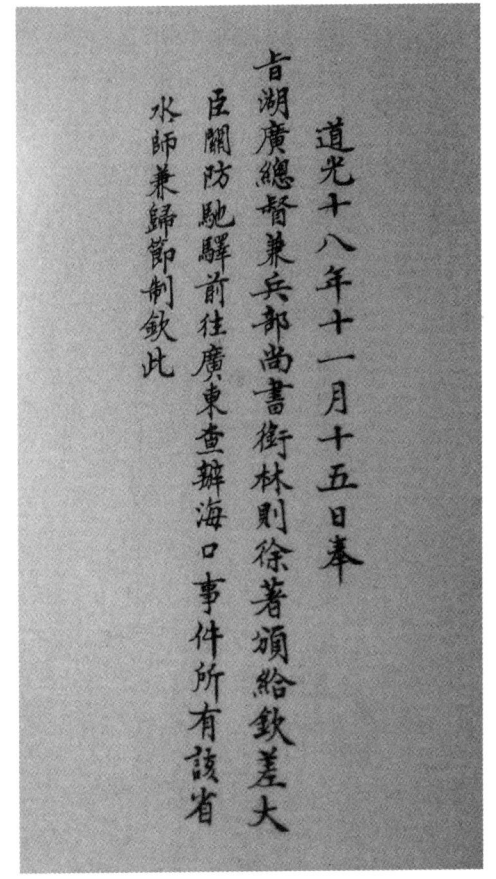

道光帝任命林则徐为钦差大臣赴广东禁烟的谕旨

鸦片战争博物馆,是当年鸦片战争的战场所在地,东依广州牛背脊山,西对珠江口,是一所收集、陈列、研究林则徐禁烟及鸦片战争文物史料的专题性博物馆。

关于英国人如何看待鸦片战争这段历史,仅在其国家海事博物馆看到相当简略的说明,或许不能完全反映其官方观点。但从这小小冰山一角,可以看出英国是承认鸦片贸易违反中国法律的事实的,某种程度也影射出英国在那场战争中的非正义性。

第一次鸦片战争后的中国官场,大有雨过忘雷之态,京师仍复恬嬉。

道光帝陵寝——慕陵。道光帝死得突然,也死得正常,而且死得幸运。他在位三十年,虽遭逢第一次鸦片战争的折磨,仍稳坐其金銮宝殿,特别是当他还不知道洪秀全已拥众数万在广西蓄势待发之际,便撒手西归,谁曰不幸?

1821年,辛巳,清道光元年

正月 越南国王阮福晈、朝鲜国王李玜、暹罗国王、廓尔喀王,因接到清仁宗睿皇帝遗诏,遣使进香叩哀,奉表慰贺。

十月 道光帝乾清御门听政,自此以为常。

1822年,壬午,清道光二年

二月 禁银两出洋,并通饬各省关隘,一体查禁鸦片。

三月 英吉利人在广东肆意行凶,谕洋人应恪遵中国法度。

十二月 鸦片烟入境,尤以广东为最,命逐一认真查拿,如有私运夹带鸦片者,立即从严惩办。

1823年,癸未,清道光三年

八月 时地方官员失察,鸦片流毒甚炽。定官员失察问罪条例,一百斤以上者罚俸一年,一千斤以上者降一级留任,五千斤以上者降一级调用。

1824年,甲申,清道光四年

正月 谕停止木兰秋狝。

四月 《清仁宗睿皇帝实录》告成。

六月 申谕各省督抚,遇有赴京控告事件,务须亲为听断,冤抑者立予伸理,刁诬者从严惩治,勿延宕不结。

八月 派江苏按察使林则徐综办江浙水利。续纂《清通礼》书成。

1825年,乙酉,清道光五年

正月 兴修陕西水利。

二月 江浙再筹海运。

七月 严定宗室犯罪律令,嗣后宗室凡犯笞、杖、军、流、徒等罪,由问刑衙门分别定罪实施,凡酿成人命案者,先革去宗室,照平民一律问斩绞。

十月 武英殿库贮书籍被窃售,管事者瑞亲王绵忻、尚书穆彰阿交部议处。

十一月 封暹罗国世子郑福承袭暹罗国王。

1826 年，丙戌，清道光六年

六月　制定《逃走太监治罪例》。

七月　遣将调兵赴新疆，征讨张格尔部叛乱。

是岁《皇朝经世文编》成书，一百二十卷，包括学术、治体、吏政、户政、礼政、兵政、刑政和工政等八类，内容丰富。

1827 年，丁亥，清道光七年，

十月　惇亲王绵恺以诱藏昇平署太监罪，降为郡王。

十二月　平定张格尔之乱军需，拨银一千一百一十六万余两。俘获张格尔，槛送京师。

1828 年，戊子，清道光八年

五月　张格尔械至京师后，于午门前行献俘礼。道光帝在圆明园廷讯张格尔，遂将张格尔磔于市。

九月　遵化清东陵道光帝地宫出水，大学士英和下狱籍没，遣戍黑龙江，大学士戴均元下狱籍家。后将此地宫废弃，移至易县清西陵重建。

1829 年，己丑，清道光九年

正月　诏宗室觉罗恃势借端串结捏控者，先摘去顶戴，依例杖责发遣，销除旗档。

八月　道光帝巡盛京。

十二月　命防备英吉利船只，谕曰："各国洋船来粤贸易，惟英吉利洋商最为桀骜。……在洋人以为奇货可居，殊不知自天朝视之，实属无关毫末。……倘仍以所求未遂，故作刁难，着即不准开仓，严行驱逐。……至该国各船，现泊澳洋，情形叵测，不可不豫为之防。"另谕洋钱鸦片为害日甚，命究明弊源，严行查禁。

1830 年，庚寅，清道光十年

五月　《平定回疆方略》书成。

六月　定查禁鸦片内地营销章程。以林则徐为湖北布政使。

十月　禁洋人私运枪炮至广州。

是岁美国第一个来华传教士俾治文抵广州，后到上海主编《中国日报》。

1831年，辛卯，清道光十一年

二月　禁全国种植贩卖鸦片。

五月　饬各省督抚，查禁鸦片走私。

六月　皇四子奕詝生，母钮祜禄氏，后为清文宗咸丰帝。

是岁会计民数谷数，除湖南、福建二省暨台湾府未报呈外，共男妇三亿九千五百八十二万八千零九十二人，存仓米谷三千三百六十八万余石。

1832年，壬辰，清道光十二年

二月　谕嗣后广东不许洋人将鸦片夹带货舱，倘经查出，不准该商开仓卖货，立即驱逐。命直隶、福建、浙江等省督抚，严查海口。

四月　命两广总督李鸿宾，妥慎预防越南生事。

六月　驱逐英吉利不法商船。

1833年，癸巳，清道光十三年

五月　禁纹银出洋，违者严惩。

十月　蒙古台吉广果尔伪编圣旨，诈取银两，斩监候。

1834年，甲午，清道光十四年

二月　禁坊肆刊刻售贷淫书小说。

五月　驱逐英贩鸦片趸船。

九月　英吉利舰船闯入广州黄埔，守台弁兵开炮轰击，英舰放炮回拒，旋退回澳门。

1835年，乙未，清道光十五年

四月　命广州增添炮台炮位。

闰六月　禁八旗兵丁穿用绸缎。

八月　英船驶入山东威海刘公岛海面，要求通商，散布洋书。命沿海各省严加巡防堵截，不准洋船驶进隘口。

1836年，丙申，清道光十六年

正月　刑部堂印被窃，管事大学士王鼎、刑部尚书成格、史致俨各降三级。

四月　太常寺少卿许乃济奏："鸦片烟例禁愈严，流弊愈大。近年以来，洋商不敢公然易货，皆用银私售。每岁计耗内地银一千余万两之多。"

九月　圆明园中奉三无私、九州清晏等三殿失火。

1837年，丁酉，清道光十七年

正月　以林则徐为湖广总督。

六月　御史朱成烈奏，广东每岁流出白银三千余万两，福建、浙江、江苏各海口，出银不下千万，天津海口，出银亦二千余万。谕各沿海督抚严行稽查。

1838年，戊戌，清道光十八年

六月　鸿胪寺卿黄爵滋奏禁鸦片，要求道光帝严降谕旨，限烟民一年，戒绝，过期犯禁，平民处死，官吏加等治罪。道光帝令各省督抚大员商议，赞成者林则徐等八人，反对者琦善、伊里布等二十人。

十二月　钦差林则徐赴广东查办鸦片。

1839年，己亥，清道光十九年

六月　林则徐在广州虎门销毁英商鸦片。

十月　英吉利决定出兵侵华。

1840年，庚子，清道光二十年

正月　林则徐在广州奉旨封港，断绝中英贸易。

八月　定海失陷，英舰抵天津海口。琦善向道光帝进谗，言"夷兵之来，系由禁烟而起"。道光帝派琦善为钦差大臣，赴广东查办此事，并谕沿海督抚，英船经过不可开炮。

十一月　道光帝颁布开放烟禁上谕。

1841年，辛丑，清道光二十一年

正月　琦善未经请旨，擅自与英方签订《穿鼻草约》。道光帝大怒，将其革职锁拿解京。

五月　继虎门炮台失陷，靖逆将军奕山在广州竖白旗乞降，与英方私签《广州和约》，议定缴广州赎城费六百万元，赔偿英商损失三十万元。奕山讳败为胜，谓英人"只求照前通商"，称赔款为清还"商欠"。道光帝受其蒙骗，批准《广州和约》。

六月　清廷革去林则徐四品卿衔，将其与主张抗英的邓廷桢，均从重发往新疆伊犁充军。

1842年，壬寅，清道光二十二年

是岁英军继续入犯，陈兵南京城下，清廷完全屈服。八月二十九日，道光帝派钦差大臣耆英、伊里布，与英方签订结束鸦片战争的《江宁条约》，共十三款。主要内容为：一、开放广州、福州、厦门、宁波、上海五处通商口岸，英国可派驻领事等官；二、割让香港；三、向英国赔款二千一百万元；四、协定海关税则。九月六日，道光帝批准该条约。清廷后将抗英不力的两江总督牛鉴处死，将奕山、奕经、文蔚等斩监候。

1843年，癸卯，清道光二十三年

正月　因上年失陷镇海，浙江提督余步云斩决。《大清一统志》重修告成。

四月　耆英任钦差大臣，赴广东办理通商事宜。

七月　中英《五口通商章程》公布，该章程系《江宁条约》补充条款，承认英国有领事裁判权。

十月　《虎门条约》签订，英国取得片面最惠国待遇，中国给予其他国家任何权利，英国可以"一体均沾"。

1844年，甲辰，清道光二十四年

七月　美国专使强迫耆英，在澳门附近望厦村签订中美《五口贸易章程》，又

称《望厦条约》，进一步破坏中国的独立和主权。

十月　法国也趁火打劫，逼迫耆英签订《黄埔条约》，使法国获得英美在中国夺取到的全部权利。

十一月　清廷批准天主教弛禁。

1845 年，乙巳，清道光二十五年

七月　清廷批准比利时通商。

十一月　《上海租地章程》公布，所涉地块后称英租界，是外国在中国强占的第一个租界。

1846 年，丙午，清道光二十六年

是岁美国经济侵华机构旗昌洋行，在上海设分行。中国人与洋人冲突不断。

1847 年，丁未，清道光二十七年

四月　起用林则徐为云贵总督。

是岁洋人在中国大修教堂。

1848 年，戊申，清道光二十八年，

是岁洋人在中国横行霸道。洪秀全、杨秀清密谋举事。英租界扩大。

1849 年，己酉，清道光二十九年

四月　葡萄牙霸占澳门。

1850 年，庚戌，清道光三十年

二月　道光帝死。

三月　皇四子奕詝即位，是为文宗显皇帝，以明年为咸丰元年。

七月　清廷命徐广缙、叶名琛、郑祖琛率兵分路缉拿两广会党。洪秀全在广西金田村发布团营令，招集徒众两万余人，开始与清军进行武装斗争。

十二月　清廷以穆彰阿妨贤病国，革职永不叙用，耆英畏葸无能，降为五品顶戴。

清文宗咸丰帝奕詝大事掠影
(1851—1861)

走 进 大 内
细说明清皇权帝制

道光三十年（1850）十月初一日拜上帝会众正式拥戴洪秀全为太平王。十二月初十日，各路人马齐聚广西金田村，恭祝洪秀全三十八岁生日，以明年为太平天国元年。

西方人想象中的咸丰帝模样

太平天国天王金玺玺文，该玺象征着太平天国最高军政权力。此玺体量之大，超过了清宫交泰殿内珍藏的乾隆二十五宝。

附录二 清代皇帝大事掠影（1644—1911）

1858年法国画报对第二次鸦片战争英法联军的有关报道

英国画师笔下即将进入北京的英法联军

英法联军攻克天津北塘，溯河攻打塘沽。

八里桥失守，使京东门户洞开，从此京城暴露在侵略者面前，开始它屡遭踩躏的历史。

圆明园被抢掠焚毁，硝烟弥漫了北京城。

1861年8月22日，咸丰帝死于热河避暑山庄烟波致爽殿。

咸丰帝《只可委屈将就换约以期保全大局》上谕，对英法彻底泯灭了抗拒之心。

《北京条约》签订后，清廷为了缴付大量赔款，对内加紧搜刮人民。图为清朝官吏押送赔款运往天津的情形。

第二次鸦片战争后，恭亲王奕訢与英法俄三国《北京条约》签字仪式，是在冷淡对立的气氛中进行的。英使额尔金为令中国感到"新签订的和约是一个征服的条约"，对奕訢的态度非常放肆傲慢，故意迟到两个多小时，且对走上前去迎接的奕訢佯装未见，径直走向签字大厅。

咸丰帝陵寝——定陵

1851 年，辛亥，清咸丰元年

正月　洪秀全在广西桂平金田村正式起事，建号"太平天国"，布告远近，讨伐清廷。

六月　清廷罢周天爵总督衔，向荣拔去花翎，二人皆交部议处，以儆剿匪不力者。

1852 年，壬子，清咸丰二年

是岁太平军攻州夺县，势不可挡。捻党张乐行，亦率众起义于安徽亳州。

1853 年，癸丑，清咸丰三年

三月　太平军攻占南京，在此建都称天京，并继续举兵北伐。

五月　北京戒严，咸丰帝准备逃往热河，北京官绅亦纷纷逃跑。

十一月　咸丰帝命恭亲王奕䜣，在军机大臣上行走。

1854 年，甲寅，清咸丰四年

是岁太平军攻势猛烈，清军节节败退。英、美、法驻华公使要求换约，逼迫清廷开放中国全境，清廷予以拒绝。

1855 年，乙卯，清咸丰五年

是岁国内战事依旧胶着。皇帝无大事可叙。

1856 年，丙辰，清咸丰六年

二月　英法两国以保护教会为名，联合发动第二次鸦片战争。

七月　美国驻华公使扬言《望厦条约》届满十二年，要求换约，英法表示支持。

九月　太平天国发生天京变乱。清军重建江南、江北大营，形势有所逆转。

1857 年，丁巳，清咸丰七年

九月　俄国致清廷咨文，以助平太平天国为饵，企图将中国黑龙江以北及西部大片领土划归俄国，遭到清廷拒绝。俄国遂联合英法侵华。

十二月　英法联军攻陷广州。两广总督叶名琛被俘，解送印度加尔各答，一年后死于囚禁。

1858年，戊午，清咸丰八年

五月　大沽炮台失陷，英法舰队溯白河西上，进犯天津。中俄《瑷珲条约》签订，俄国割去黑龙江以北、外兴安岭以南中国领土六十多万平方公里。

六月　中俄《天津条约》签订，共十二款，进一步侵蚀中国主权。中美《天津条约》签订，美国所得几与英法相等。中英、中法《天津条约》签订，西方人欲壑难填。

十一月　中英、中法《通商章程善后条约》签订，中国在经济上进一步半殖民地化。

1859年，己未，清咸丰九年

六月　英法派公使赴京换约，清廷通知在北塘登陆，由陆路去北京，随行人员不超过二十人，不要携带武器。英法公使硬要经大沽从白河去天津，武装护送去北京。遭到拒绝后，英法军舰炮轰大沽炮台，清军被迫还击，击沉击伤敌舰十余艘，打死打伤侵略者四百余人。英法残部在美舰援助下，狼狈逃走。

1860年，庚申，清咸丰十年

八月　北塘、大沽相继失陷。清廷与英法代表，举行天津谈判。英方代表巴夏礼骄悍异常，大学士桂良惟命是从，接受其全部条款。咸丰帝担心外兵进京，会推翻其统治，坚持先退兵，后定约，天津谈判无果。

九月　英法联军进抵京东八里桥，清军大败，咸丰帝从圆明园逃往热河。

十月　英法联军侵入北京，劫掠焚毁圆明园，损失无法统计。中英《北京条约》、中法《北京条约》签订。

十一月　中俄《北京条约》签订。

1861年，辛酉，清咸丰十一年

正月　总理各国事务衙门设立，任命英国人李泰国为中国海关总税务司。

三月 外国公使始驻节北京。

八月 咸丰帝死在热河避暑山庄，诏立皇子载淳即位，命怡亲王载垣、郑亲王端华、协办大学士兼户部尚书肃顺、御前大臣景寿及军机大臣穆荫、匡源、杜翰、焦祐瀛等八人，为赞襄政务王大臣，定明年为祺祥元年。

十一月 "辛酉政变"发生。载淳生母慈禧太后，与在京的恭亲王奕䜣秘密联系，策动东宫慈安太后，与肃顺等顾命八大臣争权。以"不能尽心和议"、"擅改谕旨"、"种种跋扈不臣之罪"，斩肃顺，赐载垣、端华自尽，其余五位，或革职，或充军，授奕䜣为议政王，改年号"祺祥"为"同治"，定垂帘章程。

十二月 慈安、慈禧两宫皇太后，开始于养心殿垂帘听政。

清穆宗同治帝载淳大事掠影
(1862-1874)

同治帝载淳当了十三年皇帝，亲政只有一年多，不到十九岁就死去，原因很多，摊上一个权势欲极强的母亲，也许是他一生最大的不幸。

铸有载淳御容的同治朝银币，其时他还不到十岁。

清廷于同治四年（1865）创办的江南机器制造总局，是中国开办最早、规模最大的官办军事企业，由曾国藩、李鸿章先后在上海虹口创办。

福州船政局，左宗棠同治五年（1866）在福州马尾创办，又称马尾船政局，是清廷经营的规模最大的新式轮船制造厂。主要由铁厂、船厂和学堂三部分组成，后者即"求是堂艺局"，系清末最早的海军学校。

走 进 大 内
细说明清皇权帝制

天津机器局西局旧照。这是军火机器总局的一个分局，崇厚把从国外购置的蒸汽机、化铁炉和车床等设备，安装在海光寺佛殿东跨院的厂房里，制造枪炮弹药，这里也称"机器铸炮局"。

北京同文馆是我国成立最早的公立专科学校，后来并入京师大学堂，而京师大学堂正是北京大学的前身。

同治朝，左宗棠和李鸿章官场斗狠，左宗棠骂李鸿章"国贼"，李鸿章骂左宗棠"曹操"，闹得不可开交。

老谋深算的李鸿章，在同治年间便站稳了脚跟。

同治帝陵寝——惠陵

1862年，壬戌，清同治元年

正月 中外会防局在上海成立，其任务为组织英军协同清军，共同镇压太平天国革命。

八月 奕䜣等具折，在北京设立同文馆，附属于总理各国事务衙门。该馆为培养翻译人员的洋务学堂，先后开设英文、法文、俄文、德文、日文、天文、算学等班。初仅挑选十三四岁以下八旗子弟入学，后兼收年龄较长之满汉科举出身人员，教师多为外国人。

1863年，癸亥，清同治二年

五月 清廷以左宗棠为闽浙总督，曾国荃为浙江巡抚。

九月 上海虹口英租界与美租界，合并为公共租界。

十一月 英国人赫德继任总税务司，从此把持这一职务近半个世纪。

1864年，甲子，清同治三年

七月 太平天国首都天京失陷，清军大开杀戒。

十月 中俄《勘分西北界约记》签订，沙俄割占中国西部巴尔喀什湖以东以南四十四万平方公里领土。

1865年，乙丑，清同治四年

四月 慈禧太后亲笔懿旨，责奕䜣骄盈溺职，召对不检，命仍在军机大臣上行走，不复议政。

1866年，丙寅，清同治五年

九月 清廷因陕甘回民起义，调左宗棠为陕甘总督。

十二月 命曾国藩回两江总督任，授李鸿章钦差大臣，专办剿捻事宜。

1867年，丁卯，清同治六年

是岁继续全力剿捻。美舰企图侵占台湾，被高山族人民击退。清廷怕事态扩大，查办属下，讨好侵略者。

1868年，戊辰，清同治七年

七月　中美《续增条约》签订，以适应美国掠卖华工及加强文化、宗教方面侵略的需要。

1869年，己巳，清同治八年

九月　山东巡抚丁宝桢，将出京招摇的慈禧宠监安德海拿获正法。清廷命嗣后务将所管太监，严加管束。

十月　中英《新定条约》、《新修条约善后章程》签订，从经济上加紧勒索中国。

十一月　继年初发生酉阳教案后，安庆教案发生，清廷命各地官吏保护西方传教士，申斥护教不力者。

1870年，庚午，清同治九年

六月　天津人民不堪外国传教士胡作非为，鸣锣聚众，焚毁法、英、美教堂、育婴堂及法国领事馆，打死洋教士、洋商等二十余人。天津教案发生后，英、美、法、德、俄、比、西七国联合抗议，各国兵舰集结天津海口及烟台一带示威。清廷对内镇压，对外妥协，将天津知府等官员革职充军，杀爱国人士二十人，偿银五十万两，重建教堂，派钦差大臣赴法国致歉。

1871年，辛未，清同治十年

九月　日本派大藏卿伊达宗城来华，要求按照"西人成例，一体定约"，也要取得"一体均沾"之特权，未果。

1872年，壬申，清同治十一年

是岁由奕䜣领衔修撰之《剿平捻匪方略》、《剿平粤匪方略》书成。

1873年，癸酉，清同治十二年，

二月　慈禧太后宣布归政，同治帝亲政。

六月　日、俄、美、英、法、荷等国使臣，于紫光阁觐见同治帝，并呈递国书。

1874年，甲戌，清同治十三年

三月　法国迫使越南订立《越法媾和同盟条约》，法国成为越南保护国，否定中国对越南宗主权。

十月　日军武力侵台失利，派特使大久保利通抵京，对清廷恐吓威胁，要求赔偿军费。清廷开始据理辩驳，后在英国调停下，与日本签订《台事专约三款》，允向日本偿银五十万两，并给日本日后兼并琉球以口实。

清德宗光绪帝载湉大事掠影
(1875—1908)

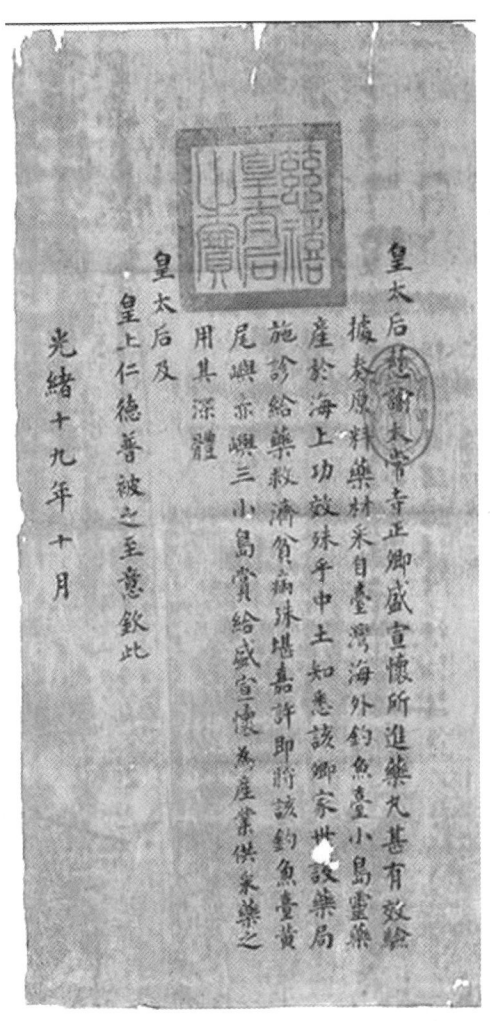

中国步入光绪朝后，愈发面临列强环伺的险恶处境，这是当年忧国之士所绘漫画。

整个光绪朝，特别是光绪十五年（1889）以前，清廷颁发的所有谕旨，其实都是慈禧皇太后意志的体现。

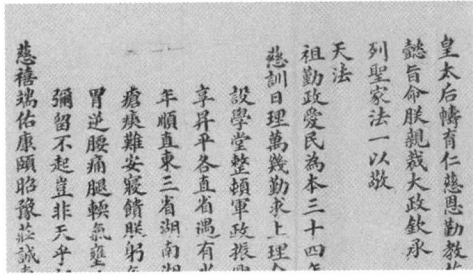

慈禧太后时常干脆以太后懿旨过问朝政

这幅西方漫画表现列强与沙俄在华利益上发生冲突，在他们身后，清廷无可奈何。

在日俄蹂躏清廷龙兴之地时，腐败至极的清廷竟宣布保持中立。光绪二十九年（1903）十二月初三日，直隶总督袁世凯上《密陈遵照传谕统筹布置防守情形折》，为局外中立出谋划策。

法军与清军先是在越南战场交火。（法方绘制）

中日两国在朝鲜问题上处于严重的对立状态，清廷寄望国际社会出面调停。当时，西方人针对这种情况，绘制了这幅《中日朝鲜相争图》。河两边的垂钓者，分别为日本和中国，河中游弋的鱼代表朝鲜，站在中日两国中间调停的，则是居心叵测的俄国人。

晚清虽迭经内忧外患重创，然瘦死的骆驼比马大，直至甲午战争前，中国国民经济总量仍为日本的五六倍。

日本明治天皇认为发动侵华战争的时机日渐成熟，多次召开御前会议，讨论对华作战问题。

1894年6月,日军借口朝鲜发生内乱,在朝鲜仁川登陆,其后又陆续增派大军前来,与到达朝鲜的清军形成对峙之势。

日军攻击平壤玄武门图

中日谈判地点——日本马关春帆楼。李鸿章下榻此处期间,每天日舰有意鸣炮不绝于耳,时刻刺激李鸿章脆弱的神经,日方则漫天要价,肆意勒索。

附录二 清代皇帝大事掠影（1644—1911）

1900年6月21日，慈禧太后接到列强让她归政光绪帝的谎报和大沽口炮台陷落的消息，愈发加深她排外的心理，颁布"向各国宣战谕旨"，同时授意义和团民和清军围攻外国驻京使馆。这是当年被焚毁的北京使馆街旧照。

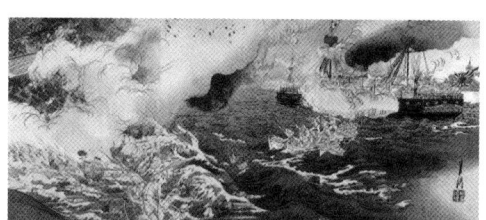

甲午战争导致以中国为中心的东亚传统世界秩序崩溃，代之而起的是新兴的日本成为该地区的霸主，这是一场在东亚的历史上具有划时代意义的战争。

光绪帝接见外国使臣，时年二十五岁。

珍妃井。慈禧出逃前，命太监崔玉贵将幽禁的珍妃投入宁寿宫北一口枯井内。

八国联军开进战火焚烧中的北京城。

李鸿章访问美国时,对东方文化毫不了解的美国人,认为李鸿章穿的是龙袍,而龙袍只有皇帝才能穿着,所以当时美国媒体误以为到访的是东方大国中国的最高领袖。当地一些颇有影响的报纸,如《纽约时报》,甚至刊登了"慈禧太后下嫁李鸿章"这个轰动全球的"新闻"。一时间,国内外舆论哗然,而光绪帝更是为此震怒不已。

光绪二十六年(1901),慈禧太后以光绪帝的名义,发布《实行新政谕旨》,宣称三纲五常虽为万世不变易之理,但朝廷的统治方法则应因时而变,诏令高级官员各抒己见,详细条议以闻,以备朝廷参考,并设立督办政务处,拟开始政治、经济、军事、文化教育等方面的改革。

光绪帝(中)与康有为(右)、梁启超(左)合影。这张照片是康有为利用相片合成技术伪造的,梁启超终生未与光绪帝谋面。

1875 年，乙亥，清光绪元年

正月　同治帝死，立醇亲王奕譞之子载湉承继，慈禧太后再度垂帘听政，宣告中外。

二月　光绪帝载湉即位。

五月　清廷命钦差大臣左宗棠督办新疆军务，命李鸿章、沈葆桢督办北洋、南洋海防。

八月　以候补侍郎郭嵩焘为出使英国钦差大臣，是为正式向国外派遣驻使之始。

十二月　派陈兰彬、容闳出使美国、秘鲁。

1876 年，丙子，清光绪二年

二月　日本胁迫朝鲜缔结《江华条约》，破坏朝鲜主权及与中国的藩属关系。

七月　左宗棠收复被分裂势力白彦虎、阿古柏控制的乌鲁木齐。

九月　李鸿章与英使威妥玛签订《烟台条约》，使英国取得更多通商特权和侵入中国云南、西藏的便利条件。

1877 年，丁丑，清光绪三年

八月　左宗棠奏请在新疆设立行省，允之。

1878 年，戊寅，清光绪四年

六月　慈禧命吏部左侍郎崇厚为全权大臣便宜行事，赴俄索还伊犁。

十月　清廷命左宗棠统筹新疆方略。

1879 年，己卯，清光绪五年

三月　日本侵占琉球，李鸿章建议用延宕之法对待，以致从此不了了之。

十月　崇厚在沙俄胁迫下，与之签订《里瓦基亚条约》，然后自行回国。国内舆论哗然，谴责崇厚丧权辱国。清廷拒绝批准该条约，将崇厚下狱，定斩监候。次年开释。

1880 年，庚辰，清光绪六年

二月　清廷命驻英公使曾纪泽任出使沙俄钦差大臣，取代崇厚继续对俄谈判，宣布不承认《里瓦基亚条约》。

十二月　清廷派许景澄为驻日公使。

1881 年，辛巳，清光绪七年

二月　中俄《伊犁条约》签订，沙俄胁迫五万余名中国边民迁入俄境的企图，得以实现，又割占中国西部七万多平方公里领土。

四月　慈安太后猝死。

1882 年，壬午，清光绪八年

十月　中俄订立《伊犁界约》。

十二月　中俄订立《喀什噶尔界约》。

1863 年，癸未，清光绪九年

三月　中越军队与法军在河内开战。

六月　法国特使脱利古到上海与李鸿章谈判，威胁"目下情形，只论力，不论理"，要清廷承认越南归法国保护，否则"即与中国失和，亦所不恤"。谈判未能达成协议。

十月　清廷发银十万两，资助刘永福在越抗法。

1884 年，甲申，清光绪十年

四月　清廷命贝勒奕劻，主持总理各国事务衙门。

五月　慈禧谕李鸿章与法国议和："须承认越为我属，不互市，不赔费，维护刘永福，倘伤国体，必严惩。"

八月　诏御前大臣等，商议与法和战。左宗棠愤然曰：中国不能永远屈服于洋人，与其赔款，不若拿赔款作战费。清廷遂对法宣战。

1885年，乙酉，清光绪十一年

四月　在取得中法战争胜利的形势下，英国人赫德从中斡旋，李鸿章主张议和，清廷与法国签立停战协定，法国在战场上没有取得的东西，在谈判桌上得到了，可谓不胜而胜。中日《天津条约》签订，日本取得进一步侵略朝鲜的便利。

十月　设总理海军事务衙门，以醇亲王奕谮为总理，庆郡王奕劻、北洋大臣李鸿章为会办。奕谮希望慈禧归政光绪帝，赞成将海军经费挪用，给慈禧修颐和园。

1886年，丙戌，清光绪十二年

九月　慈禧太后下懿旨，允奕谮所奏，但当光绪帝亲政后，仍行训政数年。

1887年，丁亥，清光绪十三年

二月　光绪帝载湉亲政，颁诏天下。

十一月　台湾建省。

十二月　中葡《北京条约》签订。

1888年，戊子，清光绪十四年

二月　英军侵略西藏，清廷一意妥协，慈禧命驻藏清军勿与交锋。

十月　康有为在北京参加顺天乡试，写《上清帝第一书》，极言时危，曰"强邻四逼于外，奸民蓄乱于内，一旦有变，其何以支"，请光绪帝"变成法，通下情，慎左右"，以挽救国家危亡，认为若变法维新，十年之内"富强可致"，三十年即能"雪耻"。此书未达光绪帝御前。

十一月　慈禧立胞弟副都统桂祥女叶赫那拉氏为光绪皇后，原侍郎长叙女他他拉氏姊妹封瑾嫔、珍嫔。

十二月　北洋水师成军。

1889年，己丑，清光绪十五年

二月　光绪帝大婚。

三月　慈禧正式归政。

1890 年，庚寅，清光绪十六年
是岁洋务运动兴起，国内教案频出，各地不断闹事。

1891 年，辛卯，清光绪十七年
正月　光绪帝生父醇亲王奕譞卒。

三月　李鸿章第一次校阅北洋水师。

七月　北洋水师访日。

是岁教案愈发增多，洋务运动红火。

1892 年，壬辰，清光绪十八年
五月　清廷禁止出版发行排外刊物。

是岁沙俄侵入帕米尔东部一带，强占萨雷阔勒岭以西中国领土两万多平方公里。

1893 年，癸巳，清光绪十九年
十二月　中英《藏印续约》签订，西藏门户被英国侵略势力打开。

1894 年，甲午，清光绪二十年
六月　日军侵入朝鲜，李鸿章既不敢抵抗，也不敢增援，落入日本预设的战争陷阱。

七月　清廷请求各国干涉，强迫日本从朝鲜撤军。日军在牙山口外丰岛海面，偷袭北洋水师运兵船。

八月　中日同时宣战。

九月　清军在平壤溃败。黄海海战发生，双方均损失惨重。李鸿章为保存实力，故意自认大败，命北洋水师回威海港口避战，拱手让出制海权。

十一月　大连失陷，日军未死一人，占领大连湾。慈禧六旬寿辰，在皇极阁大事庆祝，宫中连日演戏，光绪帝及诸臣陪坐听戏三日，诸事延搁不办。旅顺失陷，日军屠城四天，仅留三十六人掩埋尸体，方得幸存。孙中山在美国檀香山建立兴中会，以"驱逐鞑虏，恢复中华，创立合众政府"为奋斗纲领。

1895 年，乙未，清光绪二十一年

正月　日本政府非法将台湾附属岛屿钓鱼岛等，划归冲绳县管辖。

二月　北洋水师奉李鸿章之命，在威海卫避战保船，结果全部资敌，北洋水师覆灭。

四月　李鸿章与日本首相伊藤博文在日本下关签订《马关条约》，赔偿日本军费白银二亿两，割让台湾、澎湖、辽东半岛给日本。德俄法出面干涉，日本放弃对辽东半岛的永久占有，追索偿金三千万两。

五月　康有为、梁启超等联合十八省举人一千三百余人签名上书，请拒和、迁都、变法，史称"公车上书"。光绪帝召见康有为。康有为上变法万言书，光绪帝嘉许。

八月　康有为在北京成立强学会，指守旧必遭亡国灭种之惨祸，号召变法救国。

1896 年，丙申，清光绪二十二年

十月　孙中山在伦敦被清驻英使馆诱捕，经英国友人营救，恢复自由。

1897 年，丁酉，清光绪二十三年

二月　中英签订《西江通商专约》及《滇缅重定界约专条》，中国割让野人山一部、勐卯三角地带，永租与英国管辖。

是岁其他列强对中国无理索取益亟，国内变法呼声高涨。

1898 年，戊戌，清光绪二十四年

正月　康有为上统筹全局疏，指"变则能全，不变则亡，全变则强，小变仍亡"，建议光绪帝以日本明治维新为榜样，实行全面维新。

四月　保国会成立，以"保国、保种、保教"为宗旨，全国各地设立分会。

五月　中俄签订《旅大租地条约》，使东北全境成为俄国势力范围。

六月　中英《展拓香港界址专条》签订，将新界租借给英国九十九年。光绪帝颁诏"明定国是"，宣布变法。

九月　光绪帝召见出使中国的日本前首相伊藤博文，请其献策改革中国。伊藤博文刚走，宦官奉慈禧命，召光绪帝到颐和园，将其囚禁。康有为得英国保护逃

香港，梁启超得日本保护逃横滨，维新派骨干谭嗣同、林旭、刘光第、杨锐、杨深秀、康广仁被处死。除京师大学堂外，新政全部废除，"戊戌变法"失败。

1899年，己亥，清光绪二十五年

七月 康有为在加拿大成立保皇会，以保救光绪帝、反对慈禧和抵制革命为宗旨。

1900年，庚子，清光绪二十六年

正月 "戊戌变法"失败后，后党起初欲谋害光绪帝，称"帝病重"，因遭驻京各国公使警告，未遂。继又说"帝久病不能君天下"，密电各省督抚，商议废立，也遭到反对。两江总督刘坤一复电中，有"君臣之分已定，中外之口宜防"二句，发生颇大效力。康有为在海外鼓动保皇党，纷纷发电"恭请皇上圣安"，要求归政。梁启超在日本办《清议报》，歌颂光绪帝圣德，揭发后党丑恶。凡此等等，使慈禧废黜光绪帝之企图未能得逞。直隶总督荣禄献计，请立端郡王之子溥儁为大阿哥，"徐篡大统"。慈禧遂召王公大臣集议于仪鸾殿，诏立溥儁为大阿哥，准备让光绪帝行让位礼，改元"保庆"。不料，由于各国公使拒绝入贺，迫使清廷搁置建储计划。

二月 慈禧命闽、浙、粤各省悬赏银十万两，严缉康有为、梁启超，并毁其所著书籍，购阅其报章者罪之。

四月 英、美、德、法四国公使照会清廷，要求两月内剿灭义和团，否则将出兵代剿。袁世凯在山东镇压义和团。

五月 各国使团再次督促清廷严禁义和团，清廷允即剿办。列强同时联合调兵四百余人，进驻东交民巷各使馆，构筑工事，枪击义和团民。俄、英、德、日、美、法、意兵船二十四艘，驻泊大沽口外示威。

六月 慈禧惧列强用兵力扶助光绪帝，欲对"扶清灭洋"的义和团因势利导，"抚而用之"。

七月 慈禧以"离间"罪，杀死支持光绪帝的吏部侍郎许景澄、太常寺卿袁昶、兵部尚书徐用仪、内阁学士联元、户部尚书立山等五大臣。

八月 八国联军两万人进攻北京，清军十万人抵挡不住。联军攻入北京，屠杀抢掠，无恶不作，并划分势力范围，对北京予以占领。慈禧携光绪帝，经怀来、大同逃往太原。

十月　沙俄乘机自旅顺出发，占领营口、辽阳、盛京，东三省全境沦陷。慈禧逃至西安，命奕劻、李鸿章照会各国使臣，请求和议。

十二月　《议和大纲》成，在已另外得尽好处的沙俄坚持下，联军同意用苛刻条件换取对慈禧的谅解。慈禧发出上谕，称"敬念宗庙社稷关系至重，不得不委曲求全"，所有丧权辱国的十二条大纲，一概照允。

1901年，辛丑，清光绪二十七年

二月　清廷应外国使团关于"惩凶"的要求，命庄亲王载勋自尽，端亲王载漪、辅国公载澜发往新疆监禁，毓贤正法，董福祥革职，英年、赵舒翘赐自尽，启秀、徐承煜正法，徐桐、李秉衡革职……慈禧命光绪帝发罪己诏，保证"量中华之物力，结与国之欢心"。

六月　派醇亲王载沣为头等专使大臣赴德，为其驻华公使克林德被杀谢罪。命那桐充专使大臣赴日，为其驻华使馆书记生杉山彬被杀表示惋惜。

七月　设外务部，班列六部之前，派奕劻总理事务。

八月　清廷再次发布上谕，惩治保护传教士不力之地方官一百余人，满足了列强"惩凶"的要求。

九月　《辛丑条约》签订，中国赔偿列强白银九亿八千多万两，分三十九年还清，以海关等作抵押，是为"庚子赔款"。其余十几款内容，更将中国彻底送入半殖民地深渊。

十一月　慈禧撤去溥儁大阿哥（帝位继承人）名号。

1902年，壬寅，清光绪二十八年

正月　慈禧携光绪帝回京。十八日，慈禧接见各国驻华使节，这是她首次在外国人面前公开露面，给各国代表以空前未有的礼遇。她还亲切接见曾受义和团惊吓的外交使团夫人，表示慰问。

二月　选派八旗子弟出洋游学，准满汉通婚。

1903 年，癸卯，清光绪二十九年

是岁以推翻满清为宗旨的革命党人，活动积极。

1904 年，甲辰，清光绪三十年

二月　日俄战争在东北爆发，清廷严守中立，并将辽河以东划为"交战区"。反清革命组织华兴会成立，推举黄兴为会长。

十一月　光复会成立，蔡元培任会长。

1905 年，乙巳，清光绪三十一年

七月　派镇国公载泽、户部侍郎戴鸿慈、兵部侍郎徐世昌、湖南巡抚端方、商部右丞绍英五大臣出洋考察各国政治，准备立宪。在北京正阳门火车站出发时，载泽、绍英被革命党人吴樾施放炸弹炸伤。

八月　同盟会在日本东京成立，选举孙中山为总理，以誓词"驱逐鞑虏，恢复中华，创立民国，平均地权"为会纲。

九月　废科举，设学堂。

十月　改派顺天府丞李盛铎、山西布政使尚其亨，会同载泽、戴鸿、绍英出洋考察各国政治。按德国驻华公使代拟的方案，戴鸿慈、端方前往美、德、意、奥等国，载泽、李盛铎、尚其亨前往日、英、法、比等国。五人于次年七八月先后回国，得书四百余种。端方、戴鸿慈面奏，宪法请仿日本，兵农工商请仿日德。载泽奏陈立宪，请先除满汉界限。在北京法华寺辑成《列国政要》一百三十三卷，《欧美政治要义》十八卷，呈请君主立宪。

1906 年，丙午，清光绪三十二年

二月　刘静庵等在湖北武昌成立日知会，后偕全体会员加入同盟会，在湖北新军、学生与会党中，进行革命宣传活动。

九月　颁诏仿行宪政，谕旨："大权统于朝廷，庶政公诸舆论"，"目前规制未备，民智未开，俟数年后规模粗具，查看情形"，"立宪实行期限，视进步之迟速，定期限之远近"，等等。

十一月　厘定中央官制，内阁、军机处、外务部、吏部、学部均仍旧，巡警部改民政部，户部改度支部，太常寺、光禄寺、鸿胪寺并入礼部，兵部改陆军部，刑部改法部，大理寺改大理院，工部并入商部改为农工商部，增设邮传部，理藩院改理藩部。新制官员不分满汉，择贤简用。但十一部十三个大臣尚书里，满族贵族七人，蒙古贵族一人，汉族官僚仅五人，满汉畛域反而扩大。

十二月 同盟会策动萍浏醴起义，为清军所败。

是岁孙中山与黄兴、章炳麟等制订同盟会《革命方略》，包括《军政府宣言》、《军政府与各国民军之条件》、《招军章程》、《招降清朝兵勇条件》、《略地规则》、《对外宣言》、《招降满洲将士布告》、《扫除满洲租税厘捐布告》等八个文件，以备革命党人起义使用。

1907年，丁未，清光绪三十三年

正月 日知会被湖广总督张之洞发觉，湖北革命党人化整为零，继续凝聚力量。

二月 康有为将保皇会改组为国民宪政会。

五月 同盟会在广东黄冈起义失败。

六月 广东惠州起义失败。

七月 安庆起义失败。浙江绍兴，秋瑾被杀。

九月 同盟会防城起义失败。清廷设资政院，为预备君主立宪的中央咨议机构。

十二月 孙中山亲自率领的镇南关起义失败。

是岁全国其他地方大大小小的起义，也均告失败。

1908年，戊申，清光绪三十四年

三月 黄兴在广西马笃山举事失败。

四月 同盟会云南河口起义失败。

七月 日知会旧人，发起成立湖北军队同盟会，入会者四百余人。

九月 清廷颁布宪法大纲及议院选举各纲要。

十一月 醇亲王载沣授为摄政王，其子溥仪送入宫内读书。次日，光绪帝载湉死于中南海瀛台，以溥仪为嗣皇帝，载沣以摄政王监国。又次日，慈禧亦死。

十二月 溥仪即皇帝位，定明年为宣统元年，宣布立宪准备，仍以宣统八年（1916）为限。

清逊帝宣统帝溥仪大事掠影
（1909-1911）

1909 年，己酉，清宣统元年

正月　谕军机大臣、外务部尚书袁世凯因患足疾，步履维艰，难胜职任，命其"回籍养疴"，由皇室掌握兵权。

三月　清廷诏谕，实行"预备立宪，维新图治"。

七月　清廷诏谕，皇帝自为海陆军大元帅，亲政前由摄政王暂行代理。

1910 年，庚戌，清宣统二年

二月　广州新军起义失败。

三月　黄复生、喻培伦、汪兆铭（精卫）等谋炸摄政王载沣，事泄被捕。

七月　全国人口调查数据发布，共三亿二千零六十一万人。

1911 年，辛亥，清宣统三年

正月　四川革命党人举事，旋败。

四月　清廷颁布谕旨，要求兵勇尽忠节、守礼节、尚武勇、崇信义、敦朴素、重廉耻。广州黄花岗举事失败，这次起义震动了全国。

十月　武昌起义爆发，成立湖北军政府，废宣统年号，用黄帝纪年，改国号为"中华民国"。湖南、陕西、江西、山西、云南、贵州、江苏、浙江、广西、安徽、福建、广东、四川等省纷纷响应，形成全国规模的辛亥革命。

十一月　内阁总理大臣奕劻辞职，取消皇族内阁，以袁世凯为内阁总理大臣。全国十七省宣布光复，并召开各省都督代表会议，推举从海外回国的孙中山为临时大总统。

十二月　在俄国策动下，外蒙古宣告独立。载沣引咎辞职。清廷派代表与南方革命军议和，议和条件不为袁世凯认可，未果。

1912 年，壬子，中华民国元年

正月　孙中山在南京就任中华民国临时大总统，宣告中华民国成立。

孙中山派员与袁世凯秘密交换清帝自行退位条件，孙中山许诺由袁世凯任中华民国大总统。

二月　宣统帝下诏退位，退位诏书中"即由袁世凯以全权组织临时共和政府"一语，系袁世凯蓄意加入。